&

Katrin Seglitz

Zarathustra kam an einem Donnerstag

Roman

osbert+spenza

1. Auflage 2024
© 2024, Verlag osbert+spenza, Ravensburg
Alle Rechte vorbehalten. Kein Teil des Werks darf ohne schriftliche
Genehmigung des Verlags reproduziert, vervielfältigt oder verbreitet werden.
Lektorat: Beate Schäfer, München
Satz und Umschlaggestaltung: Eva Hocke, Bad Saulgau
Umschlagsfoto: Katrin Seglitz
Druck und Bindung: Pustet, Regensburg
ISBN: 978-3-947941-04-9

Weitere Informationen finden Sie unter www.osbert+spenza.de

nimm freundlich den Fremdling mir auf!
Hölderlin, aus der Elegie *Stuttgart*

Komm zu mir, denn ich bin widerspruchsvoll
wie du selber.
Tomas Tranströmer, aus dem Gedicht *Minusgrade*

Der Eingang der Geburtskirche ist niedrig, man muss sich bücken, um hineinzukommen. Eine Geste der Demut wird einem abverlangt. Man muss sich klein machen, kleiner als man ist, kleiner als man sein will. Aber wir kommen ja auch klein auf die Welt. Ist der Eingang deshalb so niedrig, um uns daran zu erinnern? Oder weil man ihn, wenn Gefahr droht, rasch verschließen kann durch einen mächtigen Stein?

Daran dachte Iris, als sie Zar zum ersten Mal sah. Wenn er sprach, hielt er sich die Hand vor den Mund, als müsste er ihn schützen, den Mund, und das, was aus dem Mund kommen konnte, was er gesehen und erlebt hatte. Er hielt die Hand vor den Mund, als wäre dieses Innere immer wieder bedroht und verletzt worden. Und sie fragte sich, welche Worte darauf warteten, geboren zu werden.

Er kam an einem Donnerstag.

Am Morgen war Arne aufgebrochen, um zu seinem Weinberg zu fahren. In den letzten Tagen hatte er viel vom Wandern gesprochen, von den Wanderungen, die sie zusammen gemacht hatten, aber auch von den Wanderungen, die er noch machen wollte mit ihr, und dann, aus heiterem Himmel, von Völkerwanderungen.

Er sprach vom Untergang der alten Ordnung und meinte das römische Reich, erzählte vom Aufbruch der Ostgoten aus Russland, der Besetzung Athens durch die Westgoten und von der Eroberung Spaniens durch die Vandalen. Sein Reden verselbständigte sich und Iris nannte ihn scherzhaft, aber auch ein wenig verärgert: Mein Monologist!

Als er aufhörte zu reden, sie küsste und die Tür hinter

sich zuzog, war sie traurig. Und doch froh. Traurig, dass er weg war, froh, dass Ruhe einkehrte. Es gibt immer die, die bleiben, dachte sie, und die, die gehen. Es gibt die, die zurückkehren, und die, die wieder aufbrechen. Dann ist sie zu einem Spaziergang aufgebrochen.

Nachts hatte es geregnet und in den Bergen geschneit, es roch nach Schnee und die Gipfel jenseits des Sees leuchteten weiß. Ein Windstoß riss Blätter von den Zweigen und wirbelte sie durch die Luft. Iris wanderte einen Hügel hinauf, ins Blaue hinein. Links standen mächtige Buchen und Eichen, rechts wuchsen Heidelbeersträucher, über ihnen spannte sich ein Baldachin aus schwarzen Netzen. In der Ferne lag der See und hinter dem See reihte sich Berg an Berg zu einer bewegten Horizontlinie.

Die Heidelbeerplantage wurde von einem Maisfeld abgelöst, das den Blick auf den See und die Berge versperrte. Die Vermaisung der Landschaft hatte ein unerträgliches Ausmaß angenommen, auch ein schmaler Weg war dem Feld einverleibt worden. Nun konnte sie ihn nicht mehr gehen, konnte die Kamillen nicht mehr pflücken, die hier wild und üppig gewachsen waren, konnte nicht mehr an ihnen riechen und sich an ihrem milden Duft erfreuen. Sie empörte sich, ließ die Empörung hinter sich, sah, am Ende des Maisfelds angekommen, wieder die Berge, in mehreren Reihen hintereinander gestaffelt, die vorderen in einem dunklen Blau, die hinteren in einem hellen, in der Mitte stand der Säntis, vertraut wie ein alter Freund.

Als sie wieder zuhause war, genoss sie die Stille, setzte sich auf das Sofa und lehnte sich zurück. Niemand erwartete etwas von ihr, sie musste keinen Tee machen oder etwas zu essen, sie konnte ganz für sich sein und zu sich kommen. Es gibt eine angenehme Stille und eine unangenehme, gerade war sie angenehm, nahrhaft wie Muttermilch.

In diesem Augenblick klingelte das Telefon.

Sie fühlte, wie die Stille von ihr weggerissen wurde oder sie von der Stille, kurz überlegte sie, ob sie das Telefon klingeln lassen sollte, aber dann hob sie ab. Sie hatte Kinder, und auch, wenn sie keine Frau war, die immer mit dem Schlimmsten rechnete, wusste sie doch, dass jederzeit etwas passieren konnte.

Ja?

Ist das Zimmer noch frei?

Wenn es einen Notfall gibt, hatte sie vor kurzem zu Brigitta gesagt, wenn ein Flüchtling dringend ein Zimmer braucht, dann wende dich ruhig an mich, meine Kinder sind aus dem Haus, ich habe Platz. Und nun war Brigitta am Telefon und sagte, dass der Notfall eingetreten sei.

Iris wiederholte: Ein Flüchtling? Dringend?

Ihre Stimme klang nicht begeistert, sie hörte es selbst. War sie also doch nicht bereit, einen Flüchtling aufzunehmen, weil sie ein ungestilltes Bedürfnis nach Stille hatte? Aber auch ein Flüchtling braucht Ruhe, gerade ein Flüchtling, der in einer der Unterkünfte wohnen musste, die sie neulich mit Brigitta besucht hatte.

Auf der einen Seite des Stadtrings stand ein riesiges, neu gebautes Gebäude von der Telekom, ein dunkler Klotz mit gut ausgestatteten Büroräumen, auf der anderen Seite standen die Baracken. In der Nacht brannte

Licht, man sah die Schattenrisse der Bewohner. Die Baracken hatten dünne Wände, die allen Bauvorschriften widersprachen, sie waren während der Jugoslawienkriege gebaut worden und sollten nach den kriegerischen Auseinandersetzungen abgerissen werden, wurden aber weder abgerissen noch ersetzt. Man hatte weiter Menschen in ihnen untergebracht, drei oder vier in jedem der kleinen Zimmer.

Viele Jahre lang war das so gehandhabt worden und nur wenige hatten sich darüber aufgeregt, auch Iris nicht, sie hatte anderes zu tun. Das änderte sich, als ihre Kinder auszogen, es änderte sich, als sie Arne kennenlernte, der zwei Fluchtversuche hinter sich hatte und bei Amnesty war, es änderte sich, als sie zum ersten Mal die Baracken mit eigenen Augen sah.

Immer noch war Brigitta am Telefon.

Iris verstand sehr gut, dass der Flüchtling es nicht mehr in der Unterkunft aushielt, auch sie hätte es da nicht ausgehalten. Konnte sie die Stille, in der sie gerade noch gebadet hatte, teilen? Wenn sich der Flüchtling ebenfalls nach Stille sehnte, handelte es sich vielleicht um eine verwandte Seele, und er würde sie in Ruhe lassen, wenn sie in Ruhe gelassen werden wollte?

Ich komme mit ihm vorbei, sagte Brigitta. Dann kannst du ihn kennenlernen.

Eine Stunde später stand sie mit einem jungen Mann vor der Tür, er war mittelgroß und hatte ein rundes Gesicht, dunkle, sehr kurze Haare und hellbraune Augen. Brigitta stellte sie einander vor, Iris bat sie herein. Kekse standen schon auf dem Tisch, Tassen auch.

Iris schenkte Tee ein.

Brigitta war über siebzig und hatte kurze weiße Haare, sie war die Matadorin der lokalen Asylarbeit. Der Stier, mit dem sie kämpfte, war das Asylrecht, das mal gelockert und mal verschärft wurde, je nach Anzahl der ankommenden Flüchtlinge. Die Bevölkerung taumelte zwischen Gastfreundschaft und Abwehr, Neugier und Angst, die widersprüchlichen Gefühle spiegelten sich in den politischen Entscheidungen.

Diese Unentschiedenheit war ein rotes Tuch für Brigitta. Wenn Menschen ihre Heimat verlassen mussten, dann hatten sie Gründe. Sie maßte sich keine Entscheidung darüber an, ob ein Grund gut war, gut genug. Sie begleitete die Geflüchteten zu Ämtern und Behörden, wusste, wer zugänglich war und wer nicht, und welche Möglichkeiten es gab, wenn ein Asylantrag abgelehnt wurde.

Sie war Fundamentalistin und ihr Tonfall grundsätzlich beleidigt, weil ihrer Ansicht nach immer zu wenig getan wurde für ihre Schützlinge, es wurde ihnen Leid angetan, und dieses Leid hatte sie zu ihrem eigenen gemacht. Aber als sie an diesem Nachmittag am Wohnzimmertisch saß, war sie freundlich und aufgeräumt.

Es ist so laut in der Unterkunft, sagte Zar, dass ich nicht schlafen kann. Ich muss aber schlafen, weil ich eine Arbeit gefunden habe. Ich muss um drei Uhr morgens aufstehen.

Er sprach langsam und gewissenhaft, er bemühte sich, keinen Fehler zu machen. Iris staunte, wie gut er Deutsch sprach. Aber warum hielt er sich die Hand vor den Mund? Als er sie wegnahm, sah sie, dass vier Schneidezähne fehlten. Er wirkte kindlich mit dieser Lücke, wie ein Junge, der demnächst eingeschult wird, und doch trennten ihn zwanzig Jahre von diesem Jungen, und keine neuen Zähne warteten auf ihren Auftritt.

Sie fragte: Ab wann brauchst du das Zimmer?

Ich möchte nicht mehr zurück in die Unterkunft, sagte Zar, ich …

Ihr wurde heiß, sie fing an zu schwitzen. Sie konnte doch nicht sagen, dass sie es gerade so genoss, allein zu sein, allein in diesem Haus, in dem viel Platz war, und im ersten Stock ein leeres Zimmer, seitdem Signe ausgezogen war. Während Zar in einer Unterkunft lebte, in der viele Männer auf engstem Raum zusammen hausten, ohne die Möglichkeit, sich zurückzuziehen.

Er arbeitet, sagte Brigitta. Er kann auch Miete zahlen. Er will hier nicht umsonst wohnen.

Aber darum ging es Iris nicht, nicht um die Miete, sondern um einen Zeitraum, der von keinem begrenzt wurde, weder durch die Erwartung, gemeinsam Tee zu trinken, noch durch eine zufällige Begegnung in der Küche oder im Flur, zumindest für die nächsten Tage, so lange, bis Arne wieder da war.

Andererseits fand sie es unmoralisch, Zimmer oder Wohnungen leer stehen zu lassen, wenn andere sie dringend brauchten. Sie war hin und hergerissen, brauchte Bedenkzeit, stand auf und sagte: Ich muss mit meiner Tochter reden. Das Zimmer gehört ihr.

Sie ging in den Flur und telefonierte mit Signe, die noch vor kurzem hier gewohnt hatte, nun aber zum Studium in eine andere Stadt gezogen war. Iris erzählte von Zar und fragte ihre Tochter, ob sie bereit wäre, ihm ihr Zimmer zu überlassen.

Und Signe sagte sofort und ohne zu zögern: Ein Flüchtling? Ja, doch, warum nicht. Von mir aus kann er mein Zimmer haben.

Dann rief Iris Arne an und fragte, ob er etwas dagegen habe, wenn ein Flüchtling bei ihnen wohnen würde. Arne war Mitglied bei Amnesty und ging, wenn er in Thürmen war, zu Treffen der Ortsgruppe, durch ihn hatte sie Brigitta kennengelernt. Kurz zögerte er, dann sagte er, dass er nichts dagegen habe. Deshalb liebe er sie, weil sie bereit sei, einen Flüchtling aufzunehmen.

Sie ging zurück ins Wohnzimmer, immer noch unentschlossen, trotz der Telefonate mit Signe und Arne. Das Zimmer im ersten Stock war keine abgeschlossene Wohnung, Zar würde mit Arne und ihr die Küche benutzen und das Wohnzimmer. Aber als sie Zar am Tisch sitzen sah, in einer Haltung, die verriet, dass er mit einem *Nein* rechnete und die Hoffnung fast schon aufgegeben hatte, jemals aus der Unterkunft zu kommen, sagte sie, dass er das Zimmer haben könne.

Danke, sagte er erleichtert.

Erstmal, schränkte sie ein. Ich muss sehen, wie das ist, unser Zusammenleben, wie es sich anfühlt, eine Woche lang, dann werde ich mich entscheiden. Und … Ich will nur gleich klar machen: Du musst dich selbst versorgen.

Er war im Alter ihrer Kinder und sie hatte keine Lust, wieder in die Mutterrolle zu rutschen, die sie gerade glücklich hinter sich gelassen hatte.

Alles in Ordnung, sagte Brigitta. Ich glaube, Zar ist

froh, wenn er hier wohnen kann und seine Ruhe hat. Auch wenn es erstmal nur für eine Woche ist.

Zwei Stunden später zog er ein, in jeder Hand eine vollgestopfte Plastiktüte. Iris ging mit ihm die Treppe hoch, rechts war das Geländer, links eine Dünenlandschaft mit Kamelen. Die Kinder hatten sich an der Wand abgestützt, wenn sie die Treppe hoch und runter gegangen waren, vor kurzem hatte Iris die Schmutzspur, die über die Jahre entstanden war, mit gelber Farbe übermalt. Arne schnitzte Kamele in Kartoffelhälften, bestrich sie mit brauner Farbe und drückte sie auf das Gelb. Und weil man sich während eines Ritts durch die Wüste nach Oasen sehnt, hatte Iris noch Palmen ins Gelb gesetzt und kugelige Bäume mit roten Früchten.

An dieser Landschaft ging sie mit Zar vorbei, hoch in den ersten Stock. Sie öffnete erst eine Tür: Hier ist das Bad.

Dann eine zweite: Und hier ist dein Zimmer.

Nachdem Zar die Plastiktüten abgestellt hatte, gingen sie wieder runter in die Küche. Im Kühlschrank räumte Iris eine Etage leer und sagte: Für deine Lebensmittel.

Als sie am nächsten Tag von der Arbeit nach Hause kam, war Zar in der Küche. Sie setzte Wasser auf und fragte: Magst du auch einen Tee?

Er nickte.

Sie stellte zwei Tassen auf den Tisch im Wintergarten, der eigentlich ein Balkon war mit einem Dach und acht Fenstern, die man alle öffnen konnte. Man erreichte ihn von der Küche aus. Iris saß gern dort, wenn es warm war, nicht jedoch im Winter, weil die Holzwände und Fenster zwar den Regen abhielten, aber nicht die Kälte, und deshalb war es merkwürdig, dass er Wintergarten hieß.

Sie fragte: Woher kommst du? Ich meine, aus welcher Stadt?

Aus Balch, sagte er. Das liegt im Norden von Afghanistan.

Wieder sah sie die Zahnlücke und wieder war sie erschrocken und fragte sich, wie er die Zähne verloren hatte.

Bist du Muslim?

Ja. Aber in meiner Familie gibt es noch eine andere Tradition. Zar kommt von Zarduscht. Wir sagen Zarduscht, andere Zoroaster oder Zarathushtra.

Überrascht sagte sie: Zarathustra sitzt an meinem Tisch! Und spricht! Kennst du den *Zarathustra* von Nietzsche?

Wer ist Nietzsche?

Ein Philosoph.

Sie stand auf, ging ins Wohnzimmer zu einem Regal, griff nach einem Buch und kehrte in den Wintergarten zurück.

Hier!

Sie schwenkte ein Buch, das sie vor einigen Jahren in Naumburg gekauft hatte. Naumburg lag in der Nähe von Sahlen, dem Wohnort ihrer Großmutter, in der Nähe aber auch vom Schweigenberg, wo Arne gerade war. Weil Nietzsche einige Jahre in Naumburg verbracht hatte, begegnete man ihm an jeder Ecke, in Form eines Denkmals, einer Inschrift, eines Museums. Und doch hatte sie das Buch nicht gelesen, ungelesen hatte es im Regal gestanden, Grund war der Satz: *Du gehst zu Frauen? Vergiss die Peitsche nicht.* Den nahm sie Nietzsche übel, den verzieh sie ihm nicht. Aber jetzt war sie bereit, hineinzublättern in das Buch, vielleicht fand sie ja Sätze, die sie ihm zugute halten konnte.

Also sprach Zarathustra! Mal sehen, was er sagt.

Sie schlug das Buch auf, las die Widmung: *Dieses Buch ist für Alle und Keinen.*

Sie lachte. Also auch für uns.

Als Zarathustra dreissig Jahr alt war, verliess er seine Heimat und den See seiner Heimat und gieng in das Gebirge. Hier genoss er seines Geistes und seiner Einsamkeit und wurde dessen zehn Jahre nicht müde.

Zarathustra war wie sie. Auch er war gern allein.

Endlich aber verwandelte sich sein Herz, – und eines Morgens stand er mit der Morgenröthe auf, trat vor die Sonne hin und sprach zu ihr also: Du grosses Gestirn! Was wäre dein Glück, wenn du nicht Die hättest, welchen du leuchtest!

Belustigt sagte sie: Selbstbewusst ist er schon, der Gute. Er sagt der Sonne, dass sie froh sein kann, dass es uns gibt.

Zehn Jahre kamst du hier herauf zu meiner Höhle: du würdest deines Lichtes und dieses Weges satt geworden sein, ohne mich, meinen Adler und meine Schlange. Aber wir warteten deiner an jedem Morgen, nahmen dir deinen Überfluss ab und segneten dich dafür.

Die Sonne. Geht auf.

Zwei runde, mit Filz umgebene Kugeln fallen rasch und leise auf die Haut einer Pauke. Ein Bogen bewegt sich im Tremolo auf den Saiten eines Kontrabasses. Es kündigt sich etwas an, von dem man nicht weiß, ob es bedrohlich oder freudig sein wird. Dann setzen die Trompeten ein und blasen die erste Fanfare. Oboen und Streicher übernehmen, es folgen laute, deutlich voneinander abgegrenzte Schläge auf eine Pauke, in einem vorwärts treibenden Motiv.

Die zweite Fanfare wird geblasen und nach der dritten folgt eine orchestrale Bewegung mit Bläsern, Streichern und Becken von c-Moll nach C-Dur. Langsam steigt er hoch, der Feuerball, dem wir das Leben auf der Erde verdanken. Die Sonne geht auf und der voll instrumentierte Jubel mündet in einen feierlichen Sonnenaufgangs-Dank der Orgel.

So hat Richard Strauss die ersten Zeilen des Zarathustra umgesetzt, eineinhalb Minuten Musik, die das Aufgehen der Sonne feiert, zitiert in vielen Filmen, inspiriert von Zarathustras Gespräch mit der Sonne.

In ihr Schweigen hinein sagte Zar: Zarathushtra besteht aus zwei Wörtern. *Zar* heißt gelb oder golden, und *tuschtra* Stern. Zarathushtra bedeutet also *goldener Stern*. Einige sagen aber auch, dass Zarathushtra *gelbes Kamel* bedeutet, weil *ushtra* das Wort für Kamel ist.

Da sagte sie: Gelbes Kamel! Das gefällt mir!

Sie blätterte. Ihre Augen blieben am *Übermenschen* hängen. Und am *Tod Gottes*. Weiter. Sie würde Zar weder vom Übermenschen vorlesen noch vom Tod Gottes, sie kannte ihn noch nicht, wollte seine religiösen Gefühle nicht verletzen. Sie stieß auf das Wort *Verwandlungen*. Schon besser. Als Kind hatte sie Märchen gemocht, in denen sich jemand verwandelte. Ein Wort reichte, um aus einem Kalifen einen Storch zu machen, ein Kuss, damit aus einem Frosch ein Prinz wurde.

Diese Geschichten sind deshalb so wirkungsvoll, dachte sie, weil wir uns alle nach Verwandlung sehnen. Wir wollen schön, begehrenswert und unwiderstehlich sein. Aber wenn wir eines Tages als Käfer aufwachen, dann wollen wir so schnell wie möglich wieder die sein, die wir waren. Dann stört es uns nicht mehr, weder schön zu sein noch unwiderstehlich und nur durchschnittlich intelligent. Käfer sein will niemand.

Obwohl Käfer eigentlich nicht häßlich sind, dachte sie weiter, im Gegenteil. Wenn man sich einen mal genauer anschaut, sieht man die fein gegliederte Gestalt mit den beweglichen Fühlern, den glänzenden Deckflügeln und einem darunter schimmernden zweiten Flügelpaar. Und man fragt sich, ob es nicht vielleicht doch ganz schön ist, ein Käfer zu sein.

Sie las sich selbst und Zar laut vor: *Drei Verwandlungen nenne ich euch des Geistes: wie der Geist zum Kameele wird ...* Hier ist es schon, das Kamel. Moment ... Hier steht, dass wir erst Kamel sind, alles wird uns aufgeladen. Und wir wollen auch, dass uns alles aufgeladen wird. Unser Geist *kniet nieder, einem Kameele gleich, und will gut beladen sein. Nach dem Schweren und Schwersten verlangt seine Stärke.*

Zar sah sie erwartungsvoll an. Was passiert dann?

Aber in der einsamsten Wüste geschieht die zweite Verwandlung: zum Löwen wird hier der Geist, Freiheit will er sich erbeuten und Herr sein in seiner eignen Wüste.

Sie las leise weiter und fasste zusammen: Der Löwe begegnet einem Drachen. Auf jeder seiner goldenen Schuppen steht: Du sollst! Gegen diesen Drachen kämpft der Löwe, um frei zu sein, frei von Erwartungen und Pflichten. Frei, etwas Neues zu schaffen. Frei zu einem: Ich will!

Und dann?

Verwandelt er sich in ein Kind.

In ein Kind?

Auch sie war überrascht.

Und las: *Unschuld ist das Kind und Vergessen, ein Neubeginnen, ein Spiel, ein aus sich rollendes Rad, eine erste Bewegung, ein heiliges Ja-sagen.* Man braucht also das Nein des Löwen, um sich Raum zu verschaffen. Aber um etwas Neues zu erfinden, ist ein Ja nötig. Das leuchtet ein. *Also sprach Zarathustra. Und damals weilte er in der Stadt, welche genannt wird: die bunte Kuh.* Komischer Name für eine Stadt, bunte Kuh.

Die Tür klappte leise zu, als Zar um drei Uhr morgens das Haus verließ. Das gelbe Kamel ist bei mir eingezogen, dachte Iris im Halbschlaf. Es wohnt im ersten Stock und die Kamele, die Arne an die Wand gestempelt hat, weisen ihm den Weg.

Gestern Abend hatte sie nachgeschaut, was man vom historischen Zarathustra wusste. Er lebte lange vor Christus, in Balch, also in dem Ort, aus dem auch Zar kam. Früher lag Balch in Persien, heute im Norden Afghanistans. Und: Er galt als Begründer des Monotheismus. Ich habe ein Hühnchen mit ihm zu rupfen, dachte sie. Oder besser: ein Hähnchen. Er hat die Göttinnen unter den

Tisch fallen lassen. Sie drehte sich auf den Bauch und schlief, bis der Wecker klingelte.

Nachdem sie geduscht und Kaffee getrunken hatte, machte sie sich auf den Weg. Sie war Landschaftsarchitektin und sollte ein Gelände gestalten, das zu Schloss Salem gehörte. Je mehr sie sich dem Bodensee näherte, desto nebliger wurde es. Die Nächte waren schon kalt, die Tage noch warm, der See speicherte tagsüber die Wärme, die er in der Nacht ausatmete.

Erst verschwand der Himmel, dann die Sonne, die Konturen wurden weich, die Welt löste sich auf, bald befand sie sich in einem vorzeitlichen Zustand, vor Entstehung der Welt, vor der Trennung von Himmel und Erde, Wasser und Land.

Auch beim schöpferischen Arbeiten gab es diesen Anfangsnebel, man sah noch nichts, spürte aber schon ein Gewimmel von Ideen. Sie waren blind und nicht größer als Einzeller, einige starben, bevor sie sich entwickeln konnten, andere wuchsen, wurden zu Kaulquappen und verwandelten sich in Frösche. Und einige wurden zu Prinzen, wenn man sie küsste.

Letzte Woche hatte sie im Museumscafé einen Prinzen gesehen. Er stand vor ihr, ein kleiner Prinz von Baden, mit blonden Haaren, und kaufte Brausepulver. Weil er kein Geld dabei hatte, ließ er anschreiben. Sie fragte sich, wer den Frosch geküsst hatte, der er mal war? Und ob er wieder zu einem Frosch wurde, wenn man ihn erneut küsste? Denn eigentlich brauchte man keine Prinzen mehr, aber Frösche.

Immer noch Nebel, immer noch Ursuppe. Schloss Salem schwamm darin wie ein prächtig gewölbter Blumenkohl. Sie fuhr durch ein Tor, bog nach links ab und parkte das Auto hinter den ehemaligen Stallungen. Ging zur Prälatur, einem gelben, mit Stuck verzierten Gebäude, stieg die breite Holztreppe hoch zum Archiv. Die Stufen hatten einen samtigen Glanz und dufteten nach Wachs, alles atmete eine gediegene Wohlhabenheit aus, die sich über die Jahrhunderte entwickelt und gefestigt hatte.

Zu Beginn eines Auftrags versuchte sie, möglichst viel über den Ort zu erfahren, den sie gestalten sollte. Inzwischen wusste sie, dass ein Ort namens Salem schon in der Genesis erwähnt wird, kurz nach der Beseitigung des schlimmsten Tohuwabohus. In Salem hat Gott sein Zelt aufgeschlagen, heißt es in der Genesis, dort zerbricht er die Pfeile des Bogens, Schild, Schwert und Streitmacht. Schön wär's, wenn es ihn gäbe, dachte sie, einen Ort des Friedens, eines Friedens, der dauert.

Sie betrat das Archiv und steuerte einen Tisch an, an dem sie schon in den letzten Tagen gearbeitet hatte. Am Rand lag ein Stapel Bücher. Sie setzte sich und öffnete einen Bildband mit Karten von Jerusalem, der älteren Schwester Salems. Eine Karte aus dem sechzehnten Jahrhundert zeigte Jerusalem in der Mitte eines Kleeblatts mit drei Blättern: Europa, Asien und Afrika. Ungeheuer hoben ihre Köpfe aus dem Meer, um einen Blick zu werfen auf die heilige Stadt.

Von keinem Land gab es mehr Karten als vom Heiligen Land. Sie waren von Kreuzfahrern und Pilgern gezeichnet worden und zeigten spirituelle Topographien. Die Größe der Orte war abhängig von ihrer religiösen Bedeutung. Und wir, dachte sie, haben unsere emotionalen Topographien. Wenn wir unsere persönlichen Karten zeichnen würden, Lebenslandkarten, dann wären kleine Orte groß und große Städte klein, weil wir nie da waren und weil sie keine Bedeutung für uns haben.

Wie wichtig war Thürmen für sie, die Stadt, in der sie seit zwanzig Jahren lebte? Türme aus dem Mittelalter hatten der Stadt ihren Namen gegeben. Von oben sah man die Altstadt, die Vorstadt und das breite Tal, durch das sich mal ein Gletscher gewälzt hatte. Am Ende des Tals lag der See, dahinter standen die Berge. Von den Türmen hatte man eine gute Aussicht, man konnte auch sehen, wer kam. Freund oder Feind. Oder ein Fremder.

Sie dachte an Zar und fragte sich, ob er sich wohl fühlte in ihrem Haus, im Zimmer von Signe, einem Mädchenzimmer, in dem noch Fotos von ihr an den Wänden hingen und Bücher im Regal standen. Sie hätte ihm sagen sollen, dass er erst in drei Tagen einziehen kann. Dann hätte sie die Bilder abhängen, den Schrank ausräumen und die Bücher in Kisten packen können.

Aber sie hatte es nicht gesagt. Auch gut. Und Signe war sofort bereit gewesen, ihm ihr Zimmer zu überlassen, ein Zimmer wie ein Nest, mit Blick in den Garten: auf eine Magnolie, einen Flieder, eine Kornelkirsche und eine Felsenbirne. Zwischen Flieder und Kornelkirsche sah man, wenn es klar war, die Berge. Vielleicht erinnerten sie ihn an zuhause.

Über dem herbstlichen Laub stand die Sonne. Sie brannte wie das Feuer in Yazd, wie das Feuer in seinem Elternhaus, das man nie ausgehen ließ, göttliches Feuer, Kind der Sonne, Wurzel des Tags, Energie, die alles wachsen, blühen und gedeihen lässt.

Vor drei Tagen hatte Zar die Unterkunft verlassen, *Hals über Kopf,* wie man hier sagt. Tatsächlich war sein Hals schneller als sein Kopf, der Hals hatte den Kopf überrannt und ihn aus dem Haus getrieben. Er hatte endlich eine Arbeit gefunden und musste um drei Uhr morgens aufstehen, in der Unterkunft aber war es die ganze Nacht laut.

Hundert Männer lebten hier auf engstem Raum zusammen, sie kamen aus aller Herren Länder, mussten zu viert in Zimmern mit dünnen Wänden schlafen, in wackligen, schmalen Stockbetten. Zar hatte den Lärm nicht mehr ausgehalten, die Gerüche und Geräusche, denen man nicht entkam, auch wenn man geübt war im Rückzug in den eigenen Kopf.

Das war das eine. Aber der Auslöser für seine Flucht war der Paschtune, den man zu ihm ins Zimmer gelegt hatte. Zar war Tadschike und mochte die Paschtunen nicht, sie waren lange die Herrscher Afghanistans gewesen und versuchten mit allen Mitteln, wieder an die Macht zu kommen. In der Nacht nach seinem Einzug war Zar plötzlich aufgewacht und sah den Paschtunen mit einem Messer vor sich stehen.

Er hatte versucht, ganz ruhig zu bleiben. Er sagte: Leg das Messer sofort weg. Sonst kommt die POLIZEI. Die bringen dich ins Gefängnis, und das war's dann mit Deutschland. Erst werfen sie dich ins Gefängnis, dann wirst du ABGESCHOBEN.

Abgeschoben sagte er auf Deutsch, das verstanden alle,

die nach Deutschland geflüchtet waren. Tatsächlich steckte der Paschtune das Messer wieder ein, legte sich aufs Bett und fiel sofort in Tiefschlaf. Aus seinem offenen Mund stieg ein durchdringender Geruch nach Alkohol, Curry und Knoblauch. Zar fragte sich, was passieren würde, wenn der Paschtune wieder aufwachte. Er konnte keinen klaren Gedanken fassen. Deshalb übernahm der Hals die Führung, überrannte den Kopf und floh mit Zar aus der Unterkunft. Seine Beine machten, was der Hals wollte, sie liefen immer geradeaus, erst durch Straßen, dann an einem Fluss entlang.

Als es zu nieseln begann, beschloss der Hals, dass Zar sich unter eine Brücke legen sollte. Da lag er, bis ein Hund kam und an ihm schnupperte. Eine Frau nahm den Hund an die Leine und fragte Zar, ob ihm etwas fehle. Er sagte, dass er aus Afghanistan komme, er habe es weder in Afghanistan ausgehalten noch in der Unterkunft, er habe beides verlassen müssen und könne weder in die Unterkunft zurück noch nach Afghanistan.

Aber hier unter der Brücke können Sie doch nicht bleiben, sagte die Frau.

Sie nahm ihn mit nach Hause und machte ihm auf dem Sofa ein Bett. Da war Zar zum ersten Mal Gast in Deutschland. Aber weil sie in einer kleinen Wohnung lebte, konnte er nicht länger bleiben als eine Nacht. Am nächsten Morgen zündete die Frau eine Kerze unter einem Metallring und stellte eine Teekanne darauf. Die Flamme stand wie ein langgezogener i-Punkt über dem Docht, sie bewegte sich sanft, wenn die Frau etwas sagte. Es war, als wollte ihm dieses i etwas sagen, und dann verstand er, verstand: Brigitta! Wenn ihm jemand helfen konnte, dann sie, die Frau mit den zwei i im Namen. Er hatte sie schon mehrmals in der Unterkunft gesehen und sich ihre Telefonnummer aufgeschrieben.

Noch bevor er sie anrief, wusste er, dass sie ihn retten würde, retten vor dem Paschtunen, erlösen aus der Unterkunft. Und deshalb war er nun hier, dank ihr, in diesem lichten Zimmer, und sah die Sonne durch die belaubten Zweige der Bäume und Büsche. Die Blätter bewegten sich leicht, es sah aus, als wollten sie ihm zuwinken.

Iris verließ die Prälatur, ging an der gotischen Kirche vorbei zum Neuen Museum, kaufte einen Kaffee und setzte sich auf die Terrasse. Es war bereits Anfang Oktober, aber noch spätsommerlich warm. Acht Störche kreisten im Himmel, ein Zeppelin schwebte von rechts nach links, Spatzen flogen zwitschernd von einem Ast zum anderen, Wasser plätscherte in einen steinernen Brunnen.

Der Brunnen stand vor dem Stall, in dem die Pferde der Familie von Baden untergebracht waren. Gerade war kein Pferd da. Aber die Familie war da, ihre Fahne wehte auf einem der Dächer. Ein Vorfahr hatte das Kloster von Napoleon geschenkt bekommen, für treue Dienste, und ein Schloss daraus gemacht.

Vor einigen Jahren hatte Bernhard von Baden es für 57 Millionen Euro an Baden-Württemberg verkauft. Trotzdem konnte er noch in einem Flügel wohnen. Wurden die Bürger und Bürgerinnen gefragt, ob das Land Schloss

Salem kaufen soll? Sie wurden nicht gefragt. Wenn man sie gefragt hätte, hätten sie vermutlich für Enteignung gestimmt. Ich, dachte Iris, hätte für Enteignung gestimmt.

Da klingelte ihr Handy. Arne war dran. Sie erzählte ihm, dass sie gerade an die Enteignung der Familie von Baden gedacht hatte.

Ich bin kein Freund von Enteignungen, sagte er.

Ich will ja auch nicht dich enteignen, sagte sie, sondern die alten und die neuen Großgrundbesitzer, diejenigen, die Land und Besitz angehäuft haben und weiter anhäufen. Man sollte Land nicht besitzen dürfen, nur pachten. Und wenn man schon Eigentum zulässt, sollte es eine obere Grenze geben. Sagen wir mal: fünfzig Hektar.

Einspruch, Euer Ehren. Ich habe lange genug in einem Land gelebt, in dem keiner mehr haben sollte als der andere. Trotzdem gab's Machtstrukturen. Und eine Mauer. Und einen Todesstreifen. Das kannst du doch nicht wollen!

Nein, das will ich auch nicht. Ich will weder Mauer noch Todesstreifen, aber ein bisschen mehr Gerechtigkeit in diesem Land. Man soll Besitz nicht anhäufen können. Es ist nicht in Ordnung, dass der Familie von Baden immer noch so viel gehört.

Hast du mal wieder deine rote Kappe auf?

Ja, ich habe sie gerade entstaubt. Ihr Rot leuchtet um die Wette mit den Herbstblättern.

Ich merk's.

Nach dem Gespräch trank sie den Kaffee aus, stand auf und ging zurück zur Prälatur. Ein Paar kam ihr entgegen. Der Mann schob einen Buggy mit einem Kind, das lustvoll Laute formte. Die Stimmbänder des Kindes waren wie Trampoline, auf denen Vokale hüpften und abhoben, ein Vokal zog die nächsten nach sich, das Kind verfiel in einen Vokalrausch. Bald würden die ersten Worte erkennbar sein, aber noch war es nicht so weit, noch handelte es sich um Laute im Vorwortstadium.

Es roch. Im ganzen Haus. Schon im Flur roch es. Unangenehm. Was riecht da so? Sie öffnete die Küchentür. Auf dem Herd stand ein Topf ohne Deckel. Im kochenden Wasser lagen ineinander verkeilte dunkelrote Säckchen, monströs und kompakt.

Zar!

Eine Tür öffnete sich und Zar kam die Treppe runter.

Entschuldige, Zar, kannst du mir bitte sagen, was da in dem Topf vor sich hin kocht?

Der Ekel in ihrer Stimme war unüberhörbar.

Die Fenster sind geschlossen und beschlagen! Das Fleisch kocht hier offenbar seit Stunden!

Sie riss das Küchenfenster auf.

Du musst die Lüftung anmachen, wenn du etwas kochst. Oder das Fenster aufmachen. Was ist das eigentlich?

Das weiß ich auch nicht, antwortete Zar verlegen.

Aber das kann man doch nicht einfach ins Wasser tun und stundenlang kochen!

Doch, man kann, Zar hatte es getan.

Sie dachte an ihren Besuch in der Unterkunft, an die Klinken, die locker waren oder fehlten, an den Schimmel im Bad, an die Mülltonnen in der Küche, die bis oben hin gefüllt waren. Rechts und links standen Spülbecken, fünf auf jeder Seite, eingelassen in Arbeitstische aus Metall. Neben den Becken waren Kochplatten mit Töpfen und Pfannen, in denen Reis und Gemüse schmurgelte. In einem Topf kochte ein großes Stück Fleisch. Und weil das Wasser offenbar schon mehrmals übergekocht, und heiß und blasig über den Rand gelaufen war, zogen sich Linien über die Außenwand des Topfes, die wie Speichelfäden aussahen.

Ganz so schlimm sah der Topf auf ihrem Herd nicht aus, aber das Fleisch roch nicht gut, wenn es überhaupt Fleisch war und nicht Eingeweide oder sowas.

Sie fragte: Willst du das etwa essen?

Ich weiß auch nicht, sagte Zar vorsichtig, ob man das essen kann.

Ich würde es wegwerfen, sagte sie mit Entschiedenheit. Ich finde, es riecht nicht gut.

Stimmt, sagte er, es riecht nicht gut. Aber es war billig.

Es gibt Rezepte, sagte sie. In Kochbüchern. Oder im Internet. Da kannst du das nächste Mal nachschauen, bevor du anfängst zu kochen.

Gut, sagte er kleinlaut.

Sie fühlte sich wie ein Drache. Wie der Drache, von dem Zarathustra in seiner Rede von den Verwandlungen erzählt hatte. Auf jeder seiner goldenen Schuppen stand: *Du sollst!* Sie öffnete die Tür zwischen Küche und Wintergarten und dann die Fenster des Wintergartens, um gründlich zu lüften. Da hörte sie, wie jemand nieste. Weil eine Hecke das Grundstück begrenzte, konnte man nicht sehen, wer es war.

Ich wünsche ihm gute Besserung, sagte Zar freundlich. Und zu Iris: Du doch auch?

Da lächelte sie. Die goldenen Schuppen lösten sich vom Körper des Drachens, verwandelten sich in Vögel und flogen hinaus durch die geöffneten Fenster. Und mit ihnen jedes *Du sollst!*

Ja, ich auch.

Dann rief sie laut: Gesundheit!

Und sagte leise zu Zar: Ich hoffe, dass er uns nicht ansteckt.

Sie machte mit der Hand eine Flugbewegung, zog einen Bogen über die Büsche, um den Weg eines fliegenden Virus zu zeigen, eines Virus, der sich wie ein Funke über die Sträucher schwingt.

Zar fragte: Ansteckt? Sagt man anstecken? Nicht überweisen?

Man überweist nur Geld. Anstecken verwendet man für Krankheiten. Und Zigaretten.

Und was kann man einstecken?

Ein Brot. In eine Tasche. Und man kann sich verstecken.

Verstecken, wiederholte Zar nachdenklich.

Dann erzählte er, wie eine Gruppe von Taliban Balch überfallen hatte. Die Männer gingen von Haus zu Haus und befragten die Bewohner zum Koran. Wer die Fragen nicht beantworten konnte, wurde getötet. Seine Eltern waren gewarnt worden und hatten sich mit den Kindern bei Verwandten in den Berge versteckt. Als sie zurückkamen, waren viele Nachbarn tot. Überall Blut. Sie mussten das Blut wegputzen, auch Zar musste helfen, obwohl er noch ein Kind war. Es tat Iris leid, dass sie vorhin geschimpft hatte. In der Welt, aus der er kam, war Krieg. Er kam aus einer gewalttätigen Welt, in der die Anhänger eines brachialen Monotheismus ihr Unwesen trieben.

Apropos Monotheismus, sagte sie und setzte ihre Gedanken laut fort, wie heißt eigentlich der Gott, den Zarathustra erfunden hat?

Zar wiederholte erstaunt: Erfunden? Er hat ihn nicht erfunden. Er hat mit ihm gesprochen. Er heißt Ahura Mazda. Er ist der Schöpfer der Welt.

Hat er keine Mutter?

Doch. Meine Großmutter hat erzählt, dass er eine Mutter hat. Sie heißt Zervan und ist die Göttin der Zeit. Ahura Mazda hat aber auch einen Zwillingsbruder, er heißt Ahriman. Weil Ahura Mazda zuerst geboren werden sollte, war Ahriman wütend und trat gegen den Bauch seiner Mutter, bis die Bauchdecke aufbrach. Deshalb ist er noch vor seinem Bruder auf die Welt gekommen. Das bedeutet, sagte meine Großmutter, dass das Böse immer schon da ist. Früher als das Gute. Man muss immer dagegen kämpfen, vom ersten Augenblick an. Und das hört nie auf.

Er leerte den Topf in das Spülbecken. Das Wasser lief durch den Ausguss ab. Mit einem Ausdruck des Bedauerns warf er das Fleisch in den Mülleimer. Iris knotete die Mülltüte zu und trug sie zur Mülltonne.

Wie gut, dachte sie, dass es Zervan gibt. Wenn Ahura Mazda und Ahriman die Kinder der Zeit sind, müssen auch sie irgendwann sterben. Dann spielen sie keine Rolle mehr. Aber noch spielen sie eine Rolle, die eifersüchtigen männlichen Götter, die keinen anderen Gott neben sich dulden: Ahura Mazda, Jahwe, Gottvater und Allah. Vier Namen für einen Gott. Ist es derselbe Gott? Es fühlt sich eher an, dachte sie, als wären sie erbitterte Konkurrenten. Und jeder hat einen Gegenspieler: Ahriman ist der Gegenspieler von Ahura Mazda, Satan der Gegenspieler des jüdischen und christlichen Gottes, Schaitan der Gegenspieler Allahs. Deshalb ist, genau genommen, weder der Zoroastrismus ein Monotheismus noch das Judentum, weder das Christentum noch der Islam.

Als sie zurückkam in die Küche, war Zar nicht mehr da. Aber Nietzsche. Er saß in der Ecke auf einem Hocker, im Schatten seines mächtigen Schnurrbarts, und sagte: Was Sie gerade über den Monotheismus gedacht haben, stimmt. Solange man einem Gott nur das Gute zuspricht und einen Teufel für das Böse braucht, handelt es sich nicht um Monotheismus. Aus genau diesem Grund *gab ich Gott die Ehre und machte ihn* auch *zum Vater des Bösen.*

Da musste Iris doch schlucken.

Wollte sie sich Gott als *Vater des Bösen* vorstellen? Es war eine Unverschämtheit, Gott auch das Böse zuzuordnen. Aber es war konsequent. Denn sonst gab es noch eine andere Macht. Und wie sollte das gehen, wenn Gott allmächtig war? Wie sollte das Böse in die Welt gekommen sein? Hinter seinem Rücken?

Auch Gott hat seine Hölle, sagte Nietzsche. Und *das ist seine Liebe zu den Menschen*. Jüngst hörte ich den Teufel *diess sagen: Gott ist todt: an seinem Mitleiden mit den Menschen ist er gestorben.*

Als Gott noch lebte, sagte Iris, hatte er einen Gegenspieler, aber keine Frau an seiner Seite. Haben wir deshalb so viele Probleme? Weil sich die Männer, die an der Macht sind, aufführen wie die Stellvertreter Gottes auf Erden?

Nietzsche räusperte sich.

Die Männer, die sich aufführen wie die Stellvertreter Gottes auf Erden, haben Frauen an ihrer Seite. Und Mütter. Und keine verhindert, dass ihre Männer tun, was sie tun. Warum nicht?

Das stimmt. Ja. Warum nicht?

Sie zögerte, die Antwort zu geben, die sich schon in ihrem Kopf formte: Weil Frauen nicht besser sind als Männer. Aber das beantwortet die Frage nicht, dachte sie, warum die Göttinnen verschwunden sind. Und warum die Frauen zugelassen haben, dass sie verschwinden.

Sie fuhr durch das Tor auf das Gelände von Schloss Salem und stellte das Auto ab. Auf dem Weg zur Prälatur kam sie an der Klosterkirche vorbei, zögerte einen Augenblick und ging dann hinein. Überall barocke Altäre! In einer gotischen Kirche! Aber das passt doch gar nicht! In Gedanken warf sie den ganzen Barock raus, um den ursprünglichen Zustand wieder herzustellen: einen offenen, hohen Raum, das Dach getragen von Säulen, dazwischen Licht und Luft, Voraussetzung für die Begegnung mit dem heiligen Geist. Der Inspiration.

Dann merkte sie, dass sie nicht allein war. Eine Frau stand vor einem Engel, der Seifenblasen machte mit Hilfe eines Strohhalms, und sie in einem Körbchen sammelte. Als Iris neben ihr stehen blieb und den Engel ebenfalls anschaute, sagte die Frau: Jede Blase ist ein Gleichnis für das Vergehen der Zeit. Jede Minute, jede Stunde, jeder Tag sind wie Blasen, die wachsen, schweben, schillern und platzen. Und auch die Glocken, die man vier Mal in der Stunde hört, sind ein Memento Mori, eine Mahnung, dass wir nur begrenzt Zeit haben.

Sie kennen sich gut aus, sagte Iris.

Ich war hier im Internat und mache seit einigen Jahren Führungen durch das Schloss, erwiderte die Frau freundlich. Ich heiße übrigens Barbara.

Ich bin Iris.

Sie lächelten einander freundlich an, waren sich sofort sympathisch.

Ich finde den ganzen Barock schrecklich, sagte Iris. Eine gotische Kirche muss leer sein.

Barbara antwortete entspannt: Ich habe mich daran gewöhnt, dass hier einiges herumsteht. Im Barock wird die Leiblichkeit gefeiert, unter anderem in Form draller Engel. Der Katholizismus war immer auch eine sinnliche Religion, selbst wenn sie Verzicht und Keuschheit gepredigt hat. Man sieht was, man riecht was, man schmeckt was. Keine Messe ohne Weihrauch, ohne Hostie, die erst am Gaumen klebt, sich dann aber in den Leib Christi verwandelt. So nimmt man Gott zu sich! Das hat doch was!

Für die barocke Ausstattung dieser Kirche wurden die Alabastervorkommen im Schwarzwald geplündert. Auch der Honigschlecker in der Birnau ist aus Alabaster. Er ist ein Sinnbild für Bernhard von Clairvaux, den Gründer der Zisterzienser. Er war ein begnadeter Prediger, die Worte flossen wie Honig aus seinem Mund.

Dann erzählte sie, wie das Kloster Ende des 17. Jahrhunderts abbrannte. Nur die Kirche blieb stehen, aber die Orgel war unbrauchbar geworden, das Metall durch die Hitze weich geworden, die Pfeifen völlig deformiert. Weil Abt Anselm oft zu Gast war beim französischen König, beschloss er, das Kloster nach dem Brand zu einer barocken Residenz auszubauen. Die Mönche hielten die Klappe, obwohl der Widerspruch unübersehbar war zwischen der Bescheidenheit, die im Zentrum der Ordensregel stand, und dem prunkvollen Ausbau des Klosters.

Sie sagte: Die Redewendung *die Klappe halten* kommt übrigens von den Klappstühlen, auf denen die Mönche während des Gottesdienstes saßen, im Chor rund um den Altar. Wenn man aufstand und die Klappe nicht hielt, machte sie ziemlich Krach.

Iris lachte.

Barbara fuhr fort – und war nun ganz im Modus derjenigen, die jeden Tag Führungen macht: Abt Anselm brauchte viel Geld für sein Vorhaben. Das Material musste bezahlt werden, die Bauleute und Stuckateure, Männer wie Josef Anton Feuchtmayer und sein Vater. Geld kam von einem Salzstock in Hallein, von den Bauern, die zu immer neuen Abgaben verdonnert wurden. Anselm hat genommen, was er kriegen konnte. Aber das hat die katholische Kirche ja immer gemacht. Deshalb sind die Gebäude auch so üppig ausgestattet.

An Salem kann man wunderbar sehen, sagte sie, wie sich die Transformation eines Armutsordens in einen reichen Orden vollzog und die Verwandlung eines Klosters in ein Schloss. Die Macht der katholischen Kirche manifestierte sich unüberschbar in den prächtigen Gebäuden.

Das hatte mit Religiosität nicht viel zu tun.

Je mehr Iris erfuhr, desto spannender fand sie den Kontrast von gotischer Architektur und barocken Altären, von Kloster und Affenberg. Und weil Alabaster ein hautfarbener Stein war, eignete er sich bestens für die Herstellung von Engeln und Sündern.

Sie wog Mehl ab und gab es in eine Schüssel. Goss Milch dazu und schlug Eier auf, trennte Eiweiß und Eigelb, verrührte das Eigelb mit etwas Zucker, schlug das Eiweiß schaumig und zog es unter den Teig. Eine Prise Salz dazu, ein paarmal umgerührt, dann floss die erste Kelle Teig ins Waffeleisen.

Die Tür ging auf, Zar kam in die Küche und fragte: Was machst du?

Waffeln.

Waffen? Er sah sie erstaunt an.

Sie lachte. Nein, ausnahmsweise mache ich keine Waffen. Diesmal ist ein kleines L dabei, und so werden aus Waffen Waffeln. Waffeln sind Pfannkuchen, bestreut mit Zimt und Zucker.

Waffeln! Ach so.

Tatsächlich kommen viele Waffen aus unserer Gegend, sagte Iris und zählte die Firmen auf, die rund um den Bodensee Waffen herstellen. Damit sollte man endlich aufhören, und statt Waffen nur noch Waffeln produzieren.

Waffen zu haben kann aber auch bedeuten, sagte Zar, dass du geschützt bist. Wenn die anderen etwas haben wollen, was dir gehört, kannst du dich wehren. Wer nicht stark ist, wird beklaut. Und gequält. Und versklavt. Und getötet. Es gibt starke Völker und schwache. Afghanistan ist schwach. Niemand will nach Afghanistan. Die schwachen Länder sind nicht anziehend. Aber Deutschland ist stark. Deshalb wollen alle nach Deutschland. Das ist doch toll, dass alle zu euch wollen.

Stimmt, sagte sie, so habe ich das noch gar nicht gesehen.

Sie nahm die Waffel aus dem Eisen, legte sie auf einen Teller, bestreute sie mit Puderzucker und goß die nächste Kelle Teig ins Eisen. Während er sich in eine knusprige Waffel verwandelte, stellte sie Milch auf den Tisch im Wintergarten.

Zar fragte: Hast du die Milch auf dem Land gekauft?

Nein, warum?

Er buchstabierte: L-a-n-d-l-i-e-b-e.

Nein, die ist aus dem Supermarkt.

Kaufland! Hier bin ich richtig.

Ohje!

Iris schaltete einen Filter vor ihre Ohren, wenn sie einkaufen ging: Eintritt verboten für Werbung. Sie versuchte, die Sätze sofort wieder zu vergessen, die, eingebettet in Musik, mal von einer munteren männlichen, mal von einer munteren weiblichen Stimme gesprochen worden. Was für eine Zumutung, den Angriffen stereotyper Ohrwürmer ausgesetzt zu sein, die sich in die Gehirnwindungen bohren, um bis in alle Ewigkeit drin zu bleiben.

Sie fragte Zar: Willst du auch eine Waffel?

Gerne.

Erzähl vom Hindukusch. Das müssen tolle Berge sein.

Da sagte er abwehrend: Ich mag Berge nicht. Gebirge sind wie Gefängnisse. Rechts ist eine Wand, links ist eine Wand, vorne ist eine Wand, hinten ist eine Wand.

Sie war überrascht von der Heftigkeit seiner Ablehnung. Aber wenn du oben bist, sagte sie, dann hast du einen wunderbar weiten Blick.

Er widersprach: Die Berge in Afghanistan sind so hoch, dass du oben nicht atmen kannst. Ich habe gesehen, wie Menschen das Blut aus der Nase und den Ohren gelaufen ist, als der Bus über einen Pass gefahren ist.

Du kommst aus Afghanistan und magst keine Berge! Dann musstest du wahrscheinlich tatsächlich gehen.

Iris holte die nächste Waffel aus dem Eisen, streute auch über diese Waffel Puderzucker, gab den Teller Zar, ließ die nächste Kelle Teig auf das Eisen fließen und schloss erneut den Deckel.

Es dampfte und duftete.

Sie setzten sich in den Wintergarten, aßen die Waffeln und tranken Milch. Eine dreibeinige Katze näherte sich vorsichtig. Nach einem Unfall musste eins ihrer Beine amputiert werden. Weil sie einen kleinen schwarzen Punkt neben dem Maul hatte, wurde sie Pünktchen genannt.

Iris fragte sie freundlich: Magst du auch eine Waffel? Oder lieber Milch?

Pünktchen leckte sich das Maul. Iris stand auf und füllte Milch in eine kleine Schale. Pünktchen schlabberte sie leer.

Es gibt Tiere und Menschen, sagte Zar, die körperlich behindert sind. Denen fehlt ein Bein. Aber ich bin auch behindert.

Er griff sich an die Brust.

Hier. Drinnen. Viele in Afghanistan haben gesehen, was ich gesehen habe. Aber nicht allen geht es wie mir.

Er fasste sich an den Hals.

Oft habe ich das Gefühl, keine Luft zu bekommen.

Beunruhigt sagte Iris: Vielleicht gehst du mal zu einem Therapeuten!?

Mir kann niemand helfen.

Hast du Geschwister?

Ja.

Wie viele?

Neun. Wir waren zehn. Aber mein ältester Bruder ist gestorben.

Sie schwieg. Er schwieg.

Darf ich dich etwas fragen?

Ja.

Du musst nicht antworten.

Frag!

Wie ist dein Bruder umgekommen?

Mein Bruder? Er ist …

Zar stockte, hob abrupt die Hände, schlug sie vors Gesicht und wurde von einem heftigen Schluchzen geschüttelt. Er bemühte sich, nicht zu weinen, was zu einem krampfartigen Zittern führte.

Entschuldige, sagte Iris, entschuldige …

Auch ihr stürzten Tränen in die Augen. Etwas Schreckliches musste mit seinem Bruder passiert sein.

Arne saß im Auto. Er freute sich auf Iris. Wie würde es sein mit Zar im Haus? Zar ist die Abkürzung von Zarduscht oder Zarathushtra, hatte Iris erklärt, was auf Persisch *goldener Stern* oder *gelbes Kamel* bedeutet. Aha. Er wusste nicht, ob er sich dafür interessierte. Es war ihm egal, ob Zarathushtra *goldener Stern* oder *gelbes Kamel* bedeutet. Aber sie war begeistert. Sie hatte von Nietzsche gesprochen und von seinem Zarathustra. Und von Verwandlungen. Erst sind wir Kamele, hatte sie gesagt, dann verwandeln wir uns Löwen und schließlich in Kinder. Wir, unser Geist. Wenn wir es zulassen. Nur, wenn wir wieder zu Kindern werden, können wir neue Welten finden und erfinden.

Ich bin noch Kamel, hatte Arne lakonisch geantwortet. Mir ist einiges aufgeladen worden, ich habe nicht nur ein Päckchen zu tragen.

Da hatte Iris gekichert und gesagt: Stimmt! Die Ähnlichkeit zwischen dir und einem Kamel ist frappant. Der Bauch, die langen Beine, der hochmütige Blick. Aber du bist kein gewöhnliches Kamel, du bist der König der Kamele.

Darüber hatte Arne gelacht und war doch gekränkt. König der Kamele! War das ein Kompliment? Zugegeben, er aß gerne und viel. Zugegeben, er hatte einen runden Bauch. Aber seitdem man ihn ins Gefängnis geworfen hatte, rechnete er jederzeit mit einem erneuten Einbrechen der Wüste. Und dafür musste man Vorsorge treffen.

Es war nicht mehr weit nach Thürmen. Und wieder

fragte er sich, wie es mit dem neuen Mitbewohner sein würde, der Zar, aber eigentlich Zarathustra hieß und aus Afghanistan kam. Wie war Nietzsche auf die Idee gekommen, den historischen Zarathustra zur Hauptfigur eines Buchs zu machen?

Nietzsche war in Röcken geboren und in Naumburg aufgewachsen, einen Katzensprung entfernt von seinem Weinberg. Nach Naumburg fuhr Arne immer zum Einkaufen. In einer Buchhandlung hatte er mal in den *Zarathustra* geschaut, aber die Sätze waren ihm zu gestelzt, zu pathetisch, bis zu der Stelle mit den Verwandlungen ist er gar nicht gekommen.

Thürmen! Und dann war er in der Straße, in der Iris wohnte. Er suchte nach einem Parkplatz, stellte den Motor ab, kramte in seinem Rucksack, holte ein Deo heraus, öffnete die obersten Knöpfe seines Hemdes, sprühte eine Dosis unter die eine Achsel, eine Dosis unter die andere, warf einen Blick in den Rückspiegel, stieg aus, ging zum Haus und läutete.

Sie öffnete die Tür, umarmte ihn, zog die Nase kraus und rief lachend aus: Du duftest ja ungeheuerlich! Wie ein ganzes Bordell!

Woher weißt du, sagte er, plötzlich grätig, obwohl er gerade noch gut gelaunt gewesen war, wie ein Bordell riecht? Warst du schon mal in einem?

Nein, sagte sie. Sei nicht sauer! Ich finde deinen Duft hinreißend. Wenn auch etwas aufdringlich. Das darf ich doch sagen, oder?

Klar. Aber ich wollte, dass du mich riechen kannst.

Seine Stimme, die einen frostigen Rand hatte, erwärmte sich wieder.

Ich kann dich auch gut riechen, sagte sie, wenn du weniger gut riechst. Ein Paradox, aber wahr.

Er lächelte, hängte seine Jacke an die Garderobe und zog die Schuhe aus. In diesem Augenblick kam Zar mit einer Dose Erdnüssen aus der Küche.

Hallo, sagte Arne. Ich nehme an, dass du Zar bist.

Hallo. Ja. Ich bin Zar.

Jung war er. Kurze dunkle Haare hatte er und hellbraune Augen. Eine breite gerade Nase.

Und, sagte Arne, wie gefällt's dir hier bei uns?

Gut.

Zar lachte verlegen.

Arne sah, dass seine Vorderzähne fehlten, aber bevor er dazu eine Bemerkung machen konnte, sagte Iris: Ich mach uns einen Tee.

Als sie im Wohnzimmer saßen und Tee tranken, wandte Arne sich wieder an Zar: Weiter Weg von Afghanistan nach Deutschland. Wie bist du hergekommen?

Ich bin gegangen. Zu Fuß. Manchmal bin ich auch mit dem Bus gefahren oder mit dem Zug. In Ungarn war ich im Gefängnis, weil ich keinen Ausweis hatte. Ich habe einen Antrag auf Asyl gestellt, aber sie haben mich nicht freigelassen. Ich war ein Jahr im Gefängnis. Obwohl ich nichts gemacht habe. Nichts!

Ungarn!

Arne verdrehte die Augen. Auch ich bin an Ungarn gescheitert. Ich komme aus der DDR, wenn dir das was sagt. Aus dem Teil Deutschlands, der bis 1989 kommunistisch war. Ich habe versucht, in den Westen zu fliehen. Über Ungarn. Aber ich bin hängengeblieben. Die Grenzpolizei hat mich aufgabelt und dann wurde ich in die

DDR abgeschoben. Da haben sie mich dann erstmal eingebuchtet.

Eingebuchtet?

Ich war im Gefängnis. Wie du.

Und wie lange waren Sie im Gefängnis?

Du kannst mich duzen. Ich war drei Jahre im Gefängnis.

So lange! Warum?

Weil ich gehen wollte. Und nicht durfte.

Zar überlegte. Kann man ein Land verklagen?

Arne wunderte sich, dass er ein Wort wie *verklagen* kannte.

Ja, das geht. Wenn Ungarn gegen das EU-Recht verstößt, kann man die Regierung verklagen.

Hast du die DDR verklagt?

Nein. Aber ich habe es mir überlegt.

Als ich im Gefängnis war, sagte Zar, hatte ich dauernd Kopfschmerzen. Weil ich mich nicht bewegen konnte. Auch in der Unterkunft hatte ich Kopfschmerzen. Es gibt hundert verschiedene Arten von Kopfschmerzen. Ich kenne sie alle.

Wie viele Menschen sind in einem Zimmer? In der Unterkunft, meine ich.

Vier.

Im Gefängnis in Cottbus waren fünfzehn Männer in einem Raum.

Fünfzehn!

Zar war aus Afghanistan geflüchtet, Arne aus der DDR. Zar war ein Flüchtling, Arne ein Flüchter. Beide waren an der ungarischen Grenze gescheitert. Arne hatte sich nach der Zeit im Gefängnis die Zähne sanieren lassen, weil das Essen so schlecht war, Mangelernährung, zu wenig Vitamine. Auch Zar würde zum Zahnarzt gehen müsse. Es gab Parallelen, und doch störte es Arne, dass Zar mit ihnen im Haus wohnte. Es störte ihn, dass Iris und er nicht mehr ungestört waren.

🐪

Iris ging nicht mehr nackt durch den Flur, was sie gemacht hatte, nachdem ihre Kinder ausgezogen und Zar noch nicht eingezogen war. Arne und sie liebten sich nicht mehr in Arnes Zimmer, das neben dem Zimmer von Zar lag, sondern unten im Gästezimmer. Waren sie zu Gästen im eigenen Haus geworden?

Iris hätte diese Frage verneint. Sie hatte in Wohngemeinschaften gewohnt und Freunde und Freundinnen ihrer Kinder hatten oft bei ihnen übernachtet. Und Arne war mit Geschwistern und Halbgeschwistern aufgewachsen, auch er würde, so dachte sie, keine Probleme damit haben, dass Zar bei ihnen wohnte.

Sie war auf dem Weg nach Salem. Immer wieder hatten Menschen Orte *Salem* genannt in der Hoffnung auf Frieden. Vergebliche Hoffnung! Und doch war es eine Hoffnung, die nicht aufgegeben werden durfte. Sie brach eine Lanze für den Frieden. Und nicht nur eine.

Im Radio hörte sie, dass im Landtag beschlossen wurde, die Essenspakete für Asylbewerber abzuschaffen und durch Geldleistungen zu ersetzen. Einige Landkreise hatten schon auf Geldleistungen umgestellt, aber Thürmen hinkte noch hinterher.

Iris erinnerte sich noch gut daran, wie die finanzielle

Unterstützung der Asylbewerber eingestellt und durch Essenspakete ersetzt worden war. Es war Winter und so kalt, dass die Flüsse und Seen zufroren. Kinder zogen Schlitten übers Eis, Händler stellten hölzerne Buden auf und verkauften Glühwein, Paare bewegten sich mit Schlittschuhen von einer Bude zur nächsten.

Auch Iris war auf dem Eis unterwegs. Zwischen den Buden sah sie einen Samowar. Über der Kanne kringelte sich Dampf, Menschen tranken Tee und wärmten ihre Hände an den Tassen. Iris ging näher und bekam ebenfalls einen Tee. Ein Mann erzählte vom Libanon, ein anderer vom Iran. Sie waren Asylbewerber und in einer ehemaligen Kaserne einquartiert, zu zehnt in einem Zimmer.

Ob Iris mitkommen wolle, um zu sehen, wie sie da lebten? Kurze Zeit später betrat sie zum ersten Mal die Kaserne, die als Unterkunft diente. In jedem Raum waren fünf Stockbetten, die Neonröhren brannten die ganze Nacht. Die Waschräume waren desolat, von zehn Toiletten funktionierten nur zwei. Hier mussten sie bleiben, bis ihre Verfahren abgeschlossen waren. Das dauerte oft lange. In dieser Zeit durften sie nicht arbeiten. Weil die finanzielle Unterstützung durch Essenspakete ersetzt werden sollte, traten einige Asylbewerber in den Hungerstreik. Iris verteilte Flugblätter, auf denen die Gründe für den Streik aufgeführt waren. Ein alter Mann, dem sie das Flugblatt reichte, fauchte: Mir han gehungert und die wollet it essen. Die gehöret it hierher. Sie hatte sich gefragt, wer hierher gehört. Und wer darüber entscheidet, ob jemand hierher gehört. Und ob sie hierher gehört, wenn das Asylrecht infrage gestellt wird.

An der Uni stritten Fundamentalisten und Pragmatiker über die Verschärfungen im Asylrecht. Die Pragmatiker wollten den Flüchtlingen individuell und unbürokratisch helfen, die Fundamentalisten den Notstand verschärfen, um die Revolution endlich in Gang zu bringen, auf die sie schon lange warteten und die ihrer Ansicht nach überfällig war.

Aber der Umsturz fand nicht statt, die Flüchtlinge bekamen viele Jahre lang Asylbewerber-Abschreckungspakete, erdacht von einer Partei, deren Mitglieder von sich behaupteten, christlich zu sein. Das Bestücken und Versenden der Essenspakete kostete Geld, und dieses Geld strichen die Firmen ein, die die Pakete an die Flüchtlinge lieferten. Deshalb bekamen die Flüchtlinge weniger Geld, als ihnen nach dem Gesetz zustand.

Iris hatte sich geschämt für die Regierung von Baden-Württemberg und doch nicht mehr getan, als Flugblätter zu verteilen und mit Menschen zu reden. Sie hatte Kinder bekommen, sich auf ihre Familie konzentriert und auf ihre Arbeit. Aber nun konnte sie ihren damaligen Mangel an Einsatz wieder gut machen. Mit Zar in ihrem Haus.

Sie erreichte Salem, stellte das Auto ab und ging zur Prälatur. Rechts stand die gotische Kirche mit den barocken Altären, vor ihr die Prälatur, in der Abt Stephan I residiert hatten. Sie ging die schöne Treppe hoch ins Archiv.

An diesem Vormittag las sie noch mal in der Genesis. Melchisedek herrschte in Salem, Abraham besuchte ihn, nachdem er seinem Neffen Lot bei einer kriegerischen Auseinandersetzung geholfen hatte. Melchisedek ging ihm mit Brot und Wein entgegen. Lot! War Abrahams Neffe! Das hatte sie nicht gewusst. Sodom brannte offenbar erst später. Sie dachte an Lots Frau, die sich nach der brennenden Stadt umgedreht hatte.

Erst später würde sie sich für die Einzelheiten interessieren, warum Sodom, warum Gomorrha, was waren das für Städte, warum wurden sie bestraft? In diesem Augenblick fragte sie sich nur, warum Lots Frau sich nicht umdrehen sollte. Sie sah die Frau vor sich, die weinte, weil die Stadt, in der sie gelebt hatte, zerstört wurde. Und weil Tränen salzig sind und die Frau nicht aufhören konnte zu weinen, erstarrte sie zu einer Salzsäule.

Welche Lehre war aus der Geschichte zu ziehen? Dass man sich nicht umsehen darf nach dem, was war? Oder dass es ein fruchtbares und ein fruchtloses Erinnern gibt? Lots Frau ein Denkmal errichten, dachte Iris. Ihr, die keinen eigenen Namen hat. Und mit ihr allen Frauen, die in einem Land leben müssen, in dem Krieg ist.

Er arbeitete in einer Putzkolonne, stand sehr früh auf und lief durch die halbe Stadt bis zu der Stelle, wo ein Kleinbus hielt, der ihn und eine Hand voll anderer Männer zu einer Fabrik in die Nachbarstadt brachte. Wenn er am frühen Nachmittag nach Hause kam, waren Arne und Iris noch bei der Arbeit. Er genoss es, allein im Haus zu sein.

Wie es weitergehen würde, wusste er nicht. Wenn er Arne begegnete, spürte er einen Vorbehalt gegen sich. Er gab sich Mühe, Arne und Iris nicht zu stören, und wenn

Iris ihn fragte, ob er mitessen wolle, sagte er, dass er schon gegessen habe.

Wieder stand er früh auf und wanderte quer durch die Stadt zu dem Ort, wo der Kleinbus wartete. Im Bus wurde nur Russisch gesprochen, Zar war der einzige Afghane. Die Russen grüßten ihn nicht, sie fragten ihn nichts, sie übersahen ihn. Um vier Uhr morgens begann er, Maschinen zu putzen, er trug einen Blaumann und Sicherheitsschuhe, damit er auf dem Maschinenöl nicht ausrutsche. Der Mann, der ihm die Arbeit vermittelt hatte, war der Chef einer Leiharbeitsfirma und sorgte dafür, dass die Putzkolonne pünktlich zur Fabrik kam.

Zar ertrug alles in der Hoffnung, dass man ihn für seine Arbeit ordentlich bezahlte. Als er am Ende des Monats den Umschlag mit der Lohnabrechnung öffnete, stellte er fest, dass er weniger bekommen hatte, als ihm zustand. Er zeigte Iris die Abrechnung.

Sie sagte, dass er mit seinem Chef sprechen solle. Zar sprach mit ihm. Sein Chef erklärte, dass er ihm nicht den ganzen Lohn ausbezahlt habe, weil es mal mehr Arbeit gebe und mal weniger, er bekomme aber immer gleich viel Geld. Der Chef tat so, als wäre das eine großartige Sache, er tat so, als wäre es toll, dass Zar überhaupt etwas bekam.

Zar bat Iris, mit seinem Chef zu telefonieren.

Sie griff zum Telefon, wählte, sprach, gab sich Mühe, freundlich zu sein, aber unter ihrer Freundlichkeit spürte er ihren Ärger, und als sie aufgelegt hatte, sagte sie, dass sein Chef ein arroganter Depp sei und ihr zu verstehen gegeben habe, dass die Frage nach dem Prinzip der Lohnabrechnung eine Unverschämtheit sei.

Was bildet der sich eigentlich ein!

Zwei Tage später wurde Zar entlassen. Er brauche ihn nicht mehr, sagte der Chef mit eisiger Miene, er könne gehen, und was er sich einbilde, die Rechtschaffenheit seines Unternehmens infrage zu stellen. Die Lehre, die Zar daraus zog, lautete: Einer, der Flüchtling ist und nichts hat, darf nicht fragen, darf nicht aufmucken, der sollte am besten den Mund halten.

Wird Zar wieder eine Arbeit finden? Arne zweifelte daran. Solange Zar nicht arbeitete, bekam er Sozialgeld und lag den Steuerzahlern auf der Tasche, also auch ihm. Es störte ihn, dass Zar zuhause blieb, während er arbeiten ging. Obwohl Zar gern gearbeitet hätte, das war ihm schon klar. Und obwohl auch Arne den bundesdeutschen Steuerzahlern einiges gekostet hatte, als er freigekauft worden war.

Das war ein lukratives Geschäft für die DDR gewesen: Junge, renitente Menschen ins Gefängnis zu werfen und an die Bundesrepublik zu verkaufen. Du bist so viel wert wie ein Porsche, hatte ein Freund mal gewitzelt. Aber er war ja auch ein Deutscher, Zar nicht. WAS hatte er da gerade gedacht? Kurz erschrak Arne über sich selbst, denn er hatte die *Internationale Solidarität* mit der Muttermilch aufgesogen und selbst von *Internationaler Solidarität* gesprochen, als er FDJ-Sekretär war. Auch wenn es kaum Praxis gab in Sachen internationaler Solidarität. Wer durfte denn schon rein in die DDR? Die Vietnamesen und ein paar Schwarze aus Mosambik.

Man hatte ihn freigekauft, seitdem war er bei Amnesty. Und deshalb war Zar jetzt bei ihnen. Also. Was hatte er gegen Zar? War er ihm gegenüber reserviert, weil er keinen anderen Mann im Haus haben wollte? Ein monotheistischer Reflex, der dem ersten Gebot entsprach: Du sollst keine anderen Götter haben neben mir. Gedanken wehten durch Arnes Gehirn, halbe Gedanken, Ahnungen und Aversionen, Vorbehalte und Vorurteile, und verließen es wieder.

Er wandte sich anderen Dingen zu, handfesten, dem Verkauf seiner Fässer. Es gab nicht mehr viele, die Fässer machten in Deutschland. Fässer kamen in der Regel aus dem Ausland. Aber einige Böttcher gab es noch, Arne war einer von ihnen, in der Nähe des Schweigenbergs hatte er seine Werkstatt. Nach der Wende hatte er keine Aufträge mehr, alles befand sich im Umbruch, er sanierte Häuser und hielt sich damit über Wasser.

Dann wurde er vom Arbeitsamt zu einem Schnellkurs geschickt, um die juristischen Grundlagen der Reprivatisierung kennenzulernen. Es ging um die Neuordnung der Landwirtschaft. Er lernte, wie man Fördergelder beantragt und betraute ihn mit der Instandsetzung der Weinberge an Saale und Unstrut. Er half den Weinbauern, Formulare auszufüllen, er sorgte dafür, dass sie Geld bekamen und ihre Weinberge sanieren konnten. Er hatte eine Sekretärin, die an seinen Lippen hing, eine süße Last.

Das war seine glücklichste Zeit. Die Kinder waren noch klein, er kaufte ein Haus im Schweigenberg und sanierte es. Mit Mechthild lief alles gut, mehr oder weniger gut, denn gestritten haben sie immer. Mechthild störte, dass er so viel unterwegs war. Sie wollte, dass er ein anwesender Vater war und kein abwesender. Das verstand er. Aber er hatte nun mal viel zu tun. Sein Rat war erwünscht, er wurde gebraucht und dafür auch anständig entlohnt. Und deshalb konnten sie sich etwas leisten. Das Haus. Und den Weinberg. Mechthild wollte, dass er Geld nach Haus brachte und doch jederzeit für sie und die Kinder da war. Wie sollte das gehen? Das war unmöglich. Wie hat sie sich das vorgestellt!? Nun lebte sie mit den Kindern in Göttingen, und er pendelte zwischen Göttingen, Thürmen und Freyburg hin und her. Er verbrachte mehr Zeit auf der Straße, als bei seinen Kindern, im Weinberg oder bei Iris.

Er kannte den Süden inzwischen ganz gut und belieferte auch Winzer am Bodensee mit seinen Fässern. Trotzdem fühlte er sich im Osten wohler, auch wenn die Arbeitslosigkeit in Sachsen-Anhalt immer noch höher war als im Süden. Sachsen-Anhalt war ein gebeuteltes Land, aber sein Land. Wenn er in Thürmen war, weit weg von seiner Wiege und seinem Wein, von der Saale und der wilden Unstrut, dem wilden Weh und der wilden Freude, die seine Jugend durchrauscht hatten, sehnte er sich nach seiner Heimat.

Im Westen fühlte er sich wie eine Mumie, einbalsamiert in einer schläfrigen Behaglichkeit. Alles war da, nichts fehlte, und er fragte sich, ob er hier überhaupt gebraucht wurde. Von Iris. Ja, doch. Vor einem Jahr hatte er sie in Goseck kennengelernt. Im Januar hatte Mechthild ihn verlassen, im August lief ihm Lutz Winter über den Weg, und einige Tage später lernte er Iris kennen. Das war ein turbulenter Sommer.

Kurz nachdem Lutz Winter wieder frei war, hatte Arne Iris zu einer Faltbootfahrt eingeladen. Gemeinsam trugen sie das Boot zur Unstrut, er setzte sich hinter sie, dann paddelten sie los. Die Bäume standen Spalier, die Blumen neigten ihre bunten Köpfe, Libellen begleiteten sie über dem Wasser, Forellen im Wasser und jede Welle sagte: Ja, ich will.

Erst regnete es, dann verwandelten sich die Tropfen in Schneeflocken. Zar half Iris, die Pflanzen ins Haus zu tragen, von der Terrasse in den Flur, große schwere Töpfe, die auf ein Rollbrett gehoben werden mussten, dann wurden sie durchs Wohnzimmer in den Flur geschoben.

Erst die Yuccapalme, sagte Iris, dann der Elefantenfuß und zum Schluss die Pomeranze. Heute ist Dienstag und deshalb ist der Dienst dran, der Dienst an den Pflanzen. Morgen ist Mittwoch, die Mitte der Woche. Und am Donnerstag donnert's.

Bei uns heißen die Wochentage nach den Zahlen, sagte Zar, während sie den Elefantenfuß auf das Rollbrett hievten. Die Woche beginnt am Samstag und heißt erster Tag. Der Sonntag ist der zweite Tag und der Montag der dritte. Nur der Freitag hat einen arabischen Namen.

Sie hoben den Elefantenfuß vom Rollbrett.

Als alle Pflanzen im Flur standen, sagte Zar: Ich mache Reis. Willst du mitessen?

Gern.

Sie stellte Teller auf den Tisch, während er Zwiebeln,

Knoblauch und Tomaten andünstete. Mit viel Öl.

Ich verstehe nicht, sagte er, warum man in Deutschland nur so wenig Öl nimmt. Aus Geiz?

Er schüttete Reis zu der Tomaten-Zwiebel-Knoblauchsoße und rührte. Zehn Minuten später war der Reis weich. Sie setzten sich an den Tisch und aßen.

Der Iran ist schön, sagte er. Es würde dir gut gehen im Iran. Als Frau. Und weil du aus Europa kommst. Zu dir wären sie freundlich.

Waren sie zu dir nicht freundlich?

Nein.

Warum nicht?

Weil ich Afghane bin.

Na, ich weiß nicht, ob die Perser dann wirklich freundlich sind.

Afghanistan war mal persisch, *ustan* heißt Provinz und *afghan* Streit oder Geschrei.

Sie lachte. Dann ist Afghanistan die Provinz der Schreihälse und Streithähne?

Zar lächelte verlegen, als habe er sich etwas zuschulden kommen lassen. Er war Tadschike und die tadschikische Kultur Teil der persischen, ihre Wurzeln reichten weit zurück in die vorislamische Zeit, in die Zeit Zarduschts, der vor 3000 Jahren aus Balch kam, seiner Heimatstadt.

Wie ist das eigentlich mit Zarathustra, fragte sie, gibt es noch Anhänger in Afghanistan?

Ja. Es gibt noch Anhänger. Heimlich. Sagt man so: heimlich?

Sie nickte.

Und unheimlich bedeutet … öffentlich?

Nein. Unheimlich ist etwas, vor dem man Angst hat.

Die Anhänger Zarduschts haben Angst.

Er erzählte, dass die Zoroastrier ihren Glauben nicht mehr leben konnten, als Afghanistan islamisiert wurde. Einige Zoroastrier flüchteten nach Indien, einige nach Pakistan. Die meisten lebten heute in Mumbai. Auch in Persien gab es noch Anhänger. In Yazd stand ein zoroastrischer Tempel, in dem das Feuer seit vielen hundert Jahren brannte. Feuer war den Zoroastriern heilig. Wasser, Erde und Luft auch. Deshalb wurden die Toten weder verbrannt noch begraben. Man legte sie in die Türme des Schweigens. Sie wurden von Vögeln gefressen. Das wird heute nur noch selten gemacht. Weil die Geier immer wieder Teile der Toten verloren haben.

Der Islam kam aus Saudi-Arabien und die Perser rivalisierten mit den Saudis um die Macht im Nahen Osten. Zar mochte die Saudis nicht, ihre Arroganz, das Geld, mit dem sie um sich warfen. Sie waren nicht solidarisch mit ihren muslimischen Brüdern und Schwestern. Die Afghanen durften zwar nach Mekka pilgern, aber wurden im Notfall nicht aufgenommen, Saudi-Arabien nahm keine Flüchtlinge auf. Keinen einzigen.

Zar war offiziell Sunnit, aber im Herzen ein Anhänger Zarduschts. Wie konnte es auch anders sein, Zardusht stand Pate bei seiner Namensgebung, am Beginn seines Wegs in die Welt.

Arne und Iris fuhren nach Sachsen-Anhalt. Er musste den Weinberg winterfest machen, sie wollte ihre Großmutter in Sahlen besuchen. Er saß am Steuer, griff nach einer Packung mit Kaugummis, nahm einen heraus, schob ihn in den Mund und reichte Iris die Packung. Sie fingerte ebenfalls eins der weißen Rechtecke aus dem Papier. Der Pfefferminzgeschmack entfaltete sich in ihrem Mund.

Vor ihnen fuhr ein Lastwagen mit hochgebundenen Plastikplanen. Arne überholte ihn, und Iris sah Schweine, dreistöckig übereinander, ihre Augen umgeben von blonden Wimpern. Es war klar, wohin sie gebracht wurden: zum Schlachthof von Kröntein.

Iris regte sich auf, forderte von der Politik, endlich Richtlinien zu erlassen und Kröntein in seine Schranken zu weisen, den heimlichen Herrscher der Stadt. Er kalkulierte knapp und machte doch Gewinne, auf Kosten der Menschen, die bei ihm arbeiteten, und auf Kosten der Tiere, die er im Akkord schlachten ließ. Kröntein war Milliardär, weil er den Gewinn nicht verteilte an die, die bei ihm arbeiteten, sondern hortete. Er hatte viel, zu viel. Und seine Arbeiter wenig. Zu wenig.

Arne sagte: Ja, Rotkäppchen.

Sie kaute auf dem Kaugummi, als wollte sie Kröntein in Grund und Boden kauen, biss plötzlich auf etwas Hartes, nahm den Kaugummi aus dem Mund und sah eins ihrer Inlays. Es glänzte golden. Sie spürte mit der Zunge das Loch im Zahn links unten, wickelte das Inlay vorsichtig in ein Taschentuch ein und verstaute es in der Innentasche ihrer Handtasche. Sie schaute wieder aus dem Fenster, sah ein Ortsschild und sagte überrascht: Schulpforta! Hier ist Nietzsche in die Schule gegangen! Er hat ein Stipendium bekommen, weil er so schlau war. Er war ein Käpsele, wie man in Schwaben sagt.

Eine halbe Stunde später waren sie im Schweigenberg. Arnes Haus lag mitten im Weinberg, die Wände waren aus hellem Sandstein, wilde Hummeln wohnten in dem mürben Verputz. Im Sommer konnte man zusehen, wie sie ihre Löcher verließen und nach einer Weile wieder zurückkamen, wie sie starteten und landeten.

In den Reben, die auf beiden Seiten des Wegs hoch zum Haus wuchsen, hingen noch ein paar Trauben, links die dunklen, rechts die gelben. Iris zupfte eine ab und schob sie in den Mund. Arne schloss die Tür auf und ging in die Wohnküche, um Feuer zu machen. Er griff nach Zeitungen, warf einen Blick darauf und knüllte sie zusammen.

Eine Seite strich er wieder glatt, las einen Artikel und sagte: Lutz Winter hat am ersten September eine Rede gehalten. In Sahlen. Er hat gegen die Faschisten gewettert. Klar. Was sonst.

Iris fragte. Warum am ersten September? Ist das ein besonderer Tag?

Das *war* ein besonderer Tag. Der erste September war Weltfriedenstag in der DDR. An diesem Tag hat der Zweite Weltkrieg begonnen. Der Frieden war Programm, auch wenn man zu Kritikern weder friedlich noch freundlich war.

Lutz Winter hatte Arne für versuchte Republikflucht zu drei Jahren Haft verurteilt. Im letzten Jahr hatte Arne ihm alles gesagt, was er ihm immer sagen wollte, er hatte ihm vergeben, auch wenn Lutz Winter sich treu geblieben war. Den anderen SED-Funktionären vergab Arne jedoch nicht, denjenigen, die ihre Vergangenheit gesäubert hatten, den Fettaugen, die immer oben schwammen, den Strippenziehern und Schönrednern, die andere Menschen belehrten, aber selbst unbelehrbar waren.

Arnes Klagen waren längst zur Litanei geworden, sie hatten sich eingegraben wie Schützengräben in einem Schlachtfeld, durch die er auch an diesem Abend rannte. Seit ein paar Jahren bekam er eine Opferrente für die drei Jahre, die er im Gefängnis verbracht hatte. Einer hatte mal zu ihm gesagt: Aber du bist doch gar kein Opfer. Du hast deinen Arsch doch auch ganz geschickt vergoldet. Und das stimmte, Arne war kein Opfer. Nachdem er freigekauft worden war, pilgerte er ins Heilige Land. Und nach Frankreich, um von den französischen Winzern zu lernen.

Immer noch redete Arne, er schichtete Ast auf Ast, Scheit auf Scheit, Wort auf Wort, er schichtete und schichtete, Geschichte war seine Leidenschaft, möglichst lückenlos sollte es sein, das war sein Ziel, er wollte wissen, wie sich eins aus dem anderen ergeben hatte, welche Ursachen welche Folgen hatten, damit keine Lücke mehr blieb, keine.

Irgendwann unterbrach Iris ihn: Stopp! Lass noch ein wenig Luft! Der Ofen muss nicht so voll gestopft werden! Und ich auch nicht. Das Feuer muss atmen können und ich auch, auch ich …

Am nächsten Tag machte Iris sich auf den Weg nach Sahlen. Sie wanderte an der Unstrut entlang Richtung Bahnhof, hörte das Geräusch ihrer Schritte, das Wehen des Windes und das Fallen von Blättern.

Oh selige Stille um mich! Oh reine Gerüche um mich! Oh wie aus tiefer Brust diese Stille reinen Athem holt! Oh wie sie horcht, diese selige Stille!

Nietzsches Zarathustra mochte Stille, deshalb ist er so lange im Gebirge geblieben. Auch ich muss ins Gebirge, dachte sie, wenn Arne weiter so monologisiert. Der Monolog ist der Bruder von Monarchie und Monotheismus, nur einer hat das Sagen und das ist auf die Dauer doch sehr monoton. Du stellst gar keine Fragen, hat sie mal zu Arne gesagt. Willst du gar nichts von mir wissen? Brauchst du nur mein Ohr? Oder ist es dir egal, wer dir sein Ohr schenkt?

Grundsätzlich ist mir *ihr* Ohr lieber als *sein* Ohr, hatte Arne geantwortet und gegrinst.

Eine Nonne stieg ein und fragte, ob der Platz gegenüber frei sei. Iris nickte, die Nonne setzte sich und sah sie freundlich an. Vielleicht fühlte sich Iris deshalb zu dem Bekenntnis ermuntert, dass sie Klöster immer anziehend gefunden habe. Nicht das Zölibat, das nicht, aber die Stille in den Kirchen und Klöstern.

Die Nonne nickte und sagte: Die Stille ist ein wichtiger Teil des klösterlichen Lebens. Es gibt feste Zeiten, in denen geschwiegen wird. Und das ist gut. Denn in der Stille wird man wieder hörender. Dann kann man besser verstehen, was Gott von einem will.

Wie ist das, fragte Iris neugierig, wenn Gott etwas von Ihnen will? Hören Sie eine Stimme?

Nein, sagte die Nonne, das nicht, keine Stimme. Es ist eher eine Bewegung auf etwas zu. Auf den Sinn einer Begegnung oder Handlung. In der Stille verstehe ich, was mir nicht klar war, und in diesem Klarwerden spüre ich die Gegenwart Gottes. Ja, ich würde Seine Gegenwart in einer sinnstiftenden Bewegung sehen, in einem Fluss auf einen Zusammenhang hin.

Als der Zug hielt, sah Iris, dass sie schon in Sahlen war.

Entschuldigung, sagte sie, aber ich muss hier leider schon aussteigen.

Gott segne sie, sagte die Nonne.

Iris stieg aus und verließ den Bahnhof. Sie ging an der Saale entlang, die dunkelgrün und still in ihrem Bett floss, und bog dann nach rechts ab. Ging durch eine Unterführung und den Mühlberg hoch. Als sie die Kubastraße erreichte, erschrak sie. Die Schuhfabrik war nicht mehr da. Nur ein Hügel Schutt war noch übrig von dem prächtigen Ziegelbau, der hier mal gestanden hatte.

Gerade war ihr noch ganz friedlich zumute gewesen, auch, weil die Nonne sie zum Abschied gesegnet hatte. Wann war sie das letzte Mal gesegnet worden? War sie überhaupt schon mal gesegnet worden? Aber nun war sie wieder konfrontiert mit einer Realität, die alles andere als segensreich war. Die heimische Produktion wurde in Billiglohnländer verlagert, Fabriken verfielen, wurden zu Ruinen und irgendwann abgerissen. Auch das ist Krieg, dachte sie. Ein Handelskrieg, der hinter unserem Rücken stattfindet und doch vor unserer Nase.

Und plötzlich wusste sie, was sie auf dem Gelände von Schloss Salem machen wollte: einen *Kriegsgarten*. Die Verbindung von Krieg und Garten war so absurd wie das, was hier geschehen war. Menschen hatten ihre Arbeit verloren, weil sie zu teuer waren. Die Maschinen wurden nach Vietnam oder Kambodscha verkauft, wo nun andere an ihnen saßen und Schuhe machten.

Dann dachte Iris an die Kriege, die mit Waffen geführt wurden, immer noch und immer wieder, obwohl man sich nach dem Zweiten Weltkrieg einig war, dass es keine Kriege mehr geben darf. Sie dachte an Verletzte und Tote, an Frauen, die trotzdem für das tägliche Essen sorgen mussten, und an Kinder, die der Gewalt der Erwachsenen wehrlos ausgesetzt waren.

Dann bemerkte sie den Mann, der neben ihr ging. Nietzsche!

Ihr sollt den Frieden lieben als Mittel zu neuen Kriegen, und den kurzen Frieden mehr als den langen!

Wie bitte? Sie glaubte, nicht richtig zu hören.

Der gute Krieg ist es, der jede Sache heiligt. Also sprach Zarathustra.

Empört fauchte sie: Das können Sie doch wohl nicht ernst meinen! Weder Sie noch Zarathustra! Wo bleibt das Kind? Wo bleibt das Ja zum Leben?

So will ich Mann und Weib, sagte Nietzsche ungerührt, *kriegstüchtig den Einen, gebärtüchtig das Andre, beide aber tanztüchtig mit Kopf und Beinen. Und verloren sei uns der Tag, wo nicht Ein Mal getanzt wurde! Und falsch heisse uns jede Wahrheit, bei der es nicht Ein Gelächter gab!*

Er sah sie listig und ein wenig verschmitzt an.

Iris wusste nicht, ob sie weinen oder lachen sollte. Aber dann war sie da, stand vor dem Haus ihrer Großmutter, und der Mann mit dem Bart trollte sich, rollte sich wieder ein in der Ecke ihres Gehirns.

Sie klingelte, ging drei Stockwerke hoch und sah Nora in der offenen Tür stehen. Umarmte sie, zog die Schuhe aus und Schlappen an. Gemeinsam gingen sie in die Küche. In ihrer Wohnung roch es nach Holz und Leder, Trauben und Äpfeln, nach einer Welt selbstverständlicher Zuwendung. Nora setzte Wasser auf, Iris holte Tassen aus dem Schrank. Während sie Kaffee tranken und Streuselkuchen aßen, erzählte Iris von Signe und Moritz. Und von Zar.

Nora sah sie erstaunt an. Zar? Was für ein merkwürdiger Name.

Zar ist die Abkürzung von Zarduscht oder Zarathustra.

Zarathustra? Hat der nicht … Wie heißt der Philosoph aus Röcken?

Nietzsche.

Ja, der! Hat der nicht von Zarathustra geschrieben?

Doch.

Wer ist eigentlich dieser Zarathustra?

Der historische Zarathustra ist der Gründer des Monotheismus, sagte Iris. Des einen, männlich gedachten Gottes. Nietzsche lässt ihn wiederkommen, weil Zarathustra eingesehen hat, dass alle Götter Erfindungen der Menschen sind. Auch der christliche Gott. Deshalb sagt er: Gott ist tot. Dieser Satz hat Nietzsche berühmt gemacht. Berühmt-berüchtigt. Er ist der Meinung, dass wir uns lieber ums Diesseits kümmern sollen als ums Jenseits.

Iris schwieg, dachte an die Nonne, die ganz selbstverständlich mit Gott lebte. Und an das Gespräch mit Nietzsche über den Krieg. Das lag ihr immer noch im Magen.

Nora wiederholte nachdenklich: Gott ist tot. Das hat doch auch Marx gesagt.

Iris nickte. Religion ist Opium fürs Volk. Marx meint damit nichts anderes als Nietzsche. Und der wiederum ist der Meinung, dass die Menschen Gott für alle möglichen Zwecke instrumentalisieren. Sein Sprachrohr ist Zarathustra. Der historische Zarathustra lebte übrigens in der Gegend, aus der auch Zar kommt.

Und der wohnt jetzt bei euch? Der Zarathustra?

Nein, Oma, Zar wohnt jetzt bei uns. Nicht der Zarathustra von damals. Oder der von Nietzsche. Aber irgendwie sind die beide mit eingezogen. Hinter Zar schimmert der historische Zarduscht und der Zarathustra von Nietzsche. Er ist umgeben von den zwei ihn überragenden Namensgebern.

Und wie kommt Arne mit den dreien klar?

Gut. Glaube ich.

Aber noch während sie das sagte, wusste sie, dass das nicht ganz stimmte. Ihre Großmutter hatte zielsicher den wunden Punkt getroffen, Iris musste sich eingestehen, dass sie ihn übersehen hatte oder übersehen wollte. Arne war Zar gegenüber reserviert, obwohl er mit seinem Einzug einverstanden war. Iris hatte seine Worte noch im Ohr: Deshalb liebe ich dich, weil du bereit bist, einen Flüchtling aufzunehmen. Aber kurz hat er gezögert.

Zar lag auf dem Bett. In Balch war immer jemand da: Geschwister, Eltern, Verwandte, Nachbarn. Und nun war er allein. Allein in Deutschland. Allein in Thürmen. Und gerade auch allein im Haus. Seine Eltern waren nie allein gewesen. Und vielleicht auch gar nicht seine Eltern. Ein Junge hatte behauptet, dass Zar ein Findling war. Er habe am Wegrand gelegen, ein paar Tage nach seiner Geburt. Sein Vater habe ihn gefunden.

Stimmte das? Hatte der Junge die Wahrheit gesagt? Gehörte Zar zur Familie oder nicht? Er hatte gedacht, dass er dazu gehört. Und war doch Findling und Fremdling, halb drin in der Familie, halb draußen. So fühlte es sich an. Findling und Fremdling zu sein war schlimm, aber es erleichterte das Gehen. Ihm hat es das Weggehen erleichtert.

Und doch war er traurig. Und doch vermisste er seine Familie. Auch wenn es vielleicht gar nicht seine Familie war. Als er in die Pubertät kam, musste er in eine Kammer umziehen, die neben der Tür war. Er musste die Haustür öffnen und die Haustür schließen. Das war alles, was er zu tun hatte.

Er hatte die Haustür geöffnet und seine eigene Tür verschlossen gehalten. Konnte man sie öffnen? Konnte er die Einsamkeit, in der er sich eingerichtet hatte, verlassen? Konnte er sie aufbrechen? Wie eine Frucht, einen Granatapfel? Wie einen der Granatäpfel, die bei seinen Großeltern auf dem Ahnenaltar lagen?

Er spürte die roten Perlen zwischen Zunge und Gaumen aufplatzen, schmeckte die kühle, leicht säuerliche und doch süße Frische, in jeder Perle ein Kern und jeder Kern umgeben von Fruchtfleisch und eingebettet in eine helle Haut. Auch er war umgeben von Haut. Und Haaren. Waren Perlen in ihm?

Er hatte die Tür gehütet und Brot geholt. Morgens ging er zur Bäckerei und kaufte Brot. Er sah zu, wie der Bäcker in einen großen Bottich griff, mit beiden Händen Teig herausholte und ihn in die Backstube brachte. Männer saßen auf dem Boden und teilten den großen Klumpen in kleine, rollten sie erst zu Kugeln und drückten sie dann, bis sie ganz flach waren.

Die Fladen wurden in einem Tandoor gebacken, der in die Erde eingelassen war und aussah wie ein Brunnen, in dessen Tiefe ein Feuer flackerte. Die Brotfladen wurden an die Wände des Tandoor gedrückt und abgenommen, sobald sie knusprig braun waren.

Wenn man in ein Naan biss, knirschte die Kruste und gab das heiße Innere frei. Zar vermisste das frische Fladenbrot mit dem eingedrückten Muster in der Mitte und der goldenen Kruste am Rand. Er vermisste den Duft, vermisste die Gerüche und Düfte von Balch.

Arne verbrachte den Tag in seiner Werkstatt, die in der Lagerhalle einer ehemaligen LPG untergebracht war. Ein kühler Herbstwind pfiff um die Halle. Die Tür ging auf, ein Mann kam herein und steuerte auf Arne zu.

Norbert!

Mit Norbert war Arne in die Schule gegangen. Sie

schüttelten sich kräftig die Hände. Norbert kam gleich zur Sache: Mein Sohn sucht eine Lehrstelle. Aber er weiß noch nicht, in welchem Bereich. Mit Holz arbeiten, das kann ich mir für ihn vorstellen. Böttcher werden, das hat Hand und Fuß. Was mit den Händen machen, statt vor dem Computer zu hocken. Kannst du ihm was erzählen von deiner Arbeit?

Gern, sagte Arne.

Am Nachmittag kam der Junge. Er war im Stimmbruch und hatte Pickel am Kinn. Arne sah sich selbst in ihm, mit fünfzehn, und war ihm sofort zugetan. Er hatte schon einige Lehrlinge ausgebildet und begann, wie er immer begonnen hat: Handwerker, die Fässer machen, werden als Küfer, Böttcher oder Fassbinder bezeichnet. Das kommt drauf an, wo sie arbeiten, in welchem Teil Deutschlands.

Was ist das Besondere an einem Holzfass? Das Holz gibt Gerbstoffe ab und diese Gerbstoffe vertiefen den Geschmack des Weins. Neunzig Prozent der Fässer sind aus Eiche. Eiche ist großporig und atmungsaktiv. Wenn der Wein im Holz atmet, findet eine Mikrooxidation statt, das tut ihm gut und uns, denn dann schmeckt er besser.

Ich zeig dir mal, wo ich mein Holz habe. Böttcher brauchen das Holz nicht so trocken wie Schreiner, deshalb liegt es bei uns nicht ganz so lange. Im Schnitt drei Jahre.

Er ging mit dem Jungen zum Holzlager und vom Holzlager in die Werkstatt. Arne zeigte ihm, wie man den Winkel der Dauben je nach der Größe eines Fasses berechnet, wie die Dauben ausgerichtet werden müssen, damit sie außen pünktlich sind.

Mit einem elektrischen Handhobel werden die Dauben gerade gestemmt, sagte Arne. Anschließend wird eine Kimme eingefräst. Um die Fugen zwischen den Dauben dicht zu machen, wird Blattschilf eingezogen. Ich schneide das Schilf selbst und hänge es an die Decke im hinteren Teil der Werkstatt, damit es gut trocknet und nicht gammelig wird.

Er zeigte dem Jungen das Schilf und fuhr fort: Wenn der Boden verschilft ist, wird er eingebunden. Die Eisenbänder kommen in Rollen. Es gibt Kopfreifen, Hals- und Bauchreifen. Nachdem sie gesetzt sind, wird das Fass abgehobelt und abgeschliffen, und dann werden die Reifen genietet. Anschließend wird der Feuerkorb gesetzt.

Er ging mit dem Jungen wieder in den vorderen Teil der Werkstatt und zeigte ihm die Rollen mit den Eisenbändern.

Das Feuern nimmt die Spannung aus dem Holz. Es dient aber auch dem Geschmack des Weins. Man spricht davon, dass man die Fässer *toastet*. Mal heller, mal dunkler, je nach Angaben des Kellermeisters. Das gibt dem Wein zusätzliche Aromen. Wenn du mehr darüber wissen willst, musst du Frank fragen, er ist Kellermeister bei der Freyburger Winzervereinigung. Neun Monate bleibt der Wein im Fass, so lange wie ein Kind im Bauch seiner Mutter. In dieser Zeit findet die Gärung statt.

Arne erzählte gern, das war seine Gabe, das konnte er, die Worte wuchsen ihm wie Trauben aus dem Mund. Deshalb war er FDJ-Sekretär geworden. Ein Fehler. Einer der vielen Fehler seines Lebens. Auch von ihnen sprach er ganz offen, wenn es sich ergab.

Er schloss den Rundgang mit den Worten ab: Es gibt

nur noch wenige Böttcher in Deutschland. Gerade geht das Geschäft richtig gut mit Fässern *made in Germany*. Kurz nach der Wende war es schwierig, aber ich habe mir einen festen Kundenstamm erarbeitet. Die Arbeit hat Zukunft. Ist eine gute Wahl.

Sein Handy läutete. Mechthild war dran. Sie fragte, wo er sei. Und wann er die Kinder nehme. Sie habe wichtige Termine. Arne kam kaum zu Wort, er nickte dem Jungen zu, verzog sich nach hinten zu dem Schilf und sagte, als ihr Redeschwall versiegte: Ich bin in Freyburg.

Allein?

Das geht dich nichts an! Du hast mich verlassen. Du hast von Scheidung gesprochen. Nicht ich.

Kurz schwieg sie.

Dann fragte sie: Wann kommst du?

Am Freitag.

Iris fuhr mit Nora in den Blütengrund, zu dem Häuschen, das ihre Großeltern in den sechziger Jahren gebaut hatten. Es lag am Hang und war umgeben von Weinstöcken. Von der Terrasse sah man die Mündung der Unstrut in die Saale, der Himmel wurde vom Wasser gespiegelt, es war, als hätte er sich zu einem großen Ypsilon verflüssigt.

Hinter dem Haus stand ein Birnbaum neben einem Gewächshaus, in dem Boris lebte, ein Schwein, das Nora an der Saale aufgegabelt hatte. Sie fütterten es und gingen dann runter zur Straußwirtschaft. Die Tür stand offen, Cindy empfing sie mit offenen Armen.

Ihr habt Glück! Im November bin ich nicht mehr oft da. Setzt euch. Was kann ich euch bringen? Der Gutedel vom letzten Jahr ist eine Wucht.

Dann bring uns die Wucht, sagte Nora. Wir vertrauen dir blind.

Die Augen würde ich trotzdem auflassen, denn er schmeckt nicht nur gut, er sieht auch gut aus.

Wer sieht gut aus? Hier sieht nur einer gut aus!

Ein Mann stand im Türrahmen der Straußwirtschaft, schwanger mit Selbstbewusstsein und guter Laune.

Darf ich mich setzen?

Ohne die Antwort abzuwarten, setzte er sich zu Iris und Nora.

Ich bin Rudi.

Während Cindy auch ihm ein Glas holte und allen Wein einschenkte, der gut gekühlt war und gelb leuchtete, sagte sie zu Nora: Ich hab noch was für Boris. Eine Tüte mit Leckereien.

Da fragte Rudi mit scherzhaft quengelnder Stimme: Wer ist Boris? Warum bekommt er Leckereien und ich nicht?

Boris ist ein Glücksschwein, sagte Iris.

Dann habe ich anscheinend Pech gehabt, kommentierte Rudi und platzte fast vor Lachen über sein kleines Wortspiel.

Als er sich beruhigt hatte, erzählte Nora, wie Boris zu ihr gekommen war. Ein Transporter, der sich auf dem Weg zum Schlachthof in Sahlen befand, war über die Böschung gekippt, die Schweine entkamen, eins von ihnen war Boris. Nora hatte ihn auf dem Weg zum Blütengrund gefunden und im Gewächshaus untergebracht.

Im Gewächshaus! Rudi war verblüfft. Und was macht er da den ganzen Tag?

Er wächst, sagte Iris lakonisch und ein wenig verärgert über Rudis Aufdringlichkeit. Was soll man in einem Gewächshaus auch anderes machen? Er wächst und sucht nach Trüffeln.

Hat er schon welche gefunden?

Ich habe ihn nicht gefragt.

Es soll hier tatsächlich welche geben, sagte Rudi. Mir hat neulich jemand gesagt, dass es in den Wäldern rechts und links der Unstrut jede Menge Trüffel gibt. Die lieben unser Klima. Und den guten Boden.

Hallo junge Frau!

Georg! Wo kommst du her?

Noch mehr Überraschungsgäste im Blütengrund: Noras Nachbar und eine Frau mit roter Jacke und halblangen Haaren.

Georg stellte sie vor: Das ist Andrea. Sie kommt aus Nebra.

Iris fragte: Wo die Himmelsscheibe gefunden wurde?

Genau.

Die habe ich leider immer noch nicht gesehen.

Da hast du nichts versäumt, sagte Georg. Die sieht aus wie ein Klodeckel.

Georg! Andrea lachte.

Im Ernst. Die Himmelsscheibe war in Wirklichkeit ein Klodeckel von den ollen Kelten.

Aber ein schöner. Einer, der mit Sonne, Mond und Sternen verziert ist.

Das hat man heute so. Alles muss verziert sein. Selbst die Klodeckel.

Iris fragte: Und wozu diente er?

Sie, sagte Andrea. *Die* Himmelsscheibe. Sie diente den Kelten zur Orientierung.

Das war offenbar wenig hilfreich, stellte Rudi fest, denn sonst wären die Kelten nicht verloren gegangen.

Cindy sagte zu Georg und Andrea: Setzt euch!

Große Runde: Nora und Iris, Andrea und Georg. Und Rudi. Sie tranken Wein und aßen Zwiebelkuchen, machten Witze über Himmel und Erde, Klodeckel und andere Bodenschätze.

Georg fragte Iris: Wo ist Arne?

Im Schweigenberg, antwortete sie.

Er schweigt im Schweigenberg, sagte Rudi.

Ich glaube nicht, dass er schweigt. Arne ist wie du, sagte Iris, der kann seine Klappe auch nicht halten.

Wir sind hier ja auch nicht in der Kirche, feuerte Rudi zurück. Schlagfertig war er schon, das musste man ihm lassen.

Cindy pflichtete ihm bei: Hier gibt's keinen Maulkorb.

Georg wandte sich an Iris: Und wie geht's dir? Wenn ich richtig informiert bin, dann ist Arne zu dir nach Thürmen gezogen.

Du bist richtig informiert, sagte Iris. Arne wohnt jetzt bei mir. Wenn er nicht gerade im Schweigenberg ist. Oder in seiner Werkstatt. Oder in Göttingen bei seinen Kindern. Vor kurzem haben wir übrigens Zuwachs bekommen.

Georg fragte: Wer oder was ist euch zugewachsen?

Zar, sagte Iris. Er wohnt seit Anfang Oktober bei uns.

Rudi fragte verdutzt: Der Zar? Ich dachte, den gibt's nicht mehr!

Doch, den gibt's noch. Der wohnt jetzt bei uns.

Mit Krone und Zepter?

Incognito. Er konnte nicht mehr in Russland bleiben. Seine Zeit war vorbei. Deshalb ist er nach Afghanistan geflüchtet. Aber auch da musste er weg. Und so ist er weiter nach Deutschland gewandert. Krone und Zepter hatte er in zwei Plastiktüten dabei.

Geflüchtet? Rudis Gesicht bekam einen grimmigen Zug. Aus Afghanistan? Bleib mir bloss weg mit den Flüchtlingen. Warum sind die hier? Die sollen sich um ihre Frauen kümmern und ihre Länder in Ordnung bringen.

Noras Gesicht verfinsterte sich. Und auch, wenn sie manchmal etwas verwirrt war und Iris den Eindruck hatte, dass sie nicht mehr alles mitbekam, war sie ganz klar, als sie sagte: Auch ich musste flüchten. Aus Tilsit. Mit meinen Eltern und meiner Tochter. Mein Vater hat Pferde gezüchtet. Als wir endlich hier waren, erst in Warnemünde, dann in Sahlen, haben uns die Einheimischen spüren lassen, dass wir nicht willkommen sind. Offenbar ist das immer noch so. Man bleibt hier gern unter sich.

Der Tadel in ihrer Stimme war unüberhörbar.

Sie war mit ihrer Tochter und ihren Eltern Anfang 1945 in einem überfüllten Schiff von Danzig nach Warnemünde geflüchtet. Eine Unterwassermine explodierte, als Nora gerade im Waschraum war. Sie wurde durch die Druckwelle an die Decke geschleudert, die Lampe zerbrach, und als sie wieder zu sich kam, blutete sie aus vielen Schnittwunden. Eine Scherbe wäre fast ins Auge gegangen. Die Narbe unter ihrem rechten Auge hatte die Form eines Ausrufezeichens.

Iris und Arne standen auf der Terrasse. Nur die Unstrut sprach. Sie rauschte an den Weinbergen vorbei, strömte durch Freyburg, flott, grün, gut gelaunt. Iris hatte ihren Wintermantel an und sah der Unstrut zu, dem grünen Tanz der Wellen. Arne stand hinter ihr und umarmte sie.

Auf Abstand folgte Nähe, jeder machte seine Sachen, dann neigten sie sich wieder einander zu. Iris griff in seinen Schatten, er in ihren, so standen sie gemeinsam im Herbstlicht und warfen einen doppelten Schatten. Lagen später im Bett, aneinander geschmiegt, während es auch im Zimmer nach Herbst roch, erdig und nach Laub, Trauben und Holzfeuer, Schweiß und einer Spur Deo.

Am Nachmittag fuhren sie nach Naumburg zum Einkaufen. Als sie am Nietzsche-Haus vorbeikamen, wollte Iris reingehen. Weil sie die einzigen Besucher waren, bekamen sie von der Frau an der Kasse eine Privatführung. Sie zeigte ihnen Briefe von Nietzsche, Zeugnisse aus Schulpforta und Fotos aus den verschiedenen Phasen seines Lebens.

Nietzsches Mutter hat das Haus erst gemietet und später gekauft, sagte sie. Nietzsche verbrachte hier Jahre seiner Kindheit und ein paar Jahre nach seinem Zusammenbruch. Er hat gern auf dem Holzbalkon im ersten Stock gesessen, heiße Schokolade getrunken und Schinkensemmeln gegessen.

Auf diesem Foto sieht man ihn zwischen Weinreben sitzen, hier hat er auch Gäste empfangen, wenn man von *empfangen* überhaupt noch sprechen kann, denn natürlich war es seine Mutter, die die Gäste empfing und zu ihm geführt hat. Da war er schon umnachtet.

Umnachtet gefällt mir besser als *dement*, sagte Iris. Heute spricht man leider nur noch von dement.

Arne widersprach: Umnachtet klingt verdammt dunkel. Und auf den Fotos sieht Nietzsche aus, als hätte man ihn ausgeknipst.

Trotzdem hat er noch Klavier gespielt, sagte die Frau. Stundenlang. Aber es stimmt: Seine letzten zehn Jahre waren schwierig, nicht nur für Nietzsche, auch für seine Mutter. Man hat eine Syphilis diagnostiziert, heute geht man davon aus, dass er unter einer erblich bedingten Krankheit litt, an der auch sein Vater gestorben ist. Nach dem Tod der Mutter kümmerte sich seine Schwester um ihn, Elisabeth Förster-Nietzsche. Sie verkaufte das Haus und zog mit ihm nach Weimar, gab seine Schriften heraus, korrigiert und kommentiert, ein dunkles Kapitel.

Sie zeigte auf ein gerahmtes Foto.

Hitler hat sie mehrmals besucht und ihr zu ihrem berühmten Bruder gratuliert. Die Nazis haben seine Schriften geplündert. Mit dem *Willen zur Macht* waren sie unbedingt einverstanden. Und die Idee vom tausendjährigen Reich ist auch von ihm. Genauer: vom historischen Zarathustra, der von *unserem großen Hazar* gesprochen hat, einem vielversprechenden tausendjährigen Reich, das irgendwann kommen soll. Das tausendjährige Reich der Nazis dauerte zum Glück nur zwölf Jahre.

Sie ging ein Stück weiter, blieb neben einem Schreibtisch stehen. Hier hat Nietzsche oft gesessen und Briefe geschrieben, die er mal mit *Dionysos* und mal mit *Der Gekreuzigte* unterschrieb. In einem schreibt er an Jakob

Burckhardt: *Zuletzt wäre ich sehr viel lieber Basler Professor als Gott; aber ich habe es nicht gewagt, meinen Privat-Egoismus so weit zu treiben, um seinetwegen die Schaffung der Welt zu unterlassen.*

Iris lachte. Geistreich bis zum Schluss!

Leider nicht, sagte die Frau. In der Schublade hat man auch Kot gefunden. Elisabeth erwähnt in einem Brief, dass ihr Bruder nichts mehr bei sich behalten kann und immer wieder in seine Exkremente fasst.

Aber jetzt müsse sie leider zum Ende kommen und das Museum schließen, denn sie erwarte heute Abend Gäste, und die, sagte sie, sollen nicht vor verschlossener Tür stehen.

Am nächsten Morgen sah Arne Iris mit seinen Murmelaugen an und sagte: Ich muss nach Erfurt, Fässer abliefern. Soll ich dich mitnehmen? Von da kommst du gut nach Thürmen. Am Sonntag fahre ich weiter nach Göttingen zu meinen Kindern und anschließend mach ich mich auf den Weg zu dir.

Sie nickte. Erfurt! Warum nicht. Ich kenne Erfurt nicht.

Nachdem Arne die Fässer abgeliefert hatte, schlenderten sie durch die Stadt. Am Fuß einer Freitreppe, die zu zwei mächtigen Kirchen hoch führte, wurden Buden aufgebaut für den Weihnachtsmarkt.

Beide Kirchen sind katholisch, sagte Arne. Aber die meisten sind längst aus der Kirche ausgetreten. Sie brauchen Gott nicht mehr.

Und du? Brauchst du ihn noch?

Im Gefängnis habe ich ihn gebraucht. Da habe ich seine Gegenwart gespürt und die hat mir Kraft gegeben. Deshalb wollte ich eine Zeit lang Diakon werden. Das passt doch, dachte ich, ein Mann der Kirche mit einem Weinberg.

Gibt's da nicht ein Gleichnis? Vom Weinberg?

Doch.

Und worum geht es da?

Gott ist der Besitzer eines Weinbergs und sucht Leute, die ihm bei der Lese helfen. Morgens stellt er die ersten ein, mittags die nächsten und am frühen Abend die letzten. Und obwohl die ersten viel länger gearbeitet haben als die letzten, bekommen alle den gleichen Lohn. Was denjenigen, die länger gearbeitet haben, nicht gefällt.

Verständlich.

Aber auch die, die nur kurz gearbeitet haben, müssen essen. Und auch die müssen Miete zahlen. Die Tatsache, dass alle den gleichen Lohn bekommen, ist Zeichen einer anderen, höheren Gerechtigkeit. Die Geschichte ist aber auch ein Gleichnis dafür, dass man sich die Aufnahme ins Reich Gottes nicht verdienen kann. Auch diejenigen, die erst spät zum Glauben finden, erhalten ihren Lohn.

Und wenn man nicht hinfindet?

Kommt man nicht ins Reich Gottes.

Wohin kommen die, die nicht hinfinden?

In die Hölle.

Immer noch?

Immer noch.

Glaub ich nicht.

Musst du auch nicht.

Arne lächelte, legte seinen Arm um ihre Schultern, zog sie an sich und küsste sie. Dann gingen sie die Freitreppe hoch zu den Kirchen. Arne erklärte, dass der Dom der Jungfrau Maria geweiht sei und die Kirche daneben dem heiligen Severus.

Iris sagte: Severus? Nie gehört.

Severus ist der Mann mit dem Dreizack, sagte Arne. Er ist verwandt mit Poseidon.

Die spitzen Kappen, die auf der dreiteiligen Turmfassade der Severikirche saßen, sahen tatsächlich wie ein großer Dreizack aus.

Nein, das stimmt natürlich nicht, sagte Arne und grinste Iris an. Severus hat mit Poseidon nichts zu tun. Die drei spitzen Helme stehen für die Dreifaltigkeit. Severus war Tuchmacher in Ravenna. Bei der Bischofswahl hat sich eine weiße Taube auf seinen Kopf niedergelassen, das haben die Menschen als Zeichen Gottes interpretiert. Man wählte ihn zum Bischof, obwohl er Frau und Tochter hatte. Damals durften Bischöfe noch verheiratet sein.

Der Glückliche!

Der heilige Severus lag in einem prächtigen Sarkophag, gemeinsam mit seiner Frau und seiner Tochter. Der Sarkophag war mit Motiven aus seinem Leben geschmückt.

Iris fragte: Und wie kam Severus von Ravenna nach Erfurt?

Die Erfurter, antwortete Arne, haben seine Gebeine eingekauft und sich das einiges kosten lassen.

Sie verließen die Kirche, die dem heiligen Severus geweiht war, und gingen in den Dom. In der Mitte eines dreiflügeligen Altars stand Maria, umgeben von musizierenden Engeln, an ihrer Seite ein Einhorn, mager wie ein Windhund. Sie kraulte es unterm Kinn.

Kultig, sagte Arne.

Cool, sagte Iris.

Nur einer Jungfrau gelingt es, sagte Arne, das Einhorn zu zähmen. Das ist bewiesen. Das weiß man seit dem Mittelalter. Für Theologen symbolisiert das Einhorn Christus und Maria die Kirche. Die Tatsache, dass es nur ein Horn hat, ist ein Beweis für den einen und einzigen Gott.

Eine haarsträubende Deutung!

Iris lachte. Als sie zwei Stunden später im Zug saß, kam eine SMS von Arne, die mit *Edle Jungfrau* begann und endete mit *Dein Einhorn*.

In ihrer Tasche fand sie das Taschentuch mit dem Goldinlay, rief den Zahnarzt an und machte einen Termin aus. Zar öffnete gerade eine Dose mit Erdnüssen, als sie in die Küche kam und sagte: Ich gehe zum Zahnarzt. Willst du mitkommen? Du kannst fragen, was man machen kann mit der Lücke. Wie viel neue Zähne kosten.

Ja, sagte er. Ich komme mit.

Als sie aufbrachen, schneeregnete es. Sie nahmen zwei Regenschirme aus dem Ständer im Flur. Der blaue Schirm von Zar verlor den Griff, bald nachdem sie das Haus verlassen hatten, und auch ihr Schirm war windanfällig, der Wind fuhr ungestüm hinein und bog das Gestänge nach oben.

Mit diesem Schirm könnte niemand fliegen, sagte sie gut gelaunt und klappte den Schirm wieder zu. Auch Robert nicht.

Wer ist Robert?

Eine Figur aus einem Kinderbuch. Er geht raus, obwohl das Wetter schlecht ist. *Seht! Den Schirm erfasst der Wind, und der Robert fliegt geschwind durch die Luft – so hoch, so weit! Niemand hört ihn, wenn er schreit. An die Wolken stößt er schon, und der Hut fliegt auch davon.*

Sie gingen weiter, mit geschlossenen Schirmen, umwindet und umweht, und dann fragte Iris: Wie hast du deine Zähne eigentlich verloren?

Sein Gesicht verschloss sich.

Leise sagte er: Andere haben ihr Leben verloren. Ich habe nur meine Zähne verloren.

Den Rest des Weges legten sie schweigend zurück. Die Praxis war in einem Klotz aus Sichtbeton, mehr Bunker als Haus. Eine griechische Kneipe befand sich im Erdgeschoss, deshalb roch es im Aufzug nach Knoblauch und Fisch. Aber sobald sie die Tür zur Praxis aufgemacht hatten, roch es nur noch nach Zahnarzt. Iris zeigte ihre Versichertenkarte und stellte Zar vor.

Man muss sich sehr genau überlegen, sagte der Arzt im Behandlungszimmer, welche Lösung am besten ist. Ich empfehle eine Brücke. Das hält am besten. Wir schleifen die Zähne neben der Lücke an, dann hat die Brücke einen guten Halt.

Das will ich nicht, sagte Zar mit großer Entschiedenheit. Ich habe vier Zähne verloren. Ich möchte nicht noch mehr von meinen Zähnen verlieren. Ich möchte Zähne, die man herausnehmen kann.

Iris sah das Vampirgebiss vor sich, das ihre Kinder an Fasching über ihre Zähne geschoben hatten. So etwas wollte er?

Von einer Prothese kann ich nur abraten, sagte der Zahnarzt. Das Beste sind Implantate, aber die sind teuer.

Können Sie einen Kollegen empfehlen, fragte Iris, der sich auf Implantate spezialisiert hat?

Der Zahnarzt nickte, die Sprechstundenhelferin schrieb die Adresse auf einen Zettel und gab ihn Zar. Er bedankte sich und verließ die Praxis. Und der Zahnarzt kümmerte sich um das Inlay von Iris.

Es folgten graue Tage. Jeder Tag war von einem dunkleren Grau. So kam es Zar vor. Das Grau war auch in ihm. Er fühlte sich grauenvoll. Erfüllt von einer abgrundtiefen Traurigkeit. Er konnte nichts tun. Hatte er sich jemals über irgendetwas gefreut? Warum war er in Deutschland? Warum war er nicht zuhause? Er sehnte sich nach Balch. Nach seinen Geschwistern. Und dann rief seine Mutter an und sagte, dass Anahita tot sei.

Anahita?

Er konnte es nicht glauben. Anahita war die Jüngste seiner Schwestern, gerade 18 geworden. Seine Mutter sagte, dass Anahita um vier Uhr morgens aufgewacht sei, weil sie sich nicht gut gefühlt habe. Eine Stunde später sei sie tot gewesen.

War sie krank?

Nein.

Seine Mutter weinte. Sie habe am Freitag Wäsche gewaschen, der Tod von Anahita sei die Strafe dafür, sie hätte auf keinen Fall Wäsche waschen dürfen, nicht am Freitag. Zar versuchte vergeblich, ihr das auszureden.

Iris fragte ihn am Abend, warum er so traurig aussehe. Da erzählte er von Anahita und ihrem überraschenden Tod. Die Taliban hatten Balch überfallen, als Anahita gerade anfing zu reden, danach sprach sie nicht mehr, kein Wort.

Anahita ist ein schöner Name, sagte Iris.

Anahita, sagte Zar, ist die Göttin des Wassers und der Fruchtbarkeit.

Eine Göttin?

Sie kommt in der Avesta vor.

Was ist die *Avesta*?

Die Bibel der Zoroastrier.

Ich dachte, sagte Iris, dass die Zoroastrier nur Ahura Mazda verehren. Und dass Ahriman sein Feind ist. Und dann hast du noch von Zervan erzählt, der Mutter von Ahura Mazda und Ahriman. Ist Anahita ihre Schwester? Dann ist der Zoroastrismus doch kein Monotheismus.

Ich weiß auch nicht so genau, wie das zusammenhängt, sagte Zar. Mein Vater kommt aus einer zoroastrischen Familie, meine Mutter aus einer sunnitischen. Der Prophet hat immer eine große Rolle in meiner Familie gespielt. Für meine Mutter ist der Freitag ein Feiertag. Sie glaubt, dass Anahita sterben musste, weil sie am Freitag Wäsche gewaschen hat.

Das wird wohl kaum der Grund für ihren Tod gewesen sein.

Nein. Das habe ich meiner Mutter auch gesagt.

Sie sahen im Internet nach und stellten fest, dass es in

der Avesta ältere Texte gab und jüngere. Unter den älteren waren Hymnen, die Göttinnen und Götter besangen. Eine *Yascht* war an Anahita gerichtet und ein Lobpreis des Wassers, sie schloss mit der Bitte, dass die himmlische Quelle nicht versiegen möge. Nun war sie versiegt, die Quelle in Zars Schwester, die Quelle ihres Lebens. Er trauerte um sie.

Auf dem Weg nach Salem dachte Iris an ihren Einfall, einen Kriegsgarten auf dem Gelände von Schloss Salem anzulegen. Oder einen Krieg-und-Frieden-Garten, der aus zwei Teilen besteht. Erst betritt man einen Garten, in dem alles grünt und blüht, in dem Büsche und Bäume wachsen, Beeren und Blumen. Das ist der Anfang, das Paradies, der Beginn eines himmlischen, aber auch sehr irdischen Friedens.

Dann wird das Gelände unwirtlich, man sieht ein zerstörtes Haus, umgeben von einem verwilderten Garten mit Bombentrichtern und Bäumen, die halb verbrannt sind. Am Rand steht eine Frau und schaut sich um. Das ist Lots Frau. Oder Anahita.

Wie konnte Iris ihnen ein Denkmal setzen? Sie dachte an Barbara, die ihr von dem Brand des Klosters erzählt hatte. Nur die Kirche war stehen geblieben. Aber das Metall der Orgel war geschmolzen, die Pfeifen hatten sich verbogen und mussten ersetzt werden.

Lots Frau und Anahita, dachte Iris, können im Friedensgarten anwesend sein in Form von unversehrten Orgelpfeifen und im Kriegsgarten in Form von verbogenen und geknickten, die keinen Ton mehr herausbringen.

Als sie in der Prälatur war, rief sie einen Musiker und Instrumentenerfinder an. Er sagte, dass er vor kurzem Orgelpfeifen geschenkt bekommen habe, weil die Kirchenorgel im Nachbarort durch eine neue ersetzt worden sei. Er könne ihr gern welche überlassen. Was für ein glücklicher Zufall!

In der Nacht schneite es. Büsche und Bäume verwandelten sich in weißgepolsterte Gartenmöbel. Es wurde langsam hell, schneehell. Brigitta bekam eine Ehrenmedaille der Stadt Thürmen verliehen für ihre Arbeit mit den Asylbewerbern. Den Rummel um die Verleihung fand sie lästig, wie sie beim anschließenden Empfang zu Iris sagte, auch verlogen, weil die Medaille nicht mit Geld verbunden war, das sie gebraucht hätte für die Begleichung der Rechnungen von Asylbewerbern für Rechtsanwälte und Ärzte.

Aber vielleicht half der Preis und die mediale Aufmerksamkeit, Menschen zu gewinnen für den Asylkreis. Sie bat Iris, ihr bei der Vorbereitung eines Informationstreffens am ersten Samstag im Dezember zu helfen. Der Sozialamtsleiter, der sich mit einem Glas Sekt und einem Lachsbrötchen zu ihnen stellte, sagte geringes Interesse voraus. Man habe immer wieder Anläufe genommen, aber niemand wolle sich für Flüchtlinge einsetzen. Außerdem sei am nächsten Tag der erste Advent, da hätten die Menschen anderes zu tun.

Die wollen einkaufen, sagte er, da kommt niemand.

Erstaunlicherweise kamen viele. So viele, dass der Raum aus allen Nähten platzte. Täglich sah man Bilder vom Krieg in Syrien in den Nachrichten, täglich hörte man von Flüchtlingen, die im Mittelmeer auf der Flucht ertranken. Es war klar, dass diejenigen, die es schafften, irgendwann auch nach Deutschland kommen würden. Sie würden nicht in Italien oder in Griechenland bleiben. Warum auch? Warum ließ man Italien und Griechenland im Stich? Die Europäische Union war ein Staatenbund, in dem man zusammenhalten sollte. So dachten offenbar viele. Die Hilfsbereitschaft war groß.

Eine Gruppe wollte sich bei Fußballvereinen dafür einsetzen, dass Flüchtlinge bei ihnen trainieren konnten, eine andere Gruppe organisierte Kleidersammlungen und Sprachkurse. Studierende der Pädagogischen Hochschule wollten mit Flüchtlingen einkaufen und Rezepte aus den unterschiedlichen Heimatländern ausprobieren und anschließend festlich tafeln.

Ein Arzt berichtete von unzumutbaren hygienischen Verhältnissen in der Unterkunft. Eine *Initiative für menschenwürdiges Wohnen* wurde gegründet und bei einer öffentlichen Veranstaltung zwei Wochen später Fotos der Schäden gezeigt. Die Verantwortlichen versprachen, dass sich die Unterbringung der Geflüchteten verbessern werde.

Iris war schlecht gelaunt. Sie musste ihre Steuererklärung machen.

Zar sagte: Deshalb hast du schlechte Laune?

Eine Steuererklärung zu machen ist nicht dramatisch, sagte Iris, aber lästig.

Was ist dramatisch?

Dramatisch ist ein Begriff aus dem Theater. Wird aber auch angewandt auf einschneidende Ereignisse wie Krieg oder gewalttätige Auseinandersetzungen. Im Vergleich dazu ist eine Steuererklärung alles andere als dramatisch. Aber wie gesagt: äußerst lästig.

Das Wasser kochte. Zar hängte zwei Teebeutel in die Thermoskanne und goss Wasser hinein. Er habe festgestellt, sagte er, dass er sich schäme. Mehr als andere. Er sei heute im Sozialamt gewesen. Viele hätten gewartet. Einige beschwerten sich, dass sie so wenig Geld bekamen. Das verstehe er nicht, er sei froh, dass er überhaupt Geld bekomme. Er sei dankbar und würde gern etwas für das Geld tun.

Ich hoffe, sagte er, dass ich bald wieder eine Arbeit finde.

Er goss Tee in eine Tasse und fragte Iris: Willst du auch einen Tee?

Ja, bitte.

Er nahm eine zweite Tasse aus dem Regal, schenkte auch ihr Tee ein. Sein Handy klingelte. Er sprach Dari, redete ein paar Minuten und sagte nach dem Anruf, dass seine Mutter ihn angerufen habe. Seit dem Tod von Anahita rufe sie öfter an. Manchmal träume er von Afghanistan. Aber es sei nicht einfach, da zu leben.

Er sagte: Viele Kinder müssen arbeiten. Sie werden geschlagen, wenn sie nicht genug Geld nach Hause bringen. Sie werden auch geschlagen, wenn sie Holz bringen sollen und nicht genug finden. Sie werden von ihren Eltern und von ihren Lehrern geschlagen. Niemand hilft ihnen. Meine Freunde und ich wollten eine Gesellschaft gründen, die anders ist. Wir wollten ein Dorf gründen, in dem alle freundlich miteinander umgehen.

Und warum habt ihr das nicht gemacht?

Weil es in Afghanistan keine Gebiete gibt, die sicher sind. Keine Gebiete, die nicht von den Taliban überfallen werden können. In dem Moment, in dem du etwas anbaust und erntest, bist du in Gefahr, dass es dir wieder genommen wird.

Er stand auf und schnitt Brot. Er bestrich eine Scheibe mit Butter und Honig und legte halbierte Walnüsse auf den Honig. Seine Haare waren gewachsen, er hatte kleine schwarze Locken, die dicht an dicht auf seinem Kopf lagen, noch ein wenig geduckt, noch ein wenig zaghaft, wie gerade geborene Lämmer. Er legte die Hand leicht auf seinen Kopf, prüfend, vorsichtig. Es sah aus, als würde sich seine Hand über die Locken wundern. Sie schwebte über ihnen wie die Hand eines Priesters, der seine Schäfchen segnet.

🐫

Flocken tanzten vor ihrem Fenster. Wollten sie zur Erde? Nein. Noch nicht. Sie wollten noch in der Luft bleiben. Arne und Iris schrieben sich morgens und abends Nachrichten, Fortsetzungsgeschichten von Jungfrau und Einhorn. Sie verirrten sich im Wald, suchten einander, verfehlten sich, zweifelten daran, sich jemals wiederzusehen, aber dann tat sich eine Lichtung auf und wurde zum Ort der Begegnung.

Dann kam Arne wieder nach Thürmen. Er buchte eine Reise, nur du und ich, eine Woche Sommer mitten im Winter. Weihnachten rückte näher, schon stand der Tag der Abreise vor der Tür. Iris bat Zar, die Katzen zu füttern und die Pflanzen zu gießen, Arne bat ihn, die Zeitung und die Post aus dem Briefkasten zu holen, dann verabschiedeten sie sich und gingen mit ihren Rollkoffern zum Bahnhof. Auf dem Flughafen mussten sie warten, weil es geregnet hatte und anschließend gefroren. Die Flügel des Flugzeugs wurden geföhnt, sie mussten eisfrei sein. Was Iris merkwürdig fand. War es nicht immer eiskalt in den großen Höhen, in denen sie fliegen würden? Endlich startete das Flugzeug. Vier Stunden lang waren sie in der Luft und sahen weit unter sich Felder und mäandernde Flüsse, Wälder und Städte.

Vielleicht ist das Fliegen deshalb so schön, sagte Iris, weil man die Grenzen nicht sieht. Man sieht nur die Vielfalt und Schönheit der Erde. Man sollte sie ersatzlos streichen.

Grenzen haben ihren Sinn, sagte Arne.

Seit wann?

Schon immer.

Welchen?

Grenzen trennen unterschiedliche Ethnien, sagte Arne, und sorgen dafür, dass Ruhe ist.

Schön wär's, sagte Iris. Aber Grenzen wurden und werden verschoben. Das römischen Reich hat sich ausgedehnt und ist wieder geschrumpft. Die Briten haben versucht, die Welt zu beherrschen, und mussten die Länder, die sie erobert hatten, dann doch irgendwann in die Unabhängigkeit entlassen. Auch die Deutschen haben versucht, die Welt zu unterjochen, wir kennen die Folgen. Die Geschichte der letzten fünftausend Jahre ist ein ununterbrochener Machtkampf um Land und Leute. Grenzen sind alles andere als für immer gesetzt.

Das mag sein. Aber sie haben trotzdem ihren Sinn.

Welchen?

Sagte ich schon, sie sorgen für Ruhe und Ordnung. Da, wo die Grenzen infrage gestellt werden, herrscht Krieg. Die Aufweichung der Grenzen innerhalb Europas wird noch zu Problemen führen.

Wer weicht sie auf?

Die EU. Viele kommen, weil die Grenzen nicht mehr dicht sind.

Was ist schlimm daran? Wenn ich mich richtig erinnere, hast auch du schon mal unter Grenzen gelitten.

Ach ja, sagte Arne, ich vergaß, neben mir sitzt Rotkäppchen und ist für internationale Solidarität.

Richtig, sagte sie, ich bin für internationale Solidarität mit allen, die unter Diktatoren leiden.

Arne schwieg. Iris auch. Beide waren verstimmt.

Vier Stunden später setzte das Flugzeug auf einer Landebahn auf, die aus einer drei Kilometer langen Brücke bestand. Unter ihr brandete das Meer. Als sie das Flugzeug verließen, war Sommer. Die Sonne hing am Himmel wie eine saftige Mandarine, der Mond hatte die Form einer Banane.

Mit einem Bus wurden sie zum Hotel gefahren. Es lag am Meer, der Sand war schwarz, bei ihrem ersten Bad verlor Iris schon nach wenigen Schritten den Boden unter den Füßen, die Insel war eines Tages nach einem Vulkanausbruch aus dem Meer aufgetaucht.

Auf dem Fischmarkt lagen Degenfische, schmal und silbern. Sie wurden aus der Tiefe hochgeholt, und weil der Druckunterschied so groß war zwischen unten und oben, platzten ihre Schwimmblasen, das Blut schoss ihnen aus den Kiemen, ihre Augen waren eingedrückt. So lagen sie auf den Tischen zum Verkauf.

Die Lavarücken waren terrassiert und wurden landwirtschaftlich genutzt, das Wasser kam aus dem regenreichen Norden der Insel und floss durch schmale Kanäle, die sich in Ringen um die Berge zogen und Levadas hießen.

Arne und Iris liefen an einer Levada entlang, erst durch eine Brandrodung, der nur einige Mimosen getrotzt hatten, später an blühenden Gärten vorbei. Und immer sprudelte Wasser durch den Kanal neben ihnen. Vor den Häusern standen Krippen, geschmückt mit Orchideen und Früchten, sie sahen mehr nach Erntedank als nach Weihnachten aus.

Am 24. Dezember machten Iris und Arne einen Ausflug in die gebirgige Mitte der Insel, die Luft war erfüllt von den schrillen Schreien der Mauersegler und ihren waghalsigen Flugmanövern. Sie erinnerten an einen Schwarm Cherubim, segnende Schutzengel.

Hier überwintern sie also, sagte Iris begeistert. Meine Lieblinge unter den Vögeln!

Es ging bergauf, an Feldern mit Zwiebeln und Karotten vorbei, an Gruppen von Bäumen, bis Arne sich nach links ins Gebüsch schlug.

Ich geh kacken.

Ich weiß nicht, ob ich das wissen will.

Er verschwand im Gebüsch, sie sah ihm nach. Wie unverblümt er war. Er nahm kein Blatt vor den Mund, sprach von den Ausscheidungen seines Körpers wie andere von ihren Autos. Er würdigte die Erfolge seiner Innereien, von Dickdarm und Dünndarm, Milz und Leber, auch sie arbeiteten hart und trugen ihren Teil zum Gelingen des Ganzen bei.

Iris wartete.

Und schaute über die glitzernde, aufgeraute Fläche des Atlantik. Dann kam Arne zurück, und sie setzten ihren Weg fort, liefen erst auf einer Teerstraße, dann auf einem Weg, der unvermittelt in dornigem Gestrüpp endete. Arne hatte Wanderschuhe an, Iris Sandalen, ungeeignet für dorniges Gestrüpp und Felsen. Er wollte trotzdem weiter.

Es zieht mich hoch.

Mich nicht.

Sie setzte sich auf ein Steinmäuerchen, das ein terrassiertes Stück Erde umgab. Über ihr war das Laub von Esskastanien, der Boden übersät mit stachligen Schalen, in denen Maronen glänzten. Sie nahm eine in die Hand und dachte an die runden Öfen auf den Weihnachtsmärkten. Auf dem Rost lagen Maronen über glühender Holzkohle, die braune Haut eingeschnitten, das Innere warm und von einer zerbröckelnden, mürben Nachgiebigkeit.

Feliz Natal! Stand auf Tafeln und Fahnen an jedem Haus. *Glückliche Geburt!* Bei ihrer Geburt hatten die Kastanien geblüht, einen Monat früher als sonst. Die

Zweige vor dem Fenster des Krankenhauses sahen wie Kandelaber aus, erzählte ihre Mutter, auf die man Kerzen gesteckt und angezündet hatte, um deine Geburt zu feiern. Iris bewegte die Kastanie auf ihrer Handfläche und vermisste ihre Mutter.

Es musste viel Arbeit gewesen sein, die Böden zu entsteinen und die Kastanien zu pflanzen. Und doch wurden die Maronen nicht gesammelt, niemand hob sie auf, röstete sie oder füllte Weihnachtsgänse mit ihnen. Und auch Iris würde in diesem Jahr keine Gans füllen, weder mit Maronen noch mit Äpfeln.

Arne war immer noch unterwegs. Sie merkte, wie ihre Bereitschaft nachließ, ihn zu verstehen. Ihn und seinen Drang nach oben. Wie viel Zusammenhalt braucht eine Liebe? Wie viel Raum, damit jeder auch eigene Wege gehen kann? Arne war früh seiner Wege gegangen, und beim Versuch, die DDR zu verlassen, im Gefängnis gelandet. Deshalb verstand sie nicht, warum er plötzlich für Grenzen war.

Das Einzige, von dem er mit Wärme sprach, wenn von seiner Jugend die Rede war, war das *Haus zum kalbenden Gletscher.* Hier wohnte Alban, ein Bruder von Arne. Alles, was er anfasste, wurde Kunst, erst Skizze, dann Bild, und das Haus, in dem er einige Jahre lang gewohnt hatte, zog junge Frauen und Männer an.

Jede Geschichte, die Arne ihr von den Festen erzählte, erhöhte den Glanz des Hauses. Als er es ihr endlich zeigte, konnte sie kaum glauben, was sie sah: statt eines außergewöhnlichen Hauses eine muffige Bruchbude mit verschimmelten Wänden. Wasser war eingedrungen und das Haus nur noch ein Schatten seiner selbst. Hatte es sich so verändert? Oder war der Kontrast zwischen dem Zauber, den das Haus mal gehabt hatte, und dem gegenwärtigen Zustand ein Beweis für die rosarote Brille, die Jugendliche tragen, wenn sie zum ersten Mal auf eine Party gehen, Bier trinken und tanzen?

Sie sah Arne vor sich, wie er sich durch das Gestrüpp kämpfte. Kleine Steine lösten sich unter seinen Tritten, rollten ein Stück weit, blieben irgendwo hängen. Immer erwartete er, gleich oben zu sein. Hinter der nächsten Biegung würde er ihn endlich sehen, den Gipfel, aber dann war er doch noch nicht oben und musste weiter durch stachliges Gebüsch, das die Haut seiner Arme und Beine zerkratzte.

Bald, bald hatte er es geschafft, gleich würde er einen grandiosen Ausblick haben über die Insel und den Atlantik. Er würde ihrer Inselhaftigkeit gewahr werden, die seiner eigenen entsprach, einer solitären, sich vom Alltag immer wieder lösenden Unbedingtheit und Maßlosigkeit. Das gönnte sie ihm und hoffte, dass er bald oben war.

Aber nachdem sie eine weitere halbe Stunde gewartet hatte, wurde sie stachlig. Stachlig wie die Schalen der Esskastanien, zwischen denen sie immer noch saß. Sie hatte genug vom Warten, schrieb einen Zettel, legte ihn gut sichtbar auf das Steinmäuerchen und machte sich auf den Weg zur Bushaltestelle.

Die Sonne verschwand hinter einem grauen Schleier, alles wirkte bleich und farblos. Es ging bergab, sie entfernte sich von den Terrassen mit den Esskastanien, entfernte sich von Arne und seinem Expeditionsbedürfnis. Als sie ihn hinter sich rufen hörte, drehte sie sich kurz um und sah ihn winken, ging aber trotzdem weiter, sie konnte und wollte nicht stehen bleiben, er hatte sie sitzen lassen, an Weihnachten. Sie grollte.

Er holte sie ein und erzählte von August dem Starken. Mit Geschichten kann man jeden für sich gewinnen, diese Erfahrung hatte er immer wieder gemacht. Mit Geschichten hatte auch Scheherazade den persischen König für sich gewonnen, aber sie brauchte lange, tausendundeine Nacht. Arne hoffte, dass es nicht ganz so lange dauern würde, bis Iris sich ihm wieder zuwenden konnte.

August der Starke, sagte er, war Kurfürst von Sachsen. Kurfürst zu sein war gut, aber nicht genug. Er wollte unbedingt König werden. Als die polnische Krone zu haben war, tat er alles, um sie zu bekommen. Er gab 39 Millionen Reichstaler für Bestechungsgelder aus, verkaufte ganze Landstriche, nahm Kredite auf, erhöhte die Steuern und konvertierte zum Katholizismus. Schließlich gelang es ihm, sich gegen seine Konkurrenten durchzusetzen, nachdem er den Sejm, also das polnische Parlament, mit Geld und Alkohol narkotisiert hatte.

Arnes Leidenschaft für Geschichte hatte begonnen, als er seinem Großvater vorlas, der blind aus dem ersten Weltkrieg zurückgekommen war. Ein Kopfschuss hatte seinen Sehnerv durchtrennt, er trug ein Samtband um den Kopf, mit einer Klappe, die die Einschussstelle am Hinterkopf verdeckte. Die Haut darunter war dünn, einmal schob er die Klappe hoch, und Arne sah, wie das

Blut unter der zarten Narbenhaut pulsierte. Er hatte seinem Großvater Artikel vorgelesen, aber auch Geschichtsbücher. Das waren seine Lehrjahre in Zeitgeschichte und Geschichte, damals wurde der Grundstein für sein Interesse gelegt. Auf diesem Grundstein hatte er aufgebaut und im Lauf der Jahre ein beachtliches Gebäude errichtet.

Es gab ein *Happy End* für August, sagte Arne, und hoffentlich auch für mich.

Iris war mit eisiger Miene neben ihm gegangen. Aber jetzt lächelte sie, wenn auch sparsam. Das ermutigte ihn und er fuhr fort: 1697 konnte August sich endlich *König von Polen* nennen. Er baute Dresden und Warschau nach französischem Vorbild aus und hielt Hof im Stil Ludwigs XIV. Was seinen Finanzen nicht gut tat. Um wieder zu Einnahmen zu kommen, gründete er die Meißner Porzellanmanufaktur und protegierte die Leipziger Messe. August der Starke hat Sachsen ruiniert, aber auch gerettet, er war ein glänzender Herrscher. Ihm haben wir es zu verdanken, dass Dresden eine prächtige Stadt wurde, eine Stadt, die Menschen anzog und anzieht, sie kamen und kommen von weit her, um Dresden zu bewundern.

Warum erzählte er ihr das alles? Waren seine Worte Ausdruck eines heimlichen monarchistischen Traums? Sie brandeten an ihr Ohr, rollten über sie hinweg. Warum fragte er nicht? Warum sorgte er nicht dafür, dass das Gespräch ausgewogen war? Arne begeht den Fehler Parzivals, dachte Iris, der Anfortas nicht gefragt hat, was ihm fehlt. Sie war mit Parzival und dem Frageversäumnis aufgewachsen, ihr Vater behauptete, dass ihr Nachname Perswall die Eindeutschung des französischen Perceval war. Perceval oder Parzival war der Sohn von Herzeloyde und Gahmuret, einem Ritter von König Artus.

Als Gahmuret in einem Kampf starb, zog sich Herzeloyde mit dem kleinen Parzival in den Wald zurück, weit ab von Rittern und Reitern, die andere töteten und selbst getötet wurden. Sie wollte ein anderes Leben für Parzival. Ein Leben in Frieden. Jeder Konflikt wird auf friedliche Weise ausgetragen, mit Worten statt mit Waffen. Mit Worten, die sich nicht zu endlosen Monologen aneinander reihen, sondern Raum lassen. Für Pausen. Und Nachfragen.

Als Parzival zum ersten Mal einen Ritter sah, hielt er ihn für einen Engel. Der Engel sagte, dass er ein Gesandter von König Artus sei. Da wollte Parzival sofort mit. Seine Mutter ließ ihn nur unwillig ziehen. Nach einigen Abenteuern landete er am Hof von König Artus. Er blieb, bis er Sehnsucht nach seiner Mutter bekam und sich auf den Weg zu ihr machte.

Er übernachtete in einer Burg, in der man ihn freudig begrüßte. Und doch lag eine Atmosphäre der Trauer in der Luft, denn der Burgherr war krank. Er konnte weder gehen noch stehen, weder liegen und sitzen. Er konnte nur erlöst werden, wenn der Richtige kam und das Richtige tat. Und das Richtige war, ihn zu fragen, woran er leidet.

Aber das wusste Parzival nicht. Er schwieg, weil er am Hof von König Artus gelernt hatte, dass ein Ritter keine unnötigen Fragen stellt. Es stimmt: Fragen können zudringlich sein, wenn sie gespeist sind von einer frechen Neugier. Und doch gibt es auch einfühlsame Fragen, Zeichen von echter Anteilnahme und Mitgefühl.

Als Parzival am nächsten Morgen erwachte, war die Burg verschwunden. Die Menschen, denen er begegnete, waren von ihm enttäuscht. Mehrmals wurde ihm gesagt, was er hätte tun sollen. Zu spät. Er fand die Burg erst wieder, als die Konstellation der Sterne genauso war wie bei seinem ersten Besuch. Da endlich konnte er seinen Fehler gut machen. Er fragte den Burgherrn, was ihm fehlte, und der war erlöst.

Der Gral spielte in den Erzählungen ihrer Familie keine Rolle. Aber das Frageversäumnis. Alle wussten: Man muss fragen, wenn eine Situation angespannt ist. Durch eine gut gestellte Frage kann man die Anspannung lösen. Sie ist der Schlüssel zum Inneren eines anderen Menschen.

Arne redete immer noch von August dem Starken und fragte nicht: Und du? Wie geht es dir? Was hast du gemacht, während ich auf dem Berg war?

In diesem Moment sagte er: Ich glaube, die Jungfrau hat sich verirrt.

Verärgert fragte sie: Die Jungfrau oder das Einhorn?

Mit einem Anflug von Verlegenheit antwortete Arne: Das Einhorn. Du hast recht, diesmal war es das Einhorn. Es ist vom Weg abgekommen und in einem undurchdringlichen Dickicht gelandet. Aber als es gar nicht mehr weiter wusste, tauchte eine Frau auf und sah das Einhorn freundlich an. Wo gerade noch Dickicht gewesen war, öffnete sich plötzlich eine Lichtung. Das Einhorn näherte sich zaghaft der schönen Frau, und sie streichelte ihm sanft übers Fell. Sie verstanden sich auf Anhieb.

Da bin ich mir nicht so sicher, sagte Iris. Sie verstehen sich nur, wenn das Einhorn nicht dauernd monologisiert.

Einhörner müssen monologisieren, antwortete Arne. Das gehört zu ihrem Wesen.

Aber dann erfahren sie nichts von der Jungfrau. Dann wissen sie nicht, was Jungfrauen beschäftigt.

Doch. Mittels Einfühlung.

Einfühlung? Wo bleibt die Einfühlung?

Wenn das Einhorn der Jungfrau sein Horn in den Schoß legt, sagte Arne, dann findet die Einfühlung statt.

Ich finde, sagte Iris und knuffte ihn in die Seite, dass du einen sehr eingeschränkten Begriff von Einfühlung hast. Es gibt noch andere Möglichkeiten, sich einzufühlen.

Zar lag auf dem Sofa im Wohnzimmer, Iris und Arne waren noch auf der Insel, er konnte sich ausbreiten. Neben ihm stand der niedrige Wohnzimmertisch mit einer Thermoskanne Tee und einer Tasse. Er las in Nietzsches Zarathustra.

Der Winter, ein schlimmer Gast, sitzt bei mir zu Hause; blau sind meine Hände von seiner Freundschaft Händedruck. Ich ehre ihn, diesen schlimmen Gast, aber lasse ihn gerne allein sitzen.

In Afghanistan war es bitter kalt im Winter. Zar liebte die fruchtbaren Täler seiner Heimat und sprach nur abfällig von den Bergen. Aber sie waren in ihm. Der Hindukusch war ein Brustkorb mit Gebirgszügen wie Rippen und zerklüfteten, von tiefen Furchen durchzogenen Abhängen. In diesem Brustkorb schlug sein Herz.

Es schlug zwischen Gipfeln, die sehr hoch waren und Koh-e genannt wurden, dem persischen Wort für Berg. Im Deutschen klang das wie Kuh und wirklich weideten die Berge unter dem Himmel wie Herden bunter Kühe. Wenn die Wolken über sie hinzogen, sah es aus, als würden sie mit den Muskeln spielen. Es sah aus, als könnten sie jederzeit aufstehen und weggehen.

Mit ihm. Wie er.

Die Hänge unter den Gipfeln waren steinig und karg, die Pflanzen dornig und krumm. Aber über den steinigen Hängen thronten die Gipfel, sie überragten alles. Man vergaß sie nicht. Sie leuchteten weiß wie Milch, wie geschlagene Sahne, sie sahen nahrhaft aus, obwohl sie nicht nahrhaft waren. Der Blick auf die Gipfel hatte sich in ihn eingebrannt, eingefroren, auch Kälte hatte eine Energie, eine dunkelblaue, violette Kraft.

Mal fuhr er mit dem Bus von Balch nach Kabul, erst nach Masar-e-Sharif, dann nach Kholm, da sah man schon die Berge, die Gebirgsketten, die hintereinander lagen und sich ineinander verschränkten und verzahnten. Die Straße führte durch die Provinz Kundus und über den Salang-Pass, durch einen Tunnel ohne Licht und voller Abgase. Der Pass lag fast 4000 Meter hoch, die Luft war dünn und eiskalt.

Als er raus musste zum Pinkeln, flatterte sein Herz und die Tropfen des Urins verwandelten sich im Fallen zu Eis. Die Kälte biss in seine Nase, in seine Hände, in seine Füße, die Berge sahen aus wie Zähne und der Hindukusch wie ein frostiges Gebiss, das zubeißt, sobald man sich zu weit vorwagt. Die Straßen waren nicht ausreichend befestigt, jeden Tag passierten Unfälle, Schneelawinen rissen Autos mit sich in die Tiefe, immer wieder gab es Steinschlag.

Man war froh, wenn man heil runterkam, in weniger unwirtliche Gegenden. Wo etwas wuchs. Erst genügsame Pflanzen und Krummhölzer, sie siedelten in Gruppen, bildeten dornige Polster. Zwischen den stachligen Polstern wuchsen geduckt Bäume, holzgewordener Trotz. Irgendwie gelang es ihnen, zu überleben, ebenso wie den Bewohnern der Bergregionen Afghanistans, die seit Jahrtausenden Widerstand leisteten gegen die Invasoren.

Afghanistan war ein Land des Trotzes und wurde auch *Yagistan* genannt, *Land der Rebellen*. Die Menschen hatten Übung darin, in einer kargen Landschaft zu leben, sie zogen die Knie unters Kinn und wickelten sich fester in ihre Decken aus Yak- und Kamelhaar. Nur der Kopf ragte heraus, bedeckt mit einer wollenen Pakol, einer Mütze mit hochgerolltem Rand.

Aber es gab auch fruchtbare Täler mit Flüssen, die voller Fische waren, wie den Helmand und den Amudarja. Der Amudarja floss durch den Norden Afghanistans, nicht weit von Balch. Er markierte die Grenze zwischen Afghanistan und Turkmenistan, Usbekistan und Tadschikistan. Er war einer der vier Flüsse von Eden, das Land berühmt für seine Fruchtbarkeit, für seine Pferde und seinen Reichtum.

Am Ufer des Amudarja hatte Zar vor Jahren ein kleines goldenes Pferd gefunden, er trug es immer bei sich, eingenäht in seinen Gürtel. Er trug es und es trug ihn, war Schatz und Schutz und begleitete ihn auf seinen Wegen. In diesem Augenblick sprang die Katze auf das Sofa und ließ sich neben ihm nieder. Ihr Körper berührte seinen Oberschenkel, er strich mit der flachen Hand über ihr Fell, sie schnurrte. Er spürte ihre Nähe, ihre Wärme, immer noch streichelte er sie. Sie schnurrte lauter.

Ach, du liebreicher Narr Zarathustra, du Vertrauens-Überseliger! Aber so warst du immer: immer kamst du vertraulich zu allem Furchtbaren. Jedes Ungethüm wolltest du noch streicheln. Ein Hauch warmen Athems, ein Wenig weiches Gezottel an der Tatze – : und gleich warst du bereit, es zu lieben und zu locken.

Auch Zar war ein liebreicher Narr, er lief sofort los, wenn das Katzenfutter ausging, auch wenn Iris sagte, dass die Katze ruhig noch bis zum Abend warten könne. Er wusste, wie schrecklich es war, wenn man warten musste. Und Hunger hatte. Wenn die Katze vor der Terrassentür saß, ins Wohnzimmer schaute und sich die Lippen leckte, dann war das ein deutliches Zeichen. Es war ihr egal, woher er kam, sie war ihm dankbar, wenn er sie fütterte. Und er fütterte sie, obwohl Katzen in Afghanistan nicht gefüttert werden.

Sie leben auf dem Dach des Metzgers und warten auf die Abfälle, sie wissen, wo der Metzger die Abfälle hinwirft. Sie werden von den Kindern geärgert und mit Steinen beworfen, deshalb sind sie stark und wehren sich. Wenn man ihnen etwas gibt, streichen sie um die Beine und wird sie nicht mehr los. Sie haben ein gutes Gedächtnis, sie erinnern sich an beiden, an Wohltaten und Untaten.

Es gibt auch Hunde.

Einmal hat er einen kleinen Hund mit nach Hause genommen, aber die Eltern wollten nicht, dass er blieb. Der Vater brachte ihn weg, und als er wiederkam, wurde er erneut weggebracht. Zar hoffte, dass er noch mal kommen würde, aber er kam nicht mehr. Da weinte Zar – wegen des Hundes und vielleicht auch wegen sich selbst, wegen der Zärtlichkeit, die in ihm war, und die nicht gebraucht wurde.

Kaum waren sie zurück in Thürmen, musste Arne schon wieder los nach Göttingen zu seinen Kindern. Er nahm sie mit und zwei ihrer Freunde, Silvester wollten sie im Schweigenberg feiern. Das Kinderzimmer wurde zur Bettenburg, Arne stellte einen Projektor auf und hängte ein Laken an die Wand, er hatte Filme ausgeliehen, die sie anschauen konnten, im Wechsel mit Wanderungen durch den Wald und kleinen Arbeiten im Weinberg.

Als er einen Abstecher bei seiner Mutter in Goseck machte, wollten die Kinder lieber im Haus bleiben und spielen. Deshalb fuhr er allein. An der Töpferei seiner Mutter hing immer noch das Schild: *Diese Werkstatt steht unter dem Schutz von Tara.*

Wer ist Tara, hatte der SED-Genosse gefragt, der zuständig war für die Kontrolle kleiner Betriebe.

Ruth hatte geantwortet: Eine Göttin.

Eine Göttin? Der Genosse sah sie ungläubig an.

Ja. Sie wird im Buddhismus verehrt. Und von mir.

Es hätte uns besser gefallen, wenn Sie die Töpferei unter den Schutz von Rosa Luxemburg gestellt hätten.

Habe ich aber nicht.

Tara! Was ist denn das für eine Göttin?

Ihr Name kommt aus dem Sanskrit und bedeutet Stern.

Aha. Verständnisloser Blick.

Aber weil Ruth eine schöne junge Frau war und eine gut gehende Töpferei hatte, verzichtete er auf Drohungen und Sanktionen, verabschiedete sich und ging. Und das Schild blieb an der Tür. Arne hatte die Geschichte oft gehört. Für ihn war Tara eine ältere Schwester seiner Mutter.

Neben der Werkstatt war ihre Wohnung. Arne klopfte und drückte die Klinke runter, die Tür öffnete sich, sie war selten verschlossen. Alex saß am Küchentisch, sein Halbbruder, sie hatten eine gemeinsame Mutter, aber einen anderen Vater. Sie waren zusammen aufgewachsen und seit ihrer Kindheit Rivalen. Ruth begrüßte Arne, füllte ihm eine Tasse mit Tee und stellte sie auf den Tisch.

Setz dich!

Alex erzählte von Alban, Halbbruder von Alex, Nichtbruder von Arne: Heute Abend ist Vernissage. Alban zeigt seine neuen Bilder. Ich fahre mit unserer Mutter hin. Kommst du mit?

Arne nickte. Aber ich fahre selbst. Mit den Kindern und ihren Freunden. Dann haben wir schon ein Abendprogramm.

Ein paar Stunden später lief Arne mit den Kindern durch Naumburg, an Nietzsche vorbei, der gußeisern auf einem Stuhl saß und die Beine ausstreckte.

Wer ist das, fragte die Freundin von Tabea.

Ein Philosoph, sagte Arne. Er hat ein paar Jahre in Naumburg gelebt.

Was macht ein Philosoph?

Er denkt nach.

Ich denke auch nach, sagte Moritz.

Dann bist du auch ein Philosoph, sagte Arne.

Das war vielleicht ein wenig simpel, aber er hatte keine Lust, das weiter auszuführen. Schon standen sie vor dem Haus, in dem Alban wohnte und unterm Dach sein Atelier hatte. Die Haustür war angelehnt, man konnte sie aufdrücken. Die Kinder liefen die Treppen hoch, Alban begrüßte sie und strahlte eine ganzkörperliche Freundlichkeit aus.

Alle bekamen etwas zu trinken, die Kinder Saft, Arne Wein. Ruth und Alex waren schon da, sie standen vor einem Bild mit Wald, dicht an dicht Stämme, nur wenig Licht fiel durch die Kronen. Wenn man genau hinschaute, konnte man eine kleine Figur zwischen den Bäumen entdecken.

Tabea rief: Ein Kind!

Moritz fragte: Ist das Hänsel?

Das ist das Kind aus dem *Zarathustra*, erklärte Alban.

Arne wiederholte: Dem *Zarathustra* von Nietzsche?

Alban nickte.

Nietzsche ist doch der Mann, der draußen auf dem Platz sitzt, sagte Tabeas Freundin, der mit dem Bart.

Richtig, sagte Alban. Nietzsche hat Bücher geschrieben. Eins handelt von einem Weisen namens Zarathustra. Er hat vor vielen Jahren in Persien gelebt und darüber nachgedacht, wie Menschen gut zusammen leben können. Nietzsche lässt ihn wiederkommen. In seinem Buch erzählt Zarathustra eine Geschichte, in der es um Verwandlungen geht.

Arne sagte überrascht: Diese Geschichte kennst du? Iris spricht dauernd davon. Seitdem Zar bei uns in Thürmen wohnt, ist Zarathustra allgegenwärtig. Und mit ihm die Geschichte von den Verwandlungen.

Alex fragte: Wer ist Zar?

Ein junger Mann aus Afghanistan, sagte Arne, der eigentlich Zarathustra heißt.

Moritz fragte: Wie geht die Geschichte mit den Verwandlungen?

Wenn ich das richtig verstanden habe, antwortete Arne, dann verwandelt sich unser Geist. Erst ist er ein Kamel und erträgt alles, was ihm aufgeladen wird. Aber irgendwann kommt der Punkt, an dem er protestiert und *Nein!* sagt. In diesem Moment verwandelt er sich in einen Löwen und verzieht sich in die Wüste. Dort trifft er einen riesigen Drachen mit goldenen Schuppen. Auf jeder Schuppe steht: *Du sollst!* Der Löwe kämpft gegen den Drachen.

Moritz fragte: Und? Gewinnt der Löwe?

Ja, er gewinnt. Er sagt *Nein* zu allem, was der Drache von ihm will. Zu jedem *Du sollst!*

Nein!? Die Kinder lachten.

Das hört sich nach Rebellion an, sagte Alex. Nach einer Lektion in Sachen ziviler Ungehorsam.

Der Geist kann aber nicht Löwe bleiben, sagte Alban, weil er sonst im Protest steckenbleibt. Damit etwas Neues entsteht, ist eine andere Energie nötig. Deshalb verwandelt sich der Geist in ein Kind. Das ist die dritte und letzte Verwandlung. Und dieses Kind habe ich gemalt.

Von dem Neuen ist auf deinem Bild aber nicht viel zu spüren, sagte Alex. Es sieht eher so aus, als hätte das Kind Angst, weil hinter jedem Baum ein Wolf lauert. Oder ein Drache.

Du hast den springenden Punkt getroffen, sagte Alban. Als wir hier im Osten sagten: *Wir sind das Volk!*, verwandelten wir uns in Löwen. Aber in dem Augenblick, in dem der Spruch fiel: *Keine Experimente mehr!* fand die Rückverwandlung statt, und aus Löwen wurden wieder Kamele. Deshalb ist das Kind verwaist. Es ist auf der Suche nach einem, der sich seiner annimmt und weiß, dass Kinder etwas können, was die meisten Erwachsenen vergessen haben.

Tabea fragte: Und was ist das?

Neugierig sein, antwortete Alban. Spielen. Etwas ausprobieren. Ohne Vorbehalte sein. Ohne Vorurteile. Bereit, etwas zu wagen.

Alex hob sein Glas. Auf das Kind! Ich hoffe, dass es ihm gelingt, den Wald bald zu verlassen.

Und auf uns, sagte Alban, damit wir wieder etwas wagen. Und lasst uns trinken auf Zarathustra, der nach Jahren im Gebirge bei Iris und Arne gelandet ist.

Danke, sagte Arne, aber auf den musst du nicht trinken.

Zar stand versunken vor einem Topf mit kochendem Wasser. Iris kam in die Küche und sagte: Das Wasser kocht. Du kannst es verwenden.

Ach so.

Wo bist du?

Weit weg.

Das sieht man.

Zumutungen und Unverschämtheiten und Peinlichkeiten gehen uns unter die Haut und treffen uns ins Herz.

Iris lachte. Wo hast du das aufgeschnappt?

Im Fernsehen.

Wie kannst du dir so etwas merken! Du bist wirklich ein seltsamer Mensch.

Er warf Spiralnudeln in den Bodensatz kochenden Wassers.

Sie sagte: Du musst mehr Wasser nehmen.

Nein, sagte er, das reicht.

Er öffnete eine Dose Tomaten und schüttete sie dazu. Er presste eine halbe Zitrone aus und goss auch den Saft der Zitrone in den Topf.

Sehr seltsam, sagte sie.

Ein seltsamer Mensch macht seltsame Sachen, sagte Zar.

Er hatte immer noch keine Arbeit. Er kochte zehn Mal am Tag Tee, machte sich mittags etwas zu essen, mal Nudeln mit Tomaten, mal Reis mit Hühnchen, ein Sonderangebot aus dem Supermarkt. Hühnchen stand schon lange nicht mehr auf dem Speiseplan von Iris, sie kaufte kein Fleisch von Tieren, die weder ein gutes Leben hatten noch einen guten Tod.

Aber Zar kaufte sie, Hauptsache billig, Hauptsache Fleisch, und deshalb lagen sie im Kühlschrank. Und brutzelten am Abend in der Pfanne. Er bot auch Iris davon an und Arne, Iris lehnte dankend ab, Arne nahm dankend an. Dann saßen die beiden Männer zusammen am Tisch und aßen Hühnchen mit Reis. Schweigend.

Am nächsten Tag fand Zar einen Putzjob in einem Supermarkt. Er musste den Boden sauber machen. Es schneite, die Menschen trugen den Schnee in die Verkaufsräume, das Streusalz und die Abgase der Autos, die sich mit dem Schnee verbunden hatten, kreuz und quer zogen sich Spuren von dreckigem Matsch durch das Geschäft. Zar hatte viel zu tun. Endlich.

Schon bald ging das Putzmittel für die Reinigungsmaschine aus, und weil die Leiterin der Reinigungsfirma vergaß, es zu ersetzen, putzte Zar einige Tage ohne Putzmittel. Er bewarb sich auf andere Stellen und wurde zu einem Vorstellungsgespräch eingeladen.

Immerhin tun sich neue Perspektiven auf, sagte Iris.

Der Satz gefiel ihm, Zar verwendete ihn, sobald sich eine Gelegenheit bot. Er ging ins Berufsbildungszentrum zu der Frau, die dafür gesorgt hatte, dass er schon bald nach seiner Ankunft einen Deutschkurs besuchen konnte. Sie vermittelte Asylbewerbern auch Arbeitsstellen.

Er war zuversichtlich, als er nach Hause kam. Sie hatte versprochen, sich für ihn einzusetzen. Drei Tage später bekam er eine Stelle in der Kantine einer großen Firma.

Er konnte in der Küche helfen und bei der Essensausgabe. Er gab den Putzjob im Supermarkt auf. Aber weil er nicht mehr als vier Stunden in der Kantine beschäftigt war, suchte er bald schon nach einer weiteren Möglichkeit, Geld zu verdienen.

Ich hätte gern Hühner, sagte er zu Iris. Es gibt so viele Wiesen. Da können sie laufen. Ich gebe ihnen Körner und sie legen Eier. Und die Eier kann ich dann verkaufen.

Das ist nicht so einfach. Jede Wiese gehört jemandem.

Aber niemand macht was mit den Wiesen. Ich würde gern mit einem Wiesenbesitzer reden. Kennst du einen?

Nein. Aber ich kenne eine Frau, die bei einem Bauern arbeitet, der viele Hühner hat.

Sie gab ihm die Telefonnummer.

Er rief erst sie an und dann den Bauern. Der sagte, dass Zar vorbeikommen solle, er könne jemanden brauchen. Und so hatte Zar plötzlich zwei Jobs, einen in der Kantine, einen bei dem Bauern. Er versorgte ganz Thürmen mit Eiern.

Iris ging in den Garten und rechte das Laub vom vergangenen Jahr zusammen. Auch im Tümpel war Laub. Die Katze hatte die drei Goldfische aus dem Wasser getatzt, seitdem war er leer. Als Iris das Laub mit dem Rechen aus dem dunklen Wasser heben wollte, zerbrach das dünne Eis an der Oberfläche.

Sie hatte geträumt, dass sie in einem Fluss geschwommen war, jetzt erinnerte sic sich wieder. Sie war mit einer

Frau auf dem Weg zur Schule gewesen, die Frau trug eine Daunenjacke. Da sahen sie einen Kanal, der in der Sonne lag. Iris sagte, dass sie noch schnell hineinspringen wolle, um vor dem Unterricht noch eine Runde zu schwimmen.

Sie legte ihren hellrosa Mantel ab, überlegte, womit sie sich nachher abtrocknen sollte. Mit dem gelben Unterhemd? So leuchtend war alles, was sie trug. Da fiel ein Schatten auf den Kanal. Gerade hatte er noch in der Sonne gelegen und das Wasser war wie ein goldener Strom durch die Stadt geflossen. Sie bemerkte einen Mann, der am Ufer stand und von den Weinbergen an der Unstrut sprach. Früh muss man beginnen, sagte er, früh im Jahr.

Eine Ladung Schnee fiel auf seinen Kopf, ein Schneebrett, das ihn unter sich begrub. Er schüttelte sich, lachte und sagte: Das passiert immer wieder, wenn ich im Weinberg arbeite. Das war Arne, das musste er gewesen sein, so war er in ihrem Traum aufgetaucht. An Weihnachten hatte er ihr von August dem Starken erzählt, der König von Polen werden wollte, voller Bewunderung. Aber er hatte nichts von seinen Mätressen und Kindern erzählt, dreihundertvierundfünfzig sollen es gewesen sein.

Iris hob die Scherben aus zartem Eis aus dem Tümpel und entfernte das vollgesogene Laub, das auf den Boden gesunken war und wie braune Lappen aussah. Geschichte kann man aus unterschiedlichen Blickwinkeln erzählen, aus der Sicht der Herrscher, aus der Sicht der Frauen oder aus der Sicht der Kinder. Oder der Untertanen, die für alles zahlen mussten, was sich die Herrschaften so einfallen ließen.

Arne hatte die Geschichte aus der Sicht von August dem Starken erzählt. Iris hob weitere Laublappen aus dem Tümpel. Von den hundert kleinen Fröschen, die jedes Jahr aus dem Froschlaich schlüpften, kehrten sechs oder sieben zurück. Wenn auf die erste Wärme im März regnerische Tage folgten, machten sie sich auf den Weg, hüpften durch Gärten und Wiesen, über Straßen und Gehwege bis zum Tümpel in ihrem Garten. Dort trieben sie es auf unschuldig tierische Weise, zu zweit und zu mehreren. Es ging nicht viel anders zu als am Hof August des Starken, und die Nachkommenschaft war ähnlich zahlreich.

Sie frühstückten im Café Central. Arne erzählte von der Ausstellung in Naumburg. Zu seiner Überraschung habe Alban den *Zarathustra* gekannt und die Geschichte von den Verwandlungen. Er habe das Kind gemalt, in einem Wald. Es sah ziemlich verloren aus.

Vielleicht war es von August dem Starken, sagte Iris. Du hast mir doch an Weihnachten von ihm erzählt. Allerdings nicht, dass er dreihundertfünfzig Kinder hatte. Von sehr vielen Frauen. Eine war Anna Constantia von Cosel, sie war sieben Jahre an seiner Seite. Als er sich die polnische Krone unter den Nagel reißen wollte, riet sie ihm davon ab. Da trennte er sich von ihr und ließ sie einsperren. Ich las von ihrem Leben und August verwandelte sich in einen verantwortungslosen Wüstling. Auch das sind Verwandlungen.

In diesem Augenblick näherte sich ein Mann ihrem

Tisch. Nur einer hatte so einen mächtigen Schnurrbart. Nietzsche!

Darf ich mich setzen oder störe ich?

Nein, gar nicht, sagte Iris. Arne und ich haben gerade von August dem Starken gesprochen. Arne sieht in ihm den Kurfürst von Sachsen, der König von Polen werden wollte und allen Respekt verdient, ich sehe die Frauen, die er antanzen und wieder fallen ließ.

Er gab einiges für sie aus, sagte Arne. Das sollte man nicht vergessen.

Er ließ seine Untertanen für seine Frauen zahlen, sagte Iris. Für sich und für seine vielen Kinder.

Da sagte Nietzsche: Ich war und bin ein Bewunderer von inspirierten Staatsmännern wie Alexander dem Großen, Julius Caesar oder Napoleon. August der Starke zählt auch dazu. Demokratie bedeutet Verfall. *Demokratische Einrichtungen sind als Quarantäne-Anstalt gegen die Pest tyrannenhafter Gelüste nützlich, aber langweilig. Der freie Mensch, den ich bewundere, tritt mit Füßen auf die verächtliche Art des Wohlbefindens, von der Krämer, Christen, Kühe, Weiber, Engländer und andere Demokraten träumen.*

Iris sah ihn verärgert an.

Ich finde es unerträglich, wie abfällig Sie von der Demokratie reden. Und von Frauen. Und der Satz, für den ich Sie hasse, Sie und Ihren Zarthustra, ist der Satz von der Peitsche. Ich weiß, dass Sie ihren Freund Paul Rée gebeten haben, für Sie um die Hand von Lou Salomé anzuhalten. Paul bat um ihre Hand, aber nicht für Sie, sondern für sich selbst.

Nietzsche stöhnte leise.

Auf einem Foto ziehen Sie gemeinsam mit Paul Rée einen Karren, Lou hält die Zügel in der Hand und schwingt die Peitsche über Sie und Paul. Im *Zarathustra* drehen Sie die Geschichte um. Da gibt eine alte Frau Zarathustra den Rat, nur mit einer Peitsche zu einer Frau zu gehen. Warum haben Sie das geschrieben? Um sich an Lou zu rächen? Weil Lou Sie nicht heiraten wollte? Weil Lou keine Lust hatte, Ihre Sekretärin zu sein?

Der Mensch ist kein Individuum, sagte Nietzsche, sondern ein *Dividuum*. Entschuldigen Sie, aber das gilt auch für mich.

Die Kellnerin brachte das Tablett mit dem Frühstück. Nietzsche nahm das Messer, schlug das Fünfminuten-Ei auf, griff nach dem Löffel und begann, genussvoll zu essen. Das Eiweiß war fest, das Eigelb weich.

Erst spät ist mir klar geworden, sagte er, wie wichtig die Ernährung ist. *An ihr hängt das Heil der Menschheit, nicht an den Saltos, die Theologen machen. Die deutsche Küche ist ein Verbrechen: Die Suppe vor der Mahlzeit, die ausgekochten Fleische, die fett und mehlig gemachten Gemüse, die Entartung der Mehlspeise zum Briefbeschwerer.*

Wir waren gerade bei Lou, sagte Iris. Und bei Ihren abfälligen Bemerkungen über Frauen.

Nietzsche machte ein Gesicht, als hätte er in eine Zitrone gebissen.

Lou! Ich sagte ja schon: Der Mensch ist ein Dividuum. *Aber er liebt meist Etwas von sich mehr als Anderes, der eine Theil wird dem anderen zum Opfer gebracht. In jeder asketischen Moral betet der Mensch einen Theil von sich als Gott an und hat dazu nöthig, den übrigen Theil zu diabolisiren.*

In seinem Gewitterbart klebte ein Tropfen Eigelb.

Und deshalb, insistierte Iris, weil Lou Sie gekränkt hat, war es nötig, die Frauen zu diabolisieren?

Das mache ich keineswegs, sagte Nietzsche.

Oh doch, sagte Iris.

Da sagte Nietzsche entspannt: Widersprechen Sie nur! Ich wünsche mir nichts weniger als Jünger, die ungeprüft das nachplappern, was ich geschrieben habe. Auch ich habe immer gern widersprochen. Auch mir selbst. Ja, ich war ärgerlich, als mir Fräulein Lou einen Korb gegeben hat. *Aber ich verdanke dieser jungen Russin, diesem Fräulein Lou von Salomé, eine erstaunliche Einsicht: Dass der Schmerz kein Einwand gegen das Leben ist.*

Er zog eine in Papier gewickelte Wurst aus seiner Fracktasche und legte sie auf den Teller. Er schnitt, nachdem er sich vergewissert hatte, dass die Kellnerin nicht in der Nähe war, drei Stücke ab, gab eins Iris, Arne das andere und schob sich das Dritte selbst in den Mund.

Er kaute gewissenhaft und sagte dann: Nun lasst uns gehen. Im Sitzen kann man nicht denken. Gedanken, die im Sitzen gedacht werden, haben zu wenig Bewegung in sich.

Zar räumte die Küche auf, wischte die Brösel auf den Boden, wusch das Geschirr ab, putzte die Arbeitsflächen und fegte zum Schluss die Brösel zusammen. Durchs Fenster sah er einen gelben Schmetterling. Er flog so virtuos, als hätte er lange geübt. Mit der Verwandlung von einer Raupe in einen Schmetterling hatten sich auch seine Fähigkeiten verwandelt, aus Fresssucht war Fluglust geworden.

Auch Zar fühlte sich verwandelt, seitdem er wieder eine Arbeit hatte. Er fühlte neuen Schwung. Bald war Nouruz, das Neujahrsfest der Perser, Kurden und Zoroastrier. Nouruz bedeutet neuer Tag und neue Hoffnung. Türen öffnen sich, wo man keine vermutet hat, Licht strömt herein, obwohl gerade noch Nacht war, Flügel wachsen, auch wenn man mit schweren Schuhen am Boden klebt, man sieht eine Zukunft, wo lange keine war.

Mit diesem von Nouruz ausgelösten Schwung meldete er sich bei der Abendschule an, um einen deutschen Schulabschluss zu machen, Mittlere Reife. Anschließend war Zar beflügelt wie der Schmetterling, den er am Morgen gesehen hatte. Jetzt fehlten nur noch die tanzenden Mädchen, von denen er bei Nietzsche gelesen hatte. Zarathustra traf sie im Wald, als sie ihn sahen, hörten sie auf zu tanzen.

Da sagte Zarathustra: *Lasst vom Tanze nicht ab, ihr lieblichen Mädchen! Kein Spielverderber kam zu euch mit bösem Blick, kein Mädchen-Feind. Gottes Fürsprecher bin ich vor dem Teufel: der aber ist der Geist der Schwere. Wie sollte ich, ihr Leichten, göttlichen Tänzen feind sein? Oder Mädchen-Füssen mit schönen Knöcheln?*

Gott mag Mädchen, die tanzen. Und tanzt selbst. Sich das vorzustellen: Gott als einen, der tanzt. Wenn es ihn gibt. *Ich würde nur an einen Gott glauben, der zu tanzen verstünde. Also sprach Zarathustra.* Hat Zar sich Gott jemals tanzend vorgestellt? Der Gott der Taliban war ein humorloser, freudloser Gott. Die Taliban verboten Musik und Tanz, sie schlugen spielende Kinder. Aber warum sollte Gott nicht auch spielen? Warum sollte er nicht tanzen?

Auch Rumi kam aus Balch. Er war Sufi, Dichter und Tänzer. Seine Eltern flüchteten mit ihm vor den Mongolen in die Türkei, aber seine Wurzeln waren in Balch. Deshalb lag das Tanzen vielleicht auch in Zars Genen. Als er am Nachmittag in der Stadt war, kaufte er Schuhe aus dunkelblauem Wildleder, die teuer waren und teuer aussahen, Schuhe wie Samtpfötchen, Schuhe, in denen er wunderbar tanzen konnte. Wenn er sich traute.

Zar bekam einen Brief vom *Bundesamt für Flucht und Migration*. Mit einem Termin für die Anhörung in Karlsruhe. Vom Ausgang des Gesprächs hing ab, ob er in Deutschland bleiben konnte. Das machte ihm Angst. Was sollte er sagen? Was konnte er sagen? Was musste er sagen?

Er war nervös, trat von einem Bein auf das andere wie ein Rennpferd kurz vor dem Start. Er konnte nicht mehr still stehen oder sitzen, nach der Arbeit lief er stundenlang an den Obstplantagen entlang. Hatte auch er ein Recht auf ein ruhiges, harmonisches, erfülltes Leben? War er überhaupt fähig, ein harmonisches Leben zu führen? Er war schüchtern und oft von einer steifen Förmlichkeit. Manchmal fühlte er sich wie die Menschen auf alten Fotos, die aussahen wie erstarrt.

Wann ist ihm die Zukunft abhanden gekommen? Als sein Bruder starb? Die Zukunft ein Ball, der durch die Luft fliegt, ein glückliches Rennen hinter dem Ball her, sein Bruder war ein guter Läufer, schmal, zäh, ausdauernd. Dann hörte man plötzlich ein Klicken und sofort danach eine Explosion. Eine Fontäne aus Steinen und Staub spritzte in die Luft, mittendrin sein Bruder. Hatte er geschrien? Oder das Kind, das seinem Bruder den Ball zugeworfen hatte?

Zar hat den Schrei noch im Ohr, im Kopf, im Körper. Und das Schweigen, das sich nach der Detonation ausbreitete, erschüttert und durchzittert von dem Stöhnen seines Bruder und dem Blut, das aus seinem Körper strömte und den Staub dunkelrot färbte.

Ist die Zukunft mit ihm gestorben, ist sie mit dem Blut seines Bruders in den Boden gesickert? Die Zeitrechnung in seiner Familie wurde seitdem von dem Tod seines Bruders bestimmt, sie sprachen von der Zeit vor seinem Tod und von der Zeit danach.

Er fehlte. Die Abwesenheit seines Bruders wurde zu einem chronischen Schmerz. Sobald Zar groß genug war, Afghanistan zu verlassen, ging er. Von einem Land ohne Zukunft in ein Land mit Zukunft. Er hatte lange gebraucht, um nach Deutschland zu kommen. Ob er bleiben durfte, wurde in Karlsruhe entschieden.

Die Anhörung war um acht Uhr morgens. Deshalb musste er in Karlsruhe übernachten. Immer noch war er unruhig, von einer kleinteiligen, nervösen Bewegtheit, die nirgendwo hinführte. Er lief am Waldrand entlang Richtung See, links die Bäume, rechts eine Plantage mit niedrigen Sträuchern. Er sah die Berge, eine Nummer kleiner als die Berge im Hindukusch, aber Berge und deshalb vertraut.

Er versuchte, die Angst aus sich herauszulaufen und

hinter sich zu lassen, aber sie begleitete ihn, er konnte sie nicht abschütteln. Dann war er wieder im Haus und steuerte die Küche an.

Iris stand vor dem Herd, rührte in einem Topf und fragte, als er in die Küche kam: Was ist los? Du siehst so gehetzt aus.

Ich muss nach Karlsruhe.

Deshalb bist du so unruhig?

Wenn ich in Deutschland geboren worden wäre, wäre ich ruhig.

Ich bin beeindruckt! *Wenn ich in Deutschland geboren worden wäre!* Wer solche Sätze machen kann, hat ein Recht, hier zu sein. Das werden die Richter in Karlsruhe bestimmt auch so sehen.

Hoffentlich.

Sie ist freundlich, dachte er. Ob die Menschen, die in Karlsruhe entscheiden, auch freundlich sind? Ob sie verstehen, dass ich nicht zurück kann nach Afghanistan? Weil es da nur den Augenblick gibt und keine Zukunft. Weil von Augenblick zu Augenblick gelebt wird. Weil der Augenblick ein Ball ist, der in der Luft schwebt und nicht landen kann. Und weil die Angst auf der Lauer liegt wie die Minen im Boden.

Ich hätte Lust, sagte Arne, ein Sudoku zu lösen.

Iris machte eine abwehrende Geste. Ein Sudoku? Ich mag keine Sudokus.

Man tut so, sagte er, als wollte man ein Sudoku lösen, macht aber eigentlich Dinge, die man niemandem erzählt. Unter der Bettdecke. Im Verborgenen. Wie die Jungfrau und das Einhorn. Auch sie haben es heimlich gemacht. Im Wald. Da fand die Zähmung statt.

Und neun Monate später kam Jesus auf die Welt, sagte Iris.

Sie lachten. Gingen ins Gästezimmer und widmeten sich der Zähmung des Einhorns. Dann sprachen sie von Maria und Josef. Und von Jesus. Iris und Arne waren beide in Israel gewesen. Sie redeten im Wechsel vom Busbahnhof in Jerusalem, von hier konnte man in die Areas fahren, nach Jericho und Bethlehem. Kontrollen mussten passiert werden, israelische Soldatinnen und Soldaten standen mit Maschinengewehren an den Grenzposten, die Areas waren von acht Meter hohen Zäunen umgeben.

Die Mauer reloaded, sagte Arne.

Er nahm ein Foto aus seinem Geldbeutel und zeigte es Iris: Hier hat das Kind gelegen. Im Stall, der kein Stall ist, sondern eine Höhle unter der Geburtskirche. Man muss ein paar Stufen runtergehen, dann sieht man einen Felsen mit einem silbernen Stern. Hier, an dieser Stelle hat Jesus gelegen. Sagt man. Darüber hängt eine Lampe in Form einer Träne, silbern, ziseliert, mit herzrotem Glas. Das war ein besonderer Moment, als ich hier stand. Im Gefängnis habe ich gelobt, ins heilige Land zu pilgern, nach Jerusalem und Bethlehem. Und nun war ich endlich frei und fühlte mich wie neugeboren.

Was mich überrascht hat, sagte Iris, war der Eingang der Geburtskirche. Er ist ganz niedrig, man muss sich bücken, um hineinzukommen. Wenn man drin ist und sich wieder aufrichtet, sieht man überall Altäre von jeder christlichen Konfession. Wie in der Grabeskirche in Jerusalem. Wusstest du, dass zwei muslimische Familien den Schlüssel der Grabeskirche hüten? Die eine bewahrt ihn auf, die andere schließt morgens auf und abends zu. Außerdem schlichten sie Konflikte zwischen den Konfessionen. Das hat Saladin eingeführt. Der legendäre Saladin! Ein weiser Mann!

Arne schwieg.

Und obwohl Nietzsche so gegen das Christentum wettert, dachte Iris, hat er seine letzten Briefe mit *Der Gekreuzigte* unterschrieben. Und in Zarathustras Rede von den drei Verwandlungen ist die Stufe des Kindes die Stufe der Vollendung. Das Kamel beugt sich unter das: *Du sollst!* Der Löwe kämpft für ein: *Ich will!* Und das Kind sagt: *Ich bin.*

Er rasierte sich den Kopf. Die Locken, die sich freundlich auf seiner Kopfhaut geringelt hatten, fielen zu Boden. Sein Kopf war anschließend so kahl wie ein Felsen auf siebentausend Meter Höhe. Eine Unnachgiebigkeit und Strenge erfasste ihn gegen seine weichen, kindlichen Seiten und Bedürfnisse.

Er nahm sich vor, die Wahrheit zu sagen.

Schließlich hieß er Zarduscht und das war eine Verpflichtung zu Aufrichtigkeit. Er würde keine der Geschichten erzählen, die unter den Flüchtlingen kursierten und mit denen man angeblich mit hundertprozentiger Sicherheit als Asylant anerkannt wurde. Er würde vom Krieg in Afghanistan erzählen. Der Krieg hatte jeden Bereich des öffentlichen Lebens zerstört und die Menschen gelähmt und entmutigt. Man wusste nicht mehr, was es bedeutet, ohne Angst aus dem Haus zu gehen. Und die Kinder wussten nicht, wie es ist, sich sorglos dem Spielen zu überlassen.

Zar dachte an die Strafen, die öffentlich vollzogen wurden, als die Taliban an der Macht waren. Am Mittwoch wurden die Hände abgehackt. Alle mussten kommen, die Verwandten der Verurteilten, die Bewohner des Dorfs und die Schule mit allen Lehrern und Schülern. Einmal sollte Zar eine Hand aufheben, die gerade abgeschlagen und in den Staub gefallen war. Weil sich die Finger vor Schreck und Schmerz nach unten gebogen hatten, als wollten sie sich am Leben festkrallen, waren sie wie Haken. Er hängte die Hand an den Ast eines Baumes. Da hing sie zwei Wochen.

Er bat Iris, ihm die Verbindung nach Karlsruhe auszudrucken. Er brauchte ihre Unterstützung. Er ließ sich erklären, wo er umsteigen musste. Dann fragte er sie, ob er ihren Rucksack haben könne, weil seiner kaputt sei. Und schmutzig.

Nein, sagte sie, ich brauche meinen Rucksack selbst. Warum hast du dir keinen neuen gekauft?

Ich habe nicht daran gedacht.

Sie suchte auf dem Dachboden, kam mit einem Trekkingrucksack zurück, der viel zu groß war für die paar Sachen, die er für eine Nacht brauchte. Er nahm ihn trotzdem, bedankte sich, packte ein Handtuch ein, sein Waschzeug, eine Flasche Wasser, eine Unterhose, eine Hose und ein frisches Hemd. Dann machte er sich auf den Weg zum Bahnhof.

Im Zug fragte er eine Frau, ob sie ihm sagen könne, wie er am besten nach Karlsruhe kommt. Iris hatte ihm zwar die Verbindungen ausgedruckt, aber er war wieder verunsichert. Alles wurde bröcklig. Der Boden, auf dem er ging, schwankte. Er brauchte einen Menschen, eine Stimme, die zu ihm sprach und das bröcklige Innere wieder befestigte.

Die Frau schaute auf ihr Handy und erklärte ihm, wo er umsteigen sollte. Sie sagte ihm etwas anderes als Iris. Statt dreieinhalb Stunden brauchte er sieben Stunden und erreichte Karlsruhe erst kurz vor Mitternacht. Er suchte nach dem Hostel, das er gebucht hatte. Als er es schließlich fand, kam er in ein Zimmer, in dem schon andere Flüchtlinge schliefen.

Am nächsten Morgen stand er früh auf, um rechtzeitig bei der Anhörung zu sein. Eine Dolmetscherin übersetzte. Er erzählte von seiner Kindheit in Balch und den Überfällen der Taliban. Sagte, dass er nicht mehr in einer Unterkunft wohne, sondern privat. Er habe einen Job gefunden in einer Kantine, verdiene Geld und zahle Steuern. Das musste doch gewürdigt werden, das musste doch anerkannt werden. Von seinem Bruder erzählte er nicht, das ging nicht.

Arne sprach von Geiztrieben, die aus den Blattachseln zwischen Sommertrieb und Blattstiel wachsen.

Die muss man abknipsen, sonst wird die Laubwand zu dicht und die Trauben bekommen nicht genug Sonne. Aus den Geiztrieben kann man Ableger ziehen, die Augen werden pikiert und in eine Sand-Wasser-Mischung gesetzt.

Geiztriebe! Augen! Da sieht man was vor sich!

Leider heißt das, sagte Arne, dass ich demnächst zum Schweigenberg muss.

Weil Iris zu tun hatte, fuhr er allein. Ab Münnerstadt fühlte er Vorfreude auf zuhause, ab Suhl hatte er den Geruch seines Hauses schon in der Nase. Er mochte die weiträumige, fruchtbare Hochebene der Magdeburger Börde, die sich von der Altmark im Norden bis nach Thüringen erstreckte, und den Buntsandstein, durch den sich die Unstrut einen Weg gebahnt hatte.

Früher war hier Meer. Die Erde hatte sich gehoben und wieder gesenkt, in einem Prozess, der Millionen von Jahren dauerte. Als sich das Wasser zurückzog, hinterließ es dicke Schichten Sand und Kalkreste von Muscheln und Meerestieren. Auf diesem Boden gediehen die Reben bestens.

Er fuhr durch Freyburg, bog hinter der Sektkellerei von *Rotkäppchen* in eine schmale Teerstraße ab und fuhr dann weiter am Rand des Walds entlang bis zu seinem Haus. Er öffnete das Tor, stellte das Auto ab, ging Stufen hinunter zum Haus und schloss die Tür auf.

Ohne Kinder war das Haus leer. Zu leer. Er war ein Mann, der eine Frau brauchte und sieben Söhne zeugen wollte. Mit Mechthild hatte er immerhin zwei Kinder bekommen. Aber die waren in Göttingen. Er holte Eimer und Gartenschere aus dem Schuppen und ging in den Weinberg, um Geiztriebe zu kappen.

Da fand ihn Norbert, zwischen den Reben.

Ich möchte dich zum Essen einladen, sagte er. Als

Dank dafür, dass du meinem Sohn etwas über deine Arbeit erzählt hast.

Nicht nötig. Das habe ich gern gemacht.

Trotzdem. Wir fahren zur Schönburg, in die Burgschänke. Da kann man gut essen.

Weißt du, dass die Schönburg von Ludwig dem Springer gegründet wurde?

Ich entsinne mich dunkel, antwortete Norbert. Aber um ehrlich zu sein, weiß ich nicht mehr, wohin Ludwig eigentlich gesprungen ist.

In die Saale. Er hatte sich in Adelheid von Stade verliebt, Frau von Friedrich dem Dritten, Pfalzgraf von Sachsen. Ludwig hat Friedrich umgebracht, um mit Adelheid zusammen zu sein. Deshalb wurde er in Burg Giebichenstein eingekerkert. Als er einen letzten Wunsch äußern durfte, bat er darum, noch mal einen Blick übers Land zu werfen. Als er oben stand, auf der Aussichtsplattform des Turms, sprang er runter in die Saale und schwamm zu der Stelle, an der ein Diener bereits mit seinem Pferd wartete.

Alle Achtung. Apropos flüchten …

Ein Moment noch, sagte Arne, ich bin gleich fertig. Ludwig flüchtete zu Adelheid, die drei Jahre auf ihn gewartet hatte. Sie heirateten und bekamen acht Kinder. Adelheid brachte einiges mit in die Ehe, unter anderem Besitzungen an Unstrut und Saale. Auch Goseck. Um den Mord zu sühnen, hat Adelheid das Kloster in Zscheiplitz gegründet.

Zscheiplitz! Das ist ja gleich um die Ecke.

Genau. Von Zscheiplitz hat man den schönsten Blick auf den Schweigenberg. Man nimmt an, dass Adelheid und Ludwig auch als Stifterfiguren im Naumburger Dom verewigt sind. Im Investiturstreit hat Ludwig für den Papst Partei ergriffen. Auch das hing vermutlich mit dem Mord an Friedrich zusammen. Ludwig hat sich Absolution erhofft.

Investiturstreit? Nie gehört, sagte Norbert. Hat das was mit Investition zu tun?

Arne lächelte.

Entfernt. Bei Investitionen setzt man Geld ein, und bei einer Investitur Menschen. Beim Investiturstreit ging es um die Frage, wer wen einsetzt, der König den Papst oder der Papst den König. Was also wichtiger ist, die weltliche Macht oder die geistliche.

Norbert nickte, er schien sich für diese Fragen nicht sehr zu interessieren. Und deshalb erwähnte Arne nur noch, dass Ludwig der Springer auch die Wartburg gegründet hatte.

Nun weiß ich mehr, sagte Norbert. Danke. Und noch mal danke, dass du meinem Sohn erzählt hast, was ein Böttcher so macht. Er hat sich nun aber doch dafür entschieden, eine Schreinerlehre zu machen.

Auch gut, sagte Arne entspannt.

Sie setzten sich unter eine große Kastanie, bestellten Bier und ein Essen mit viel Fleisch. Die Garträume waren in der alten Burg, bedient wurde drinnen und draußen. Im Innenhof gab es einen Glaspavillon für Feierlichkeiten, und auf der Wiese hinter dem Turm konnte man im Sommer heiraten. Während Arne noch über Ludwig und Adelheid nachdachte, deren Liebe so groß war, dass sie über Leichen gingen, kam Norbert auf die Flüchtlinge zu sprechen.

Warum wurden sie von Mutti Merkel eingeladen? Brauchen wir Konkurrenz um die paar Arbeitsplätze, die noch da sind? Und warum sollen wir zahlen, wenn die Griechen pleite sind? Angeblich hatten wir keine Wahl. Angela sagte, dass die Entscheidung *alternativlos* gewesen sei.

Norbert lachte spöttisch.

Nichts ist alternativlos. Diese Einsicht gehört zum ABC der Demokratie. Es gibt immer Alternativen und man sollte sie ernsthaft diskutieren. Schere im Kopf hatten wir schon. Brauchen wir nicht mehr. Deshalb gibt's jetzt die *Alternative für Deutschland*. Heute ist ein Treffen in Naumburg. Kommst du mit?

Die AfD war, als Arne mit Norbert zum ersten Mal hinging, noch ganz jung.

Zar brachte einen schwäbischen Kartoffelsalat aus der Kantine mit, in einem Margarinebehälter für Großküchen. Er reichte ihn Iris mit den Worten: Für dich.

Danke!

Sie öffnete den Deckel, nahm eine Gabel und schob sich einen Happen in den Mund.

Mhm, lecker.

Während sie den Kartoffelsalat aß, machte sich Zar ein Brot mit Honig. Und Nüssen.

Sie fragte: Wie war es in Karlsruhe?

Ich habe sieben Stunden gebraucht, sagte Zar. Und dann habe ich das Hotel nicht gefunden. Ich war erst in der Nacht da.

Manchmal frage ich mich, wie du es geschafft hast, nach Deutschland zu kommen. Und das Interview? Wie war das?

Ich habe alles gesagt, was ich sagen konnte.

Er schwieg. Aß das Brot.

Dann sagte er: Ich werde nicht mehr auf dem Hühnerhof arbeiten. Wenn ich wenig Geld verdiene, gebe ich wenig aus, wenn ich mehr Geld verdiene, gebe ich mehr aus. Deshalb will ich nur noch in der Kantine arbeiten.

Er machte sich ein zweites Brot, nahm kauend Anlauf und sagte, als er den Bissen runtergeschluckt hatte: Ich werde auch nicht mehr in die Abendschule gehen.

Zar! Ich verstehe, dass du nicht mehr auf dem Hühnerhof arbeiten willst. Aber ich verstehe nicht, dass du mit der Abendschule aufhören willst.

Ich fühle mich da nicht wohl.

Hat dich jemand geärgert?

Naja …

Also hat dich jemand geärgert.

Sie haben mich gefragt, warum ich hier bin. Wissen sie nicht, was in Afghanistan passiert? Haben sie noch nichts von den Taliban gehört?

Sie sind dumm. Lass sie. Oder erzähl ihnen, was du in Afghanistan erlebt hast. Aber geh weiter in die Abendschule. Es ist wichtig, einen Schulabschluss zu haben.

Ich habe das Abitur schon in Afghanistan gemacht.

Dann lass dir das Zeugnis schicken.

Das ist nicht so einfach. Das Zeugnis muss in Kabul gestempelt sein, damit es hier anerkannt wird. Meine Eltern haben anderes zu tun, als nach Kabul zu fahren.

Dann versuch, hier den Abschluss zu machen.

Ich kann nicht zur Schule gehen.

Er griff sich an den Hals.

Ich habe das Gefühl, keine Luft zu bekommen, wenn ich in der Schule bin. Als Kind bin ich keinen Tag gern zur Schule gegangen. Ich bin oft geschlagen worden. Ich habe nur selten Hefte bekommen von meinen Eltern. Weil sie kein Geld hatten oder nicht daran gedacht haben, mir etwas zu geben. Immer fehlte etwas, und das war dann wieder ein Grund für die Lehrer, mich zu schlagen.

Hier wirst du nicht geschlagen. Du bist erwachsen und kannst dir selbst Hefte kaufen. Du bist mit anderen jungen Leuten zusammen. Und es gibt bestimmt auch nette Mitschüler. Außerdem lernst du Mathe und Englisch, das kann man immer brauchen.

Ich muss für die Schule zahlen und es bringt nichts. Ich bekomme auch mit Zeugnis keine gute Arbeit in Deutschland.

Wer weiß.

Kümmere dich mehr um dich, alle anderen kümmern sich nur um sich!

Sie lachte. Wo hast du das her?

Das sagt die alte Frau in der Kantine. Sie ist jeden Tag da. Sie liebt die Arbeit in der Kantine.

🐫

Der Zahn. Die Zääähne! Iris saß unter einer blühenden Magnolie und hörte eine Frauenstimme durch das geöffnete Fenster dozieren: Einzahl – der Zahn. Mehrzahl – die Zähne. EIN Zaaahn. Aber zwei, drei, vier, fünf Zääähne!

Die Frau war von einem gutmütigen pädagogischen Eifer und ihre Schüler wiederholten im Chor, was sie ihnen vorsprach. Wie entlastend! Plötzlich war das Wichtigste die richtige Aussprache von Wörtern wie *Zahn* und *Zähne*, und das Verstörende des Kriegs rückte weg. Wenn man bei Zahn nicht an die Zähne denken musste, die man verloren hatte. Oder Zahnarzt in einem Land war, in dem Krieg herrschte.

Am Wochenende hatte sie mit einem syrischen Zahnarzt gesprochen. Als Rakka vom IS eingenommen wurde, war er mit seiner Familie erst innerhalb Syriens von Ort zu Ort gezogen, immer auf der Flucht vor den Kämpfen. Dann beschloss er, nach Deutschland zu gehen und Asyl zu beantragen. Er konnte schon etwas Deutsch, weil er in Frankfurt Fortbildungen in Zahnheilkunde gemacht habe. Er griff nach seinem Handy und sagte: Ich muss Ihnen etwas zeigen. Ich habe es neulich zufällig im Internet entdeckt.

Iris sah ein Foto von einem Mann mit Kastenbart und einem weißen Kittel. Er hielt einen Zahnbohrer wie eine Waffe in der Hand. Auf dem Stuhl vor ihm lag ein anderer Mann, sein Mund war weit geöffnet.

Das ist meine Praxis, sagte der Zahnarzt aus Rakka. Der Mann im weißen Kittel ist ein ehemaliger Patient von mir, er ist jetzt beim IS, und ohne jede zahnmedizinische Ausbildung.

Ohje, sagte Iris. Dann werden sich Ihre Patienten bestimmt schon nach Ihnen sehnen.

Die Knospen der Magnolie, unter der sie saß, erinnerten an frisch geschlüpfte Eckzähne. Sie dachte an Zar. Er brauchte unbedingt neue Zähne.

Christi Himmelfahrt nahte. Ein Tropfen des Heiligen Bluts lag seit tausend Jahren in der Basilika im Nachbarort, eingeschlossen in einer Phiole aus Bergkristall. Einmal im Jahr wurde sie von einem Geistlichen in einer Monstranz erst durch die Stadt und dann hoch zu Pferd über die Felder getragen, in Begleitung vieler anderer Reiter.

Als Iris zum ersten Mal im Nachbarort war, hatte der Ritt gerade stattgefunden. Es roch nach Pferd, die Straßen waren gepflastert mit Pferdeäpfeln, die, platt getreten, sich zu einer durchgehenden Schicht verbunden hatten. Der Mist sah aus wie ein Teppich, der ausgerollt worden war, um einen hohen Gast zu empfangen. Sie erzählte ihrem Nachbarn davon, voller Begeisterung.

Das war der Blutritt, sagte er.

Blutritt!? Was für ein Blut wird denn da geritten?

Das Heilige Blut.

Das Heilige Blut?

Das Blut von Jesus. Longinus hat's aufgefangen.

Wer war das denn?

Einer der römischen Soldaten, die Jesus ans Kreuz geschlagen haben.

Ach so. Und wie hat er das Blut aufgefangen?

Das weiß ich auch nicht.

Da will ich mitreiten!

Das geht leider nicht. Da dürfen nur Männer mitreiten.

Damit war der Blutritt für sie gestorben. Sie tilgte ihn

aus ihrem Gedächtnis. Sie schob ihn ins Fach der zu vergessenden Dinge. Sie hatte Besseres zu tun, als eine Veranstaltung mit ihrer Anwesenheit zu beehren, die Frauen ausschloss. Jahre vergingen. Ohne Blutritt. Ohne den leisesten Gedanken an den Blutritt.

Bis sie Arne kennenlernte. Wenn er eine katholische Kirche betrat, tauchte er die Fingerspitzen ins Weihwasser, sank in die Knie und bekreuzigte sich. Im Gefängnis hatte er ein religiöses Erlebnis, nach Tagen im Hungerstreik fühlte er plötzlich eine unglaubliche Nähe zu Gott. Er wusste, dass er nicht allein war, und das hatte ihm geholfen, die Zeit zu überstehen.

Und wirklich, als sie ihm vom Heiligen Blut und dem Blutritt erzählte, war er sofort interessiert. Sie dachte an die Pferde, den Teppich aus Pferdemist und die Luft, die erfüllt war vom Duft der Pferde. Wegen der Pferde würde sie mitgehen, aber nur wegen der Pferde.

Der Blutritt begann am Vorabend von Christi Himmelfahrt mit einem Gottesdienst. Die Basilika war bis auf den letzten Platz besetzt. Viele standen, auch Iris und Arne. Der Priester sprach sich gegen jede Form von Verhütung aus. Und gegen Beschneidung.

Paulus, sagte er, war gegen die Beschneidung. Die frühen Christen wurden noch beschnitten, aber dann hat man damit aufgehört. Und das ist auch gut so. Christen lassen sich nicht beschneiden.

Arne flüsterte: Er spricht dauernd von seinem Schwanz.

Iris flüsterte: Er watscht die Juden und Muslime ab.

Am nächsten Tag machten sich Arne und Iris früh auf den Weg. Gruppen von Menschen zogen Richtung Basilika. Schon bald sahen sie die ersten Pferde, eins neben dem anderen stand in der Straße unterhalb der Basilika, dazwischen Reiter, deren Frack und Zylinder geschützt war von einer Plastikhaut, der Himmel war bewölkt, Regen war angekündigt.

Ein Reiter zog mit den Zähnen einen seiner weißen Handschuhe aus und tippte, während der Handschuh aus seinem Mund baumelte, eine SMS in die Tasten seines Handys. Ein anderer lehnte versonnen an seinem Pferd, ein Bartdreieck am Kinn, er sah aus wie ein Musketier.

Iris und Arne wanderten an Pferden und Reitern vorbei zum Martinsberg. Sie stiegen die Freitreppe hoch und stellten sich an die Brüstung. Arne ging in die Knie, allerdings nicht aus Rührung, sondern um Fotos zu machen, und sagte dann voller Bewunderung: So viele Hochwürden! Und alle hoch zu Ross. Wann sieht man schon mal so viele reitende Priester auf einem Haufen?

Iris sagte: Keine Frau dabei.

Stimmt. Warum reiten eigentlich keine Frauen mit?

Die dürfen nicht.

Aber Ministrantinnen sind dabei.

Die dürfen wahrscheinlich nur mitreiten, bis sie zum ersten Mal ihre Tage haben. Wenn sie ein Mal im Monat bluten, ist es vorbei mit dem Blutritt.

Ein Pferd hob den Schweif und ließ einige Äpfel fallen. Die nachfolgenden Pferde machten sie platt, Pferdeapfel vereinigte sich mit Pferdeapfel, nach dem Ritt würden die Straßen wieder mit Mist gepflastert sein und die Stadt hinreißend duften.

Im Publikum waren Mädchen mit Reiterkappen, die zu Fuß die Pferde begleiteten, auf denen sie normalerweise ritten, aber nicht an diesem Tag. Iris stand neben Arne auf dem Martinsberg, sah die Pfaffen vorbeireiten, griff nach einem Apfel, aß ihn, warf den Butzen in den Weinberg und dachte an die *Offenbarung*, so nannte sie das, was sie in der Unterführung eines Bahnhofs erlebt hatte. Plötzlich sah sie die Menschen umgeben von einem leuchtenden Kraftfeld, einer mandelförmigen Aura. Es war, als hätte Iris hinter einem Vorhang gelebt, der jäh aufgerissen worden war. Die Gegenwart brach in sie ein. In diesem Gegenwärtigsein blieb sie eine Stunde lang. Tränen liefen ihr über die Wangen, weil die Energie so stark war und die Hellsichtigkeit so unausweichlich und bewegend.

Man braucht Übung, dachte sie, um diese Form göttlicher Gegenwart auszuhalten, die Offenbarung einer Kraft jenseits von Vater und Mutter, jenseits von Vater, Sohn und heiligem Geist. Die Begriffe sind falsch und irreführend, dachte sie, es handelt sich um eine Kraft, die das Diesseits durchflutet, von innen erfüllt und erleuchtet.

Dann sah sie, dass Unruhe in den Reihen der vorbeireitenden Pferde entstand. Ein Pferd tänzelte, konnte sich mit dem Druck der Trense nicht abfinden oder mit dem Reiter. Es kaute auf dem Stück Eisen herum, der Speichel schäumte rechts und links in den Mundwinkeln, es war ein zäher, dichter Schaum.

Der Reiter wirkte unsicher, der linke Ärmel seines Fracks war bereits eingerissen, darunter leuchtete das weiße Hemd wie das Innere einer Wunde. Das Pferd scheute und stieg, der Reiter rutschte aus dem Sattel, schon lag er am Boden.

Einen Augenblick später flog eine Frau die Freitreppe hinunter, bahnte sich einen Weg durch die Menge, pfiff durchdringend, erreichte das Pferd, griff nach dem herunterbaumelnden Zügel und schob die Spitze ihres Schuhs in den Steigbügel. Schon saß sie oben, schon hatte sie das Pferd unter Kontrolle, mit ihrem Sitz, mit einem beruhigenden Wort. Sie ritt durch die Straßen und ein berauschender Duft hob sich, nach dem Mist von dreitausend Pferden.

Iris klatschte und schon klatschten auch andere, der Beifall wurde zu einem tosenden Applaus, denn es war längst überfällig, dass auch Frauen mitritten beim Blutritt, erst durch die Stadt und dann über die Fluren, um eine Fruchtbarkeit zu feiern, die beiden geschenkt worden war: Männern und Frauen.

Zar aß ein Brot mit Honig und Nüssen, als Iris in die Küche kam und vom Blutritt erzählte, vom Sturz des Reiters und der Frau, die auf ihrem Pferd durch den Nachbarort geritten war. Und dass sich das richtig angefühlt hatte, genau richtig.

Bei uns reitet man Buskaschi, sagte er.

Buskaschi?

Bus heißt Ziege und *kasch kardan* ziehen. Buskaschi ist ein Kampf, der am Freitag in Masar-e-Sharif stattfindet. Auf jedem Pferd sitzt ein Reiter. Es geht darum, eine tote Ziege aus einem Kreis zu holen und in einem anderen abzulegen. Wer es schafft, gewinnt. Sobald der Startpfiff ertönt, wird gekämpft. Wenn sich ein Reiter die Ziege schnappt, sind schon zehn andere da, um ihm die Ziege zu entreißen. Es gibt nur wenige Regeln. Eine ist, dass man die anderen Reiter und Pferde nicht schlagen darf.

Zar holte seinen Computer und zeigte Iris einen Film. Männer saßen auf Pferden und kämpften um eine Ziege. Es war ein archaischer Kampf, ebenso archaisch wie der Blutritt, aber wilder. Die Zaumzeuge waren bunt bestickt, die Sättel mit Teppichen belegt, die Reiter trugen gepolsterte Jacken, staubige Stiefel und hatten eine kurze Peitsche zwischen den Zähnen. Es sah aus, als wären sie mit ihren Pferden verwachsen.

Auch da sind nur Männer dabei, stellte Iris fest.

Ja, klar, sagte Zar. Buskaschi ist Pause vom Krieg. Und wird deshalb so geliebt.

Sein Onkel nahm an den Wettkämpfen teil, einmal hatte er Zar auf seinem Pferd sitzen lassen. Zar hatte den Geruch des Pferds noch in der Nase. Am Ufer des Amudarja fand er kurze Zeit später das kleine goldene Pferd, das ihn schützt. Und ihm hoffentlich Glück bringt.

Das Krieg-und-Frieden-Gelände wurde eingeweiht. Zuerst betrat man einen Garten mit vielfältiger und üppiger Vegetation, Orgelpfeifen ragten in die Höhe wie schlanke Stämme zwischen blühenden Büschen. Eine stand vereinzelt abseits und glänzte silbern in der Sonne. Im zweiten Teil sah man einen tiefen Bombentrichter, Büsche und Wiese waren verbrannt, die Bäume verkohlte, zersplitterte Stümpfe, das Haus am Ende des Geländes eine Ruine. Daneben wuchsen verbogene Pfei-

fen in die Luft wie die geknickten Stängel kopfloser Blumen. Und auch hier stand eine am Rand, aber nicht aufrecht, sondern mit hängendem Kopf.
Lots Frau vor der Bestrafung Sodoms. Und danach.
Der Musiker und Instrumentenerfinder, der die Pfeifen installiert hatte, schloss das Gebläse an einen Motor an und begann, auf dem Spieltisch erste Töne anzuschlagen. Menschen kamen, Gespräche verstummten. Anfangs klang es, als würde der Musiker ein Orgelstück von Bach spielen, aber dann mischten sich schräge und schiefe Töne in die Musik, die klangen, als würde ihnen Gewalt angetan, Töne, die sich anhörten wie die Schreie eines gequälten Tieres, eines verletzten Menschen, Töne, die keine Töne mehr waren, sondern ein haltloses Heulen und Schluchzen, Töne, in denen sich eine herzzerreißende Trauer ihren Weg bahnte.

Nach der Vorstellung kam der Kulturamtsleiter auf Iris zu. Die Installation habe ihn berührt, hier könne man erleben, was es bedeute, in einem Kriegsgebiet zu leben. Der Boden werde einem unter den Boden weggezogen, alles, was sicher und zuverlässig gewesen sei, infrage gestellt.

Diejenigen, die hierher kommen, sagte er, werden in ihrer Haltung gegen Krieg bestärkt. Die Installation macht sichtbar, wie wichtig Frieden ist. Krieg als Mittel der Politik muss endlich geächtet werden. Ich bin ein entschiedener Anhänger des Menschenrechts auf Frieden.

Und dann erzählte er von einer Farm in Salem im Bundesstaat New York. In den ehemaligen Ställen waren heute Ateliers und Werkstätten. Der gemeinsame Ortsname *Salem* war der Auslöser für die Idee, Treffen zu organisieren zwischen amerikanischen und deutschen Künstlerinnen und Künstlern.

Mal finden die Treffen auf der Farm statt, sagte er, mal hier im Schloss. Weil ich beeindruckt bin von Ihrer Arbeit, möchte ich Sie einladen, an dem diesjährigen Treffen in Amerika teilzunehmen.

Als Iris zwei Stunden später Richtung Mimmenhausen zum Schlosssee fuhr, freute sie sich über die Einladung. Vor Jahren war sie in New York im Museum der *Native Americans* oder *First Nations*. Es gab eine Sonderausstellung, die *Skin* and *Scars* hieß. Es ging um die eigene Haut und die Haut der anderen, um die Verletzungen, die wir einander zufügen.

In einem der Räume konnte man sich einen Stoff aussuchen, ein Loch hineinschneiden und es anschließend zunähen. Man konnte etwas schreiben über die Wunden, die einem zugefügt worden waren, und über den Prozess der Heilung.

Sie kam ins Gespräch mit einer Frau, deren Vorfahren Lakota waren und die von einem Massaker an den Lakota erzählte, an einem Creek, der *Wounded Knee* heißt und ein Seitenarm des *White Rivers* ist.

Nachkommen haben begonnen, sagte sie, Wounded Knee einmal im Jahr zu besuchen. Sie reiten hin, erinnern sich an das, was passiert ist, und betrauern es. Das bringt die Heilung in Gang.

Eine andere Frau bezweifelte, dass Heilung möglich ist. Oder Versöhnung. Sie sprach vom Holocaust und von Mitgliedern ihrer Familie, die in den Konzentrationslagern der Nazis ermordet worden waren. Iris hatte eine brennende Scham gefühlt für das, was Menschen von Deutschen angetan worden war. Wir haben etwas gut zu machen, dachte sie.

Dann sah sie den See. Ein Teil war naturgeschützt, ein Teil wurde als Badesee genutzt, das Wasser war von einem milchig hellen Grün. Die Umkleidekabine roch nach Sonnencreme und Sommerhaut, nach Holz und Kunststoff. Sie zog sich um und ging über das kurz geschnittene Gras zum See.

Schon war sie im Wasser, erst bis zum Knöchel, dann bis zum Knie, ein Schwarm kleiner Fische hüpfte erschrocken vor ihr hoch, zwei Schwalben flogen knapp über ihrem Kopf auf der Jagd nach Mücken. Sie tauchte unter. Schwamm.

Happy Skin!

Sie genoss das angenehm kühle Wasser und ließ die Gedanken an Amerika los. Vielleicht war sie schon mal auf der Welt, vielleicht hatte sich ihre Seele wieder einen Körper gesucht, weil sie so gerne schwamm. Wegen des Wassers war ihre Seele zurückgekehrt. Weil es auf der Erde Seen gab und Flüsse. Und weil das Wasser den Himmel spiegelte und ihn auf diese Weise verflüssigte. Iris schwamm durch den flüssigen Himmel. Und das war himmlisch.

Arne war schlecht gelaunt. Iris würde den August in Amerika verbringen, auf einer Farm mit anderen Künstlern und Künstlerinnen. Er dachte an Gernot, Künstler und Schürzenjäger, der um seine Mutter geworben hatte.

Ruth arbeitete mit Ton und experimentierte mit Glasuren, Eberhard war Gestalter in Meißen, in der Porzellanmanufaktur. Gemeinsam besuchten sie eine Ausstellung mit Arbeiten von Gernot. Sie waren begeistert und kauften ein Bild von ihm.

Das war der Anfang vom Ende. Ruth verließ Eberhard und zog mit den Kindern zu Gernot. Arne war drei Jahre alt, sein Bruder zwei und seine Schwester gerade erst auf die Welt gekommen. Gernot lebte aber nicht allein, sondern mit Gudrun und ihren gemeinsamen Söhnen, einer war Alban.

Von da an lebten sie zusammen: Gernot und Gudrun und Ruth, die drei Kinder von Ruth und Eberhard, und die zwei Kindern von Gudrun und Gernot. Bald war Ruth wieder schwanger, diesmal von Gernot, und neun Monate später kam Alexander auf die Welt.

Unordentliche Hippie-Verhältnisse in der spießigen DDR. Ruth töpferte Teller und Tassen, Vasen und Schüsseln, Lebensbäume und Liebespaare und verdiente das Geld, Gudrun führte den Haushalt, versorgte die Kinder und ging zu den Elternabenden. Gernot malte, dichtete und komponierte. Er trug nichts zum Unterhalt seiner Frauen und Kinder bei. Nichts.

Arne hat ihn erst bewundert, dann gehasst: Gernot, den kleinen Mann mit dem großen Charme, ein Napoleon mit einem ungebremsten Willen zur Macht. Über Frauen. Sobald Arne fertig war mit der Schule, verließ er das Haus und versuchte, über Ungarn in den Westen zu kommen. Er wurde geschnappt und landete im Gefängnis. Tat das noch weh? Die Zeit im Gefängnis? Die Trennung seiner Eltern? Die Liebe seiner Mutter zu Gernot?

Dass sie mit Gernot weitere Kinder bekam und keine Zeit für ihn hatte? Deshalb hatte er ein gebrochenes Verhältnis zu Kunst und Künstlern. Wenn er von Künstlern hörte, dachte er an Gernot, und der war ein rotes Tuch für ihn.

Künstler waren notorisch unzuverlässig und hatten nie Geld, sie machten Versprechungen, die sie nicht hielten. Wenn sie nicht vögelten, malten sie Akte, weil es das war, was sie liebten, was Gernot liebte, die Verbindung von nackten Frauen und feuchten Farben.

Du kannst nachkommen, hatte Iris gesagt. Ich verbringe drei Wochen auf der Farm und dann fahren wir gemeinsam durch die USA.

Ein Sommer in Amerika wäre nicht schlecht. Ging aber nicht, weil er einen Weinberg hatte. Im Sommer war viel zu tun, man konnte die Trauben nicht sich selbst überlassen. Außerdem hatten die Kinder Ferien und er hatte Mechthild versprochen, sich um sie zu kümmern. Das war schon ausgemacht.

Drei Monate hatte Zar auf den Termin bei dem Zahnarzt warten müssen, der auf Implantate spezialisiert war. In der nächsten Woche war es endlich so weit.

Lass dich beraten, sagte Iris zu Zar. Lass dir auf jeden Fall einen Kostenvoranschlag machen. Wir werden einen Weg finden, das zu bezahlen.

Vielleicht konnte sie eine Spendenaktion im Bekanntenkreis organisieren, die Anteilnahme und Hilfsbereitschaft in ihrem Freundeskreis war groß. Als sie Arne davon erzählte, war er ungehalten: Was willst du noch alles für ihn tun? Er ist doch nicht dein Sohn!

Aber fast.

Übertreib doch nicht so!

Dann kam der Tag der ersten Behandlung. Als Iris von der Arbeit nach Hause kam, fragte sie Zar, wie es gewesen sei. Er saß im Wintergarten, trank Tee, sah sie überrascht an, fasste sich an den Kopf und sagte: Ich habe den Termin ganz vergessen.

Sie war fassungslos.

Zar! Das kann nicht sein! Das ist unmöglich! Diesen Termin kannst du doch nicht einfach vergessen! Stört es dich nicht, dass du keine Zähne hast? Du hast drei Monate auf den Termin gewartet!

Ich habe ja noch ein paar andere Zähne.

Aber keine Schneidezähne.

Sie verstand ihn nicht. War das Verdrängung? Vielleicht hatte Zar den Termin vergessen, weil das, was er erlebt hatte, so schlimm war, dass er sich nicht daran erinnern konnte. Obwohl er die Vorderzähne brauchte, fürs Reden und fürs Essen, für die Brote mit dem Honig, die er mit Nüssen belegte.

Iris goss sich eine Tasse Tee ein. Und trank. Um sich zu beruhigen. Der Tee rann heiß und wohltuend durch ihre Kehle. Auch Zar trank Tee. Und schaute sich dabei zu. Hinter den Fenstern des Wintergartens stand ein Baum, der mit Efeu überwachsen war, deshalb spiegelten die Scheiben. Er sah sich an, als wäre er von sich selbst überrascht. Das bin ich? Dieser junge Mann da? Er kommt mir ziemlich unbekannt vor.

Dann sagte er: Meine Mutter ist ein Diktator.

Zar machte eine spielerische Bewegung mit der linken Hand und tat so, als würde er etwas zwischen Daumen und Fingern halten.

Wenn wir etwas gemacht haben, was ihr nicht gefallen hat, nahm sie eine Nadel und hat uns bestraft.

Sie hat euch gestochen? Mit einer Nadel?

Ich sag dir ja, meine Mutter war verrückt. Vielleicht ist sie so geworden durch den Tod meines Bruders. Sie hat uns gestochen, wenn wir nach der Schule nicht gleich nach Hause gekommen sind. Sie hat von kleinen Schmerzen und von großen gesprochen. Der Tod meines Bruders war ein großer Schmerz für sie.

Sie wollte euch durch das Zufügen kleiner Schmerzen daran hindern, ihr einen großen zuzufügen?

Zar nickte. Ja, das kann sein.

Wenn Arne zuhause war, wurde Zar unsichtbar. Er hatte Übung darin, unsichtbar zu werden, er hatte es schon als Kind gelernt, um den Strafen seiner Mutter zu entgehen. Er hatte es weit darin gebracht, er konnte sich bei dem leisesten Anzeichen von Ärger in Luft auflösen. Kaum war Arne weg, tauchte er wieder auf. Mal traf er sie im Flur, mal in der Küche. Er kaufte das Brot immer geschnitten, nahm ein paar Scheiben, legte sie auf einen Teller und fragte Iris: Isst du auch was?

Ja. Eine Kleinigkeit.

Frühstücken tut allen gut, sagte er, Großen und Kleinen, Dicken und Dünnen, Alten und Jungen, Übergewichtigen und Magersüchtigen.

Ist das ein Satz aus einer Fernsehsendung? Ich fürchte, sagte Iris, dass die Magersüchtigen nicht frühstücken.

Nicht zu frühstücken ist ein moralisches Problem, sagte Zar. Stimmst du mir zu?

Dann habe ich ein moralisches Problem, sagte sie, weil ich nicht gern frühstücke. Mir reicht morgens eine Tasse Kaffee. Oder Tee. Wo hast du das aufgeschnappt, das mit dem moralischen Problem?

Zar sagte: Ich erinnere mich nicht. Ich erinnere mich nur, wenn ich mich erinnern will. Das andere geht zum rechten Ohr rein und zum linken Ohr wieder raus. Und wenn ich was sehe, was ich nicht sehen will, geht es zum einen Auge rein und zum anderen wieder raus.

Wäre schön, sagte Iris, wenn das so einfach wäre.

Zar bestrich ein Brot mit Butter und bettete halbierte Walnüsse in den Honig.

Ist nicht gerade Ramadan?

Ich kann nicht fasten, wenn ich arbeite. Es geht mir nicht gut, wenn ich arbeiten muss und weder essen noch trinken kann. In Afghanistan habe ich gefastet, weil kontrolliert wurde, ob man sich an Ramadan hält. Obwohl das eigentlich nicht geht. Wer gibt ihnen das Recht, andere zu kontrollieren?

Er aß sein Honig-Nuss-Brot und trank Tee.

Es kann doch nicht sein, sagte er, dass es darum geht, durchzuhalten. Dann denkt man irgendwann nur noch an Essen und Trinken und nicht mehr an Gott. Die Zoroastrier fasten nicht. Sie sind der Meinung, dass Gott möchte, dass es uns gut geht. Wir sollen Gutes denken, Gutes wollen und Gutes tun. Aber es ist unsere Sache, ob und wie wir das machen. Wir sind frei.

So frei, dass er später mit dem Rad zur Moschee fuhr in der Hoffnung auf ein üppiges Mahl nach Sonnenuntergang. Aber in diesem Jahr gab es kein gemeinsames Fastenbrechen. Die türkischen Frauen hätten für viele Menschen kochen müssen und dazu hatten sie offenbar keine Lust gehabt. Nach seiner Rückkehr beschwerte er sich bei Iris darüber.

Du bist ganz schön egoistisch, sagte sie. Du fastest nicht, willst aber beim Fastenbrechen dabei sein. Was geht in deinem Kopf eigentlich vor?

Es gibt Meinungsfreiheit.

Sie sah ihn amüsiert an. Ich bin immer wieder überrascht, welche Worte du kennst. Aber du hast Recht, es gibt Meinungsfreiheit. Trotzdem möchte ich manchmal gern wissen, was in deinem Kopf vor sich geht.

Er seufzte. Das weiß ich doch selbst nicht. Eine Milliarde Gedanken bewegen sich in einer Minute durch meinen Kopf. Wenn ich dir davon erzähle, sind wir morgen früh noch in der Küche.

Sie lachte.

Er nahm einen Topf aus dem Schrank.

Ich mache Reis mit Tomaten. Willst du mitessen?

Nein, danke.

Nach dem Essen ging er hoch in sein Zimmer. Am Fußende seines Bettes stand ein Fernseher, ein alter Kasten, den er unter *Verschenken* in einem Anzeigenblatt gefunden hatte. Er schaute einen Film an und dachte an das Fastenbrechen, das nicht stattgefunden hatte. Weil die Taliban den Koran als Mittel einsetzten, um Menschen zu beherrschen, hatte Zar den Gott des Koran verloren. Nietzsches *Zarathustra* zog ihn an und erschreckte ihn, denn er verkündete den Tod Gottes. Und er fragte sich, ob man ohne Gott leben kann.

Es klingelte an der Tür. Iris rief nach ihm. Er lief die Treppe runter, sah sie an der geöffneten Tür stehen. Vor ihr eine Postbotin mit einem Brief.

Ein Einschreiben. Für dich.

Es war ein Brief vom *Bundesamt für Migration und Flucht*. Zar unterschrieb und riss den Brief auf. *Im Namen des Volkes* ... war sein Asylantrag abgelehnt worden. Seine Knie wurden weich. Sanken unter ihm weg. Er musste sich setzen. Mit dem Brief in der Hand. Er glaubte nicht, was da stand.

Iris sah ihn besorgt an. Was ist? Was schreiben sie? Kannst du bleiben?

Nein.

Nein?! Darf ich mal?

Er reichte ihr den Brief. Sie las, blätterte, die Begründung umfasste mehrere Seiten. Der Gutachter war zu der Einschätzung gekommen, dass Zar nicht politisch aktiv war und deshalb auch nicht in akuter Lebensgefahr, wenn er zurückging. Er habe mit Sicherheit Schreckliches erlebt, aber dieses Schreckliche reiche nicht aus, um eine Anerkennung seines Asylantrags zu rechtfertigen.

Ruf Brigitta an, sagte Iris. Sie kennt Rechtsanwälte, die sich für Asylbewerber einsetzen. Du musst sofort Widerspruch einlegen.

Brigitta gab ihm die Nummer eines Anwalts, der sich auf Asylrecht spezialisiert hatte, und sagte, dass im Bundestag gerade ein Gesetz diskutiert werde, das Asylbewerbern zusichere, während der Ausbildung bleiben zu können. Und zwei Jahre danach. Der Gesetzentwurf werde 3+2 genannt, drei Jahre Ausbildung, zwei Jahre Arbeit. In dieser Zeit könne er nicht abgeschoben werden.

Als Arne nach Hause kam, erzählte ihm Iris von der Ablehnung. Er nahm es ungerührt zur Kenntnis.

Asylrecht bedeutet, sagte er, dass gerichtlich entschieden wird, ob jemand das Recht auf Asyl hat. Wenn er die Voraussetzungen nicht erfüllt, muss er gehen. Da gibt's nichts zu diskutieren. Sonst akzeptiert man das Asylrecht nicht und das führt zur Aushöhlung des Gesetzes.

Iris betrat das Flugzeug, suchte nach ihrem Platz, verstaute den Rucksack in der Ablage über den Sitzen. Als das Flugzeug abhob, fiel die Anspannung von ihr ab. Arne war ungehalten, dass sie den Sommer in Amerika verbrachte, sie war ungehalten, weil er nichts dagegen hatte, wenn Zar abgeschoben wurde.

Knock knock knocking on Heaven's Door …

Das Flugzeug gewann an Höhe. Sie lehnte sich zurück, sank in einen Minutenschlaf. Auch die anderen Fluggäste wurden ruhig. Dann hob das Gemurmel wieder an, Iris setzte sich auf, der kurze Schlummer hatte sie erfrischt.

Sie schaute durch das Bullauge in die Weite des Himmels und auf das unter ihr liegende Land. Schäfchenwolken drängten näher und gruppierten sich ums Flugzeug, ein Schaf glotzte durchs Bullauge und hielt nach ihr Ausschau.

Da drang ein Windwolf in die Herde, teilte sie und riss ihre Blicke in die Tiefe.

Fasten your seatbelts!

Gerade hatte sie den Gurt geöffnet, jetzt musste sie ihn wieder schließen. Es gab Turbulenzen. Die Flugbegleiterinnen erklärten die Funktionsweise der Sauerstoffmaske und der *Life Vest,* die sich mit Luft füllte, wenn man an bestimmten Schnüren zog.

Iris bezweifelte, ob diese windige Weste ihr Leben retten würde, wenn das Flugzeug aus großer Höhe vom Himmel fiel und im Meer landete. Ob sie dann überhaupt noch dazu kommen würde, zu schwimmen und dank der Weste zu überleben. Kaum.

Der Wind rüttelte immer noch am Flugzeug. Die Wolkenränder lösten sich auf und sahen aus wie Pulverschnee, den jemand in die Luft wirft. Dann ließ der Wind endlich ab vom Flugzeug, sie lehnte sich zurück und öffnete wieder den Sicherheitsgurt. In der Tasche vor ihr boten Werbebroschüren himmlische Delikatessen an, *fresh from the oven and hot off the press. Be our guest and let us tickle your taste buds.*

Ein kleiner Muskel zuckte unter ihrem linken Auge, ein Zeichen, dass sie angestrengt war. Sie versuchte, sich zu entspannen. Sah weit unter sich Felder und mäandernde Flüsse, Wälder und Städte. Eine Wolkenschicht verdeckte den Blick nach unten. Darüber zogen kleine runde Wolken, aber so langsam, dass es aussah, als würden sie auf der tiefer liegenden Wolkenschicht hocken. Wie die Locken auf der Kopfhaut von Zar, dachte sie, wie die Walnüsse auf den Broten mit Honig, die er gern isst.

Er war zu dem Rechtsanwalt gegangen, den Brigitta ihm empfohlen hatte. Bis der Einspruch bearbeitet war, würden Monate vergehen. Solange konnte Zar bleiben und nach einem Ausbildungsplatz suchen. Und wenn alles nichts half, konnte sie ihn immer noch adoptieren, von dieser Möglichkeit hatte sie neulich gehört.

Arne hatte sich darüber aufgeregt. Du willst ihn adoptieren? Warum willst du ihn nicht gleich heiraten?

Sie verstand ihn nicht. War das noch der Mann, in den sie sich verliebt hatte? Die Wolkenschicht riss auf, sie sah das Meer tief unter sich und einen bogenförmigen Streifen Sand. Boote zogen Schaumschleppen hinter sich her, dunkle Risse teilten das Plissee der Wasseroberfläche und erinnerten an Narben.

Seitdem Arne bei ihr wohnte, kamen regelmäßig Berichte von Amnesty mit Fotos von gefolterten Menschen. Fotos, die Iris nicht anschauen, Texte, die sie nicht lesen konnte. Sie wusste, was Menschen anderen Menschen antun, sie stellte sich das Schlimmste vor und ahnte, dass es noch schlimmer war.

Das Flugzeug senkte sich, die moosgrünen Hügel Irlands tauchten auf, Zeile um Zeile Häuser mit graubraunen Dächern, Gebüsch und Bäumen, ein Friedhof mit Reihen aufrecht stehender Steine. Die Räder wurden ausgefahren und setzten mit einem kleinen Ruck auf der Landebahn auf. Im Namen der Besatzung verabschiedete sich der Pilot von den Reisenden. Iris verließ das Flugzeug und war im Flughafen von Dublin.

Name, Adresse, Beruf, Grund der Reise: Sie musste Zettel ausfüllen und ihre Hände auf ein grünes Lichtfeld legen. Durch die großen Fenster sah sie, wie sich Wolken über die grünen Hügel senkten. Männer reinigten die Turbinen von Maschinen, die auf dem Rollfeld standen. Dann wurde das Gate geöffnet, Menschen bewegten sich auf das Tor zu, gingen durch den tunnelartigen Gang, betraten das Flugzeug und suchten nach ihren Plätzen.

Zwanzig Stunden später war immer noch Tag. Das Flugzeug flog Richtung Osten, der Sonne entgegen, deshalb verging die Zeit nicht, hing fest, so fühlte es sich an. Die Sonne ging erst unter, als Iris in New York war, dann wurde der Himmel dunkel und die Lichter gingen an. Das Apartment, in dem sie übernachtete, befand sich im vierten Stock eines alten Backsteinhauses ohne Aufzug. Der Koffer wurde von Stufe zu Stufe schwerer, dann war sie endlich oben. Der Boden des Apartments war in einem aufmunterndem Pfefferminzgrün gestrichen, bald ging es ihr gut genug, um sich vom Sofa ins Bett zu schleppen.

Am nächsten Tag schlief sie lange. Nachdem sie geduscht hatte, verließ sie die Wohnung auf der Suche nach einem Kaffee. Sie fand einen Stand mit *Coffee to go*, und ging mit einem Becher und einem Heidelbeermuffin Richtung Park. Fand eine Bank am Rand eines runden Platzes, in dessen Mitte ein riesiger Baum stand, und frühstückte.

Neben ihr saß ein Chinese, der seinen nackten rechten

Fuß beklopfte. Eine Chinesin schaukelte mit den Armen vor und zurück, wippte auf und ab, machte morgendliche Dehnübungen. Spatzen zwitscherten, flogen auf Banklehnen, hielten nach Krümeln Ausschau. Menschen liefen mit Hunden zu Hundespielplätzen. Es war angenehm kühl, leicht bewölkt. Iris spürte den Atem des Meeres, der durch die Stadt wehte, und musste plötzlich weinen.

Warum? Weil die Würde, mit der die chinesischen Männer und Frauen das Älterwerden ertrugen, so anziehend war? Weil die zwei jungen Männer so selbstverständlich Hand in Hand gingen? Oder weinte sie, weil die Bäume groß und jahrhundertealt waren, und mitten in der Nacht am Union Square getrommelt wurde auf umgedrehten Eimern und Büchsen? Weinte sie, weil der Kaffee so gut war? Und weil New York sie entspannt und bereitwillig empfing?

Die Stadt quälte sie nicht durch übermäßige Hitze. Und es gab Orte wie diesen Park, in dem sich die Menschen bewegten, als wären sie in ihrem Wohnzimmer. Der alte Chinese, der gerade noch seine Fußsohlen geklopft hatte, las nun eine chinesische Zeitung, klappte sie aber schon bald zusammen und ging.

Da hörte Iris auf zu weinen, stand ebenfalls auf und wanderte erst durch den Park, dann durch die Straßen von Manhattan. Sie lief durch den italienischen Stadtteil und war plötzlich im chinesischen. Die Flyer, die sie in die Hand gedrückt bekam, waren mit chinesischen Schriftzeichen bedeckt.

Es roch chinesisch, die Apotheken verkauften Ingwer in jeder Größe, auf den Tischen standen Waagen mit golden glänzenden Schalen, in denen Zutaten gewogen und dann in Tütchen abgefüllt wurden. Im nächsten Laden gab es getrocknete Fische, sie lagen in Pappkartons, ebenso wie getrocknete Krebse und Pilze. Iris warf ein Blick in das Fass neben dem Eingang und sah Kröten, dicht an dicht, sie bewegten Arme und Beine, um sich zu befreien aus der qualvollen Enge. Sie hefteten ihre goldenen Augen hilfesuchend auf Iris.

Nach dem ersten Schreck fragte sie sich, ob sie die Kröten kaufen und irgendwo frei lassen sollte. Aber wo? In dem Park, in dem sie gerade gewesen war? Da würden sie bald von Hunden aufgestöbert werden. Oder von Krähen. Sie wandte sich ab und überließ die Kröten ihrem Schicksal.

In einem chinesischen Restaurant aß sie Gemüse und Reis, über den Gästen drehten sich Ventilatoren, auf jedem Tisch war ein Glas mit Stäbchen und Gabeln. Sie nahm eine Gabel und aß etwas, das aussah wie eine Morchel, sich aber als Orangenschale entpuppte. Sie hätte die Schale gern ausgespuckt, wollte sich aber nicht blamieren. Aber wer verlangte, dass sie essen sollte, was ihr nicht schmeckte? Niemand.

Und keiner sprach von Integration. New York war die Stadt der Parallelgesellschaften. Menschen aus der ganzen Welt lebten hier, keiner schrieb den anderen vor, wie sie leben sollten. Und weil so viele fremd waren, fiel das eigene Fremdsein nicht auf. Man konnte es sogar ein wenig genießen.

Mechthild warb um ihn. Das war neu. Was hatte er nicht alles gemacht, damit sie nicht geht! Zuerst hatte er ihr das Haushaltsgeld gestrichen, um sie zum Bleiben zu zwingen. Aber dieser Versuch ging nach hinten los. Sie kam nicht etwa zu ihm, weil sie dringend Geld brauchte, sondern ging zum Anwalt. Erst zum Anwalt, dann zum Arbeitsamt. Und nahm den erstbesten Job an.

Dann hatte er sie angefleht, zu bleiben. Auf Knien. Wenn dein Vater um mich gekämpft hätte, hatte seine Mutter gesagt, wäre ich geblieben. Deshalb kämpfte er um Mechthild und versuchte, sie zu umgarnen. Kurzzeitig wandte sie sich ihm wieder zu, dann zog sie mit den Kindern nach Göttingen, um eine Ausbildung als Krankenschwester zu machen. Und beauftragte einen Rechtsanwalt mit der Scheidung. Das war's dann, hatte er gedacht.

Und nun die Kehrtwendung. Hatte sie geglaubt, dass er keine Frau mehr findet? Tatsache war, dass die mächtige Mechthild in dem Moment ihre Liebe zu ihm wieder entdeckt hatte, in dem Iris aufgetaucht war. Wie merkwürdig! Und doch – es rührte ihn. Sie hatten eine lange, wechselvolle Geschichte hinter sich und zwei Kinder. Kinder brauchen einen Vater, Kinder brauchen eine Mutter.

Seitdem Mechthild in Göttingen war und er oft in Thürmen, sah er seine Kinder nicht mehr oft. Er schwankte. Sollte er es doch noch mal mit Mechthild versuchen? Er hatte unter der Trennung seiner Eltern gelitten, und wusste, dass auch seine Kinder unter der Trennung litten.

Als Mechthild die Kinder zu ihm in den Schweigenberg brachte und sagte, dass sie ihn noch liebe, wurde er schwach. Sie küsste ihn, und er ließ sich küssen. Sie verführte ihn, und er ließ sich verführen. Während Iris bei ihren Künstlern in Amerika war. Wer weiß, was sie da machte, bei Künstlern weiß man nie. Und doch hatte er ihr gegenüber ein schlechtes Gewissen. Iris war ihm vor einem Jahr offen und zutraulich begegnet. Bis sie Lutz Winter in seinem Keller entdeckte. Als Winter wieder frei war, begann eine gute Zeit. Erst sind sie zusammen Faltboot gefahren, auf der Saale und der Unstrut, dann hat er Iris nach London zu einem Kongress begleitet zum Thema: *Neighbourhoods, Neighbourwoods*. Es ging um Wälder. In Städten.

Iris hielt einen Vortrag über *Little Red Riding Hood. The Spooky Old Woods of Germany and the New Ones*. Wie passend für ein Rotkäppchen wie sie! Nach dem Symposion blieben sie noch zwei Tage in London. Er wollte mit dem Boot zum Nullmeridian nach Greenwich, dahin, wo sich Ost und West treffen, wo sie eins sind.

Es fing an zu regnen, fette Tropfen prasselten auf die Themse. Arne öffnete seine Lederjacke, um Iris vor den heftigen Windböen zu schützen, die den Regen in das Wartehäuschen peitschten. Endlich näherte sich das Boot, der Steg wurde ausgeklappt, alle stiegen ein, flohen ins Boot vor der Zudringlichkeit des Regens.

Arne sah sich wieder vor dem Ausschank stehen und heißen Tee mit Rum bestellen. Iris wärmte ihre Finger an der Tasse, nach kurzer Zeit begannen ihre Wangen zu glühen, von der Kälte draußen, von der Wärme drinnen und vom Rum. Der Regen trommelte gegen die Fenster, Tropfen liefen über die Scheiben, wurden zu Strichen, die eine Verbindung herstellten zwischen Wolken und Wellen.

Sie fuhren an ehemaligen Werften vorbei, aus denen Kneipen geworden waren, Läden und Wohnungen. Als sie aus dem Boot stiegen, hörte es auf zu regnen. Arne griff nach ihrer Hand und steckte sie in seine Jackentasche. Gemeinsam gingen sie zum Nullmeridian. Auf der Linie, in der Ost und West zusammenfielen, umarmte er sie. Und einen Augenblick lang hatte er das Gefühl, als könnte sie nichts trennen.

Der Trailer, in dem Iris die nächsten Wochen verbrachte, stand an einem Teich. Sie packte ihren Koffer aus und legte die Kleider in die schmalen Schränke. Dann erkundete sie das Gelände. In der Nähe des Teichs war ein Holzschuppen, davor stand ein hellblauer Sessel aus einem Friseursalon. Sie setzte sich.

Schwalben flogen in den Stall hinein und wieder hinaus, im Dachstuhl des Schuppens hatten sie ihre Nester. Die Wiese war frisch gemäht, der Teich mit hellgrünen Wasserlinsen bedeckt. Pappeln bewegten ihre Blätter im Wind oder erzeugten Wind durch die Bewegung ihrer Blätter.

Grillen sangen. Ihr vielstimmiger Gesang wurde zu einem fliegenden Teppich. Iris hob ab, schwebte weit oben und sah ein Tier. Es bewegte sich unter ihr, Gras fressend, dann verschwand es unter einem Stapel Holz. Es war ein Groundhog, wie sie später erfuhr.

Iris sah ihn durch unterirdische Gänge laufen und dachte daran, wie sie sich mit der Subway unter Manhattan entlang bewegt hatte. Auftauchte. Abtauchte. Und wieder auftauchte. Sie dachte an das Fremdsein, das man in New York genießen kann, weil so viele fremd sind. Keiner fragt, woher du kommst. Keiner gibt dir das Gefühl, nicht dazu zu gehören.

Nur ein Fremder wurde von den Deutschen integriert, hatte Zar neulich zu ihr gesagt. Rate, wer!

Keine Ahnung.

Jesus!

Er lachte. Auch sie hatte gelacht.

Und an die Begegnung mit Neonazis in einem Zug gedacht. Auf einer Viererbank saßen vier angetrunkene, pöbelnde junge Männer. Irgendwann begannen sie über Jesus zu lästern. Der übers Wasser gegangen sei. Wer's glaubt! Die vier lachten grölend. Aber er sei ja auch ein Jude gewesen und die Juden hätten schon immer gelogen.

Da war Iris aufgestanden, zu ihnen gegangen und hatte gesagt, dass sie sofort ruhig sein sollten. Ihre Reden seien antisemitisch, das sei gegen das Grundgesetz! Sie hatte gezittert vor Wut. Die vier waren so überrascht, dass sie kurz den Mund hielten. Auch die anderen Fahrgäste verstummten.

Arne sagte später, dass die Neonazis die germanischen Götter aus der Kiste gekramt hätten. Und erzählte: Als ich nach dem Gefängnis in den Westen kam, klapperte ich die Westverwandten ab. Ich war auch bei Tante Lotte. Sie hatte eine goldene Nadel bekommen für Verdienste im Naturschutz, weil sie im Winter die Tiere im Wald fütterte. Sie war gerade dabei, Sauerkraut zu machen. Gib mir auch einen Hobel, sagte ich, und dann hobelten wir drei Tage lang Weißkohl.

Ich sagte, dass ich nach Jerusalem pilgern wolle. Da sagte sie: Was willst du bei den Juden? Tante Lotte war ein Goldfasan, ein Mitglied der NSDAP schon vor 1933. Der Nationalsozialismus war eine Bewegung des Neuheidentums. Die fuhren eher nach Island und sprachen von Thor und Odin. Thor ist der Gott des Gewitters und Odin der Gott des Kriegs. Die Nazis waren antisemitisch und antichristlich. Tante Lotte auch. Die hatte mit Jesus nichts am Hut.

Iris fragte: Und wie soll man mit Neonazis umgehen?

Mit Härte, sagte Arne. Das ist die einzige Sprache, die sie verstehen.

Iris hatte Zar nicht erzählt, dass nur ein Teil der deutschen Bevölkerung Jesus integriert hatte, wenn vermutlich auch der überwiegende Teil. Sie landete wieder auf dem Friseurstuhl vor der Scheune. Stand auf und ging über die Wiese zu Barn 2, einem ehemaligen Stall, in dem die Künstler und Künstlerinnen arbeiteten.

In der Mitte des Stalls lag jemand. Er sah aus wie ein Flüchtling, der ans Ufer geschwemmt worden war. Als Iris näher kam, erkannte sie, dass der Körper aus Gras bestand. Auf einem Stück Karton stand: *Des Menschen Fleisch ist wie Gras, und Güte eine Blume auf dem Felde.*

Eine Frau in Thürmen hatte bei einem Treffen des Asylkreises gesagt: Als ich das Kind gesehen habe, das tote Kind, das an den Strand gespült wurde in der Türkei, habe ich beschlossen, etwas zu tun. Das Kind war im Alter meines Enkels.

Sie nahm an einem Gang durch die Werkstätten teil. Man konnte Glas machen, Metall schmieden und schweißen, mit Ton und Holz arbeiten. Danach fragte eine Frau, ob sie Iris zeichnen dürfe.

Gern.

Während die Frau zeichnete, erzählte sie von einem Unfall, der ihr Leben verändert hatte. Sie war von einem Pferd gestürzt und im Krankenhaus aufgewacht. Ihre Familie war besorgt. Ihre Schwester fragte sie, wer die berühmten Sonnenblumen gemalt habe. Sie antwortete: Rembrandt. Worauf ihre Schwester entsetzt gewesen sei und das Schlimmste befürchtete.

Die Künstlerin lachte.

Aber dann habe ich doch *Van Gogh!* gesagt und bin zurückgekehrt in meinen Kopf und in meinen Körper. Das Leben ist kurz, man kann es schnell verlieren. Das ist mir klar geworden durch den Unfall. Deshalb habe ich alles unternommen, um das zu machen, was ich wirklich will. Und das ist Malen. Kunst beeinflusst unsere Sicht auf die Welt, das habe ich an mir selbst erlebt, und deshalb bin ich von ihrer Macht überzeugt.

Iris erzählte vom Krieg-und-Frieden-Garten, von Lots Frau und Anahita, von Zar und Afghanistan. Und von der explosionsbedürftigen Kraft junger Männer. Nietzsche nannte sie *Dynamitarden*. Als Alfred Nobel die

Sprengkraft von Dynamit entdeckte, war Nietzsche vierundzwanzig und ebenfalls ein junger, explosionsbedürftiger Mann.

Ich fürchte, sagte Iris, dass wir uns immer noch im Zeitalter des Dynamits befinden. Es wurden schon viele Häuser und Menschen in die Luft gejagt, aber offenbar noch nicht genug. Denn das Zerstören und Ermorden nimmt kein Ende.

Dynamitarden, wiederholte die Zeichnerin nachdenklich, sah Iris an, dann auf das Papier, und begann, das Gesicht, das gerade Form angenommen hatte, mit Strichen zu überziehen, die sie dicht nebeneinander setzte. Schon bald war das Gesicht nicht mehr zu sehen.

Während des Gesprächs sei ihr klar geworden, erzählte sie Iris später, was ihr Thema in diesem Sommer sein würde: Leben festhalten. Leben auslöschen. Es gehe um die skandalöse Bereitschaft, das Leben anderer Menschen auszulöschen.

Nachmittags radelte Iris in den kleinen Ort Salem, einer Ansammlung von Häusern rechts und links der Main Road. Sie kaufte Karten und schrieb sie an einem runden Tisch in *Jacko's Corner*. Auf dem Klavier lagen Bücher, eins hieß: *Next Year in Salem* und war eine Chronik der Zeit während des Zweiten Weltkriegs, als auch Männer aus Salem eingezogen wurden, um gegen die Deutschen zu kämpfen.

Als sie das Café verließ, sprach ein Mann sie an und klagte: I have a flashback. I was in Vietnam, from 1966 to 1968.

Er war zwanzig, als er nach Vietnam musste. So alt wie ihr Sohn, ein Junge noch, kaum erwachsen. Aber spielt das eine Rolle, wie alt man ist? Für den Krieg ist man immer zu jung. Der Mann redete und redete. Er hatte sich von seiner Schuld immer noch nicht freigesprochen.

Ein Mann sprühte Worte auf eine Holztafel mit *Stars and Stripes*. Es roch durchdringend nach Farbe. Iris blieb stehen und las: *Über Alles*. Sie fühlte sich angepiekst und fragte sich, ob das eine Anspielung auf die deutschen Künstlerinnen und Künstler war, die in diesem Sommer auf der Farm arbeiteten. Sie ging weiter, den Hügel hoch zur Cabin, einem Holzhaus, das auf Stelzen am Hang stand.

Ein paar Stufen führten zu einer Tür, die mit einem Haken verschlossen war. Sie öffnete den Riegel und betrat den Raum. Von hier oben hatte man einen weiten Blick über das hüglige Gelände der Farm, auf Häuser, Ställe und Scheunen, auf den Teich und die Trailer.

Ein Adler schaukelte, von Aufwinden getragen, weit oben im Himmel. Adler und Schlange waren die Tiere Zarathustras, die Schlange umhalste den Adler, als wären sie Freunde. *Über alles!* Nach dem 2. Weltkrieg suchte man nach Verantwortlichen für das unmenschliche Handeln der Deutschen in den KZs, und ist auf Nietzsche gestoßen, auf den Willen zur Macht und die Idee vom Übermenschen.

Er lässt seinen Zarathustra sagen: *Nur, wo Leben ist, da ist auch Wille: aber nicht Wille zum Leben, sondern – so lehre ich's dich – Wille zur Macht! Und wer ein Schöpfer sein muss im Guten und im Bösen: wahrlich, der muss ein*

Vernichter erst sein und Werthe zerbrechen. Ich lehre euch den Übermenschen.

Mit dem Übermensch kann sie nichts anfangen. Wo ein Übermensch sein Unwesen treibt, da ist der Untermensch nicht weit. Erst macht man sich selbst zum Übermenschen, dann erklärt man andere zu Untermenschen, und weil sie Untermenschen sind, kann man mit ihnen machen, was man will: manipulieren, benützen, missbrauchen, töten.

Zarathustra hatte aber nicht nur vom Übermenschen gesprochen, sondern, schlimmer noch, die *Mißrathenen* aufgefordert, sich umzubringen, um den zu Höherem Berufenen nicht im Weg zu stehen. Von da war es nur noch ein kleiner Schritt zur Euthanasie. War es überhaupt noch ein Schritt? Oder war das nicht schon ein Aufruf zu Euthanasie?

Auch Nietzsche ist bei einigem, was er seinen Zarathustra sagen lässt, schlecht geworden. Als *Superman* hatte der Übermensch in Amerika eine steile Karriere hingelegt, auf Deutsch hörte er sich immer noch an wie eine Manifestation von Größenwahn, ein Vorbote des mörderischen Wahnsinns, mit dem die Nazis Politik gemacht hatten.

In Turin ist Nietzsche einem Pferd weinend um den Hals gefallen, weil der Kutscher es mit einer Peitsche traktierte. Mit Pferden, dachte Iris, hatte er mehr Mitleid als mit Menschen. Keins musste zum Überpferd werden, um Gnade vor seinen Augen zu finden. Das Leben besteht aus Widersprüchen. Nietzsche war ein Meister im Formulieren von Widersprüchen, er hatte den Widerspruch zu seinem Kommunikationskonzept gemacht.

Davon hatte er auch im Café erzählt, als sie ihn auf die Peitsche angesprochen hatte. Und auf Lou. Er machte sich lustig über die *Dynamitarden* und brüstete sich gleichzeitig damit, Dynamit zu sein. Dem Übermenschen hatte er mit dem letzten Menschen eine Spiel- und Denkfigur zugesellt.

Dieser letzte Mensch blinzelt: *Was ist Liebe? Was ist Schöpfung? Was ist Sehnsucht? Was ist Stern? Wir haben das Glück erfunden, sagen die letzten Menschen und blinzeln.*

Als Zarathustra seinen Zuhörern von diesem letzten Menschen erzählt, rufen sie: *Gieb uns diesen letzten Menschen, oh Zarathustra, mache uns zu diesen letzten Menschen! So schenken wir dir den Übermenschen!*

Iris lachte laut, oben in der Cabin.

Das mochte sie an Nietzsche: seine Ironie. Und er lässt seinen Zarathustra spotten: *Wahrlich, immer zieht es uns hinan – nämlich zum Reich der Wolken: auf diese setzen wir unsre bunten Bälge und heissen sie dann Götter und Übermenschen: – Sind sie doch gerade leicht genug für diese Stühle!*

Mit Mechthild und den Kindern fuhr er in die Sächsische Schweiz. Arne genoss es, mit Tabea und Moritz Blödsinn zu machen, mit ihnen zu toben und von Fels zu Fels zu springen. Aber seine Kinder waren wendiger, bei einem Sprung rutschte er aus, fiel zwischen zwei Felsen und verdrehte sich das Bein.

Bänderriss.

Mechthild brachte ihn schimpfend ins Krankenhaus: Was bist du für ein Kindskopf! Aus dem Alter bist du doch eigentlich raus! Du musst nicht jeden Blödsinn mitmachen! Von Fels zu Fels springen! Du bist doch keine Gämse!

Die nächsten Tage war er lahmgelegt. Und auf Mechthild angewiesen. Er konnte nichts machen. Der Ton wurde wieder gereizt zwischen ihnen, er ging ihr auf die Nerven, sie ging ihm auf die Nerven, bald waren sie im alten Fahrwasser. Sie bewarfen sich mit groben Worten und Mechthild drohte erneut mit Scheidung. Die Kinder verzogen sich ins Kinderzimmer und setzten die Kopfhörer auf.

Arne versank im Sessel vor dem Fernseher. Er sah Menschen durch die Länder des Balkans wandern, große Gruppen junger Männer, Familien mit kleinen Kindern, ein endloser Strom von Flüchtlingen. Im Sommer 1989 waren die Ossis über Ungarn in den Westen geflüchtet, da hatten sich ähnliche Szenen abgespielt an den Grenzzäunen.

Die Ausreiser und Flüchter waren die Vorhut, sie hatten die Mauer ins Wanken gebracht. Als Ungarn die Grenze zum Westen öffnete, wackelte die Mauer bedrohlich, gefallen ist sie dann im November 89. Nun fand wieder eine Abstimmung statt, eine Abstimmung mit den Füßen, gegen die Taliban, gegen Assad, gegen die Diktatoren dieser Welt.

Und alle wollten nach Europa! Das sah nach Völkerwanderung aus. Auch wenn dieser Begriff in der Wissenschaft nicht mehr verwendet wurde. Er hatte Hochkonjunktur im aufkommenden Nationalismus, wurde im

Rahmen eines nationalen Geschichtsbewusstseins instrumentalisiert und sei deshalb, so las er, hochproblematisch.

Aber warum war Nationalismus hochproblematisch? Weil die Nazis ihn missbraucht hatten? Bei jedem Fußballspiel konnte man sehen, dass es eine nationale Identität gab, eine lustvolle und auch notwendige Identifizierung mit dem eigenen Land, der eigenen Heimat. Die Entwicklung Deutschlands zu einer Nation war ein Erfolg. Statt hundert kleiner Fürstentümer und hundert Schlagbäumen gab es endlich ein Land. Diejenigen, die sich für ein vereinigtes Vaterland eingesetzt hatten, galten Mitte des neunzehnten Jahrhunderts als fortschrittlich, heute hätte man sie vermutlich als links bezeichnet.

Und nun waren es die Linken, die die Identifikation mit einer Nation kritisierten. Sie ritten immer noch auf ihrem liebsten Steckenpferd herum: der internationalen Solidarität. Die Funktionäre der SED hatten ausdauernd von internationaler Solidarität gesprochen und damit jede Einschränkung individueller Freiheit gerechtfertigt. Man konnte nicht von internationaler Solidarität reden und gleichzeitig eine Mauer bauen, quer durch Deutschland, quer durch Berlin, quer durch Europa, eine Mauer, an der er gescheitert war.

Vormittags flogen sieben Gänse nach Süden, abends zurück in den Norden. Der Groundhog lief über die Wiese und fraß Klee, Grillen sangen, schwarzflügelige Libellen standen über dem Beaver Brook, dem Biberbach, der durch die Farm floss. Heuschrecken entfalteten Flügel, wenn sie sprangen, eine Ghostcow stand um drei Uhr morgens auf der Wiese und brüllte, wieder kreiste ein Adler am Himmel.

Was beflügelt uns?

Iris öffnete die Tür der Cabin, den Riegel zum Stelzenhaus, und schaute über die Hügel, während sich die Spiegelkugel an der Decke drehte und Lichtkonfetti auf die Wände streute. Es war heiß. Sie schwitzte. Der Mittag gehörte den Heuschrecken und Zikaden, ihrem gleichmäßigen, monotonen Gesang.

Iris dachte an Arne und sah sich mit ihm auf der Terrasse im Schweigenberg stehen mit Blick auf die Unstrut. Das Freibad leuchtete schräg unterhalb in einem hellen Türkis. Sie lehnte sich an ihn und er legte einen Arm um sie. Gemeinsam schauten sie den Schwalben zu, die virtuos und waghalsig über ihnen flogen. Arne. Schrieb gerade nicht. Was war los?

Beim Mittagessen wurde vom Baden im Battenkill gesprochen. Fahrgemeinschaften bildeten sich, kurz vor einer überdachten Holzbrücke, der Rexleigh-Bridge, wurden die Autos abgestellt. Iris folgte den anderen hinein ins Grün, an Gleisen entlang, die eingewachsen und nicht mehr in Gebrauch waren, an einem hellblau bemalten fensterlosen Bus vorbei und einem Telefonhäuschen. Auf der anderen Seite vermoderte ein Holzschuppen und die Ruine eines herrschaftlichen Hauses.

Ein Pfad führte durch dichtes Gebüsch zum Battenkill. Der Fluss war an dieser Stelle zehn Meter breit, er mäanderte zwischen den Bäumen. Am Ufer lagen Marmorplatten wie steingewordene Grüße aus Carrara. Iris legte ihr Handtuch auf eine der Platten, ließ ihre Füße ins Wasser baumeln und glitt schon bald ins Wasser. Sie schwamm erst gegen den Strom, trieb dann, auf dem Rücken liegend, den Fluss hinunter und schaute in den Himmel. Kühl und wohltuend umfloss das Wasser ihren Kopf.

Als sie sich abtrocknet hatte, fragte sie, wie der Marmor hierher gekommen sei. Eine Frau antwortete, dass in dem großen Gebäude eine Marble Mill gewesen sei. Dort wurde Marmor geschnitten, in Züge verladen und an viele Orte in ganz Amerika verschickt. Deshalb die Schienen.

Als das nicht mehr rentabel war, sagte ein Mann, zogen andere Unternehmen in das Gebäude. In den sechziger Jahren entdeckten junge Leute den Ort. Sie bauten einen großen Kiln, in dem sie alles, was sie getöpfert hatten, brannten: Teller, Tassen und Schüssel. Da wurde auch die längste Pizza der Welt gebacken.

Einer lachte: Die längste Pizza der Welt!

Ich habe sie gesehen, sagte der andere. Und von ihr gegessen. Manchmal lebten hier bis zu hundert Menschen. Sie haben neue Formen des Zusammenlebens ausprobiert.

Und warum gibt es die Kommune nicht mehr?

Einiges hat funktioniert, anderes nicht. Wenn du meine Meinung hören willst: Sie haben sich nicht genug Zeit gelassen, um wichtige Fragen gemeinsam zu klären.

Alkohol war auch ein Problem. Und Drogen.

Sie haben nicht gewusst, dass man Zeit braucht für einen neuen Weg, für die Entwicklung neuer Formen des Zusammenlebens. Aber die Erfahrung war wichtig. Der

Geist der Kommune ist immer noch lebendig. Alle, die damals dabei waren, halten Kontakt. Und es gibt Ableger: die Farm von Anthony in Salem zum Beispiel. Hier wird die Vision eines Zusammenlebens jenseits neoliberaler Ausbeutungsverhältnisse umgesetzt, hier wird sie gelebt, jeden Tag!

Als Iris in dieser Nacht zu ihrem Trailer ging, war der Himmel dunkel und wolkenlos. Über ihr leuchteten die Sterne, einige waren näher, einige ferner. Wann hatte sie die Sterne zuletzt so deutlich gesehen, so räumlich? Und die Milchstraße war eine leuchtende Brücke. Sie blieb stehen, sah hoch. Staunte. Und fühlte, wie nass das Gras war vom nächtlichen Tau.

The stars are shining bright,
let's walk the milky way tonight.
Ich gehe durch das feuchte Gras,
vom Tau sind meine Füße nass.

Es dichtete in ihr, eine Begeisterung und Reimlust hatte sie erfasst. Als sie im Trailer war, schrieb sie die Zeilen auf. Und schon ging es weiter:

Die Sterne stehen dicht an dicht,
ich schau hoch, heb mein Gesicht,
sie leuchten hell, sie sehen runter,
es ist Nacht und ich bin munter.

Ein paar Minuten später folgten die nächsten Worte, die nächsten Sätze.

The stars are giving milk tonight,
let's drink their light.
Die Sterne geben Milch heut Nacht,
vielleicht bin ich deshalb aufgewacht.
Ich denk an dich und seh sie winken,
sie geben Licht, ich darf es trinken.

Iris schaute durch die offene Tür des Trailers in den Nachthimmel.

The stars are shining bright
Let's meet on milky bridge tonight.
Lass uns vom Licht gemeinsam trinken,
bis wir besoffen niedersinken,
und unverblümt und offen
uns sagen, was wir hoffen
vom Leben und der Liebe ...

Iris schickte Arne die Verse mit den Worten: Wo bist du? Auf welchem Abschnitt der Milchstraße? Was erhoffst du dir vom Leben und der Liebe?

Er lächelte, als er ihre Mail las. Und antwortete sofort. Das würde ich jetzt gern, holde Jungfrau, mich gemeinsam mit dir am Licht betrinken. Er schrieb nichts von Mechthild, nichts von seinem Unfall, nichts davon, dass er nicht mehr laufen konnte. Er saß im Sessel fest, während andere unterwegs waren, vor allem Männer, junge Männer wie Zar.

Arne hatte leidvolle Erfahrungen mit Grenzen gemacht, deshalb war er lange gegen Grenzen gewesen. Aber das änderte sich angesichts der vielen, die kamen. Er wünschte sich die Grenzen zurück, die in den letzten Jahrzehnten aufgehoben worden waren, um einen gemeinsamen Wirtschaftsraum zu schaffen: die EU. Und wieder landeten Boote mit Flüchtlingen auf griechischen Inseln. Und immer noch zogen Menschen über den Balkan. Viele. Sehr viele. Und wieder stellte Arne fest, dass es vor allem Männer waren.

Ich verstehe, hatte Norbert gesagt, dass Menschen vor dem Krieg fliehen. Aber das Asylgesetz darf nicht für Masseneinwanderung missbraucht werden.

Arne hatte ihm zugestimmt. Er saß vor dem Fernseher, sah Menschen übers Land ziehen und haarsträubend gefährliche Fahrten in völlig überladenen Booten. Ihr Ziel war Europa. Mal war *Europa* der Name einer schönen Frau. Zeus verliebte sich in sie und brannte mit ihr durch, nachdem er sich in einen Stier verwandelt hatte – damit seine Frau Hera es nicht mitbekam.

Männer. Frauen. Immer dasselbe Spiel. Damals. Heute. Morgen. Iris. War noch in Amerika. Er fragte sich, wie es weitergehen sollte. Mit ihr? Ohne sie? Mit Mechthild und den Kindern? Er wusste nicht, was er wollte. Was ging. Ob es überhaupt noch ging mit Mechthild, nach allem, was vorgefallen war. Die Gereiztheit in ihrer Stimme sprach für sich. Gerade hatte sie noch um ihn geworben, jetzt war sie schon wieder genervt von ihm.

Und er von ihr. Aber Familie war wichtig. Er wollte die Familie, die er gegründet hatte mit Mechthild, erhalten. Um jeden, um fast jeden Preis. Als Kind hatte er sich eine Familie gewünscht, in der alle zusammenhalten. Und die Eltern zusammenbleiben. Jetzt war er Vater und es lag auch in seinen Händen, diesen Wunsch zu realisieren.

Wespen flogen um die Tische, einige ließen sich auf der Marmelade nieder. Zar scheuchte sie weg. Sein Asylantrag war abgelehnt worden. Daran hatte er zu knabbern. Viele Hindernisse werden einem in den Weg gelegt, dachte er, wenn man ein Fremdling ist. Auch wenn man alles tut, um dazu zu gehören: Deutsch lernt. Deutsch spricht. Arbeitet. Steuern zahlt.

Er griff nach dem *Zarathustra*, schlug das Buch auf und las: *Der Mensch ist ein Seil, geknüpft zwischen Thier und Übermensch, ein Seil über dem Abgrunde. Was gross ist am Menschen, das ist, dass er eine Brücke und kein Zweck ist: was geliebt werden kann am Menschen, das ist, dass er ein* Übergang *und ein* Untergang *ist.*

Er legte den *Zarathustra* wieder weg. An dieser Stelle war zu viel von Abgrund die Rede. Kein Wort von Tanz. Er wollte weder Übergang sein noch untergehen. Ein Mensch kann und darf kein Mittel zum Zweck sein, schreibt Nietzsche, und doch will er ihn als Brücke und Übergang. Das ist, dachte Zar, ein Widerspruch.

Wem gehört er?

Niemandem gehört er. Aber er würde gern jemandem

gehören. Einer Frau. Und sie würde ihm gehören. Vierbeinig lässt sich besser leben, besser laufen, besser tanzen. In diesem Augenblick rief seine Tante an, als hätte sie seine Gedanken gelesen, und erzählte von einem Mädchen, das einen Mann suche, von einem Mädchen, das heiraten wolle. Sie habe das Mädchen noch nicht gesehen, jemand habe gesagt, dass sie nicht sehr hübsch sei. Wenn er trotzdem interessiert sei, könne sie ein Treffen arrangieren.

Er war interessiert. Es war ihm egal, wie die Frau aussah. Er konnte jede Frau lieben. Dick oder dünn, das spielte keine Rolle. Sie konnte auch behindert sein, denn er war ja selbst behindert. Seelisch. Seit dem Tod seines Bruders. Hauptsache Frau. In einem Frauenkörper. Das wünschte er sich.

Schon lange träumte er von einer Frau.

Eine Zeit lang hatte ihn jede Nacht eine schöne junge Frau besucht, das waren romantische, süße Träume, so real, dass er am nächsten Morgen dachte, sie wäre wirklich da gewesen. Die Träume hörten erst auf, als ihm ein Freund zum ersten Mal einen Porno gezeigt hatte. Seitdem hatte er viele Pornos gesehen. Er war eine Zeit lang süchtig danach. Er sah die Pornos und machte es sich mit der Hand. Aber das war nicht schön, nicht wirklich gut. Nicht so romantisch und wunderbar wie die nächtlichen Besuche der jungen Frau.

Er versuchte, es zu lassen, sich nicht selbst zu befriedigen, aber das war schwer, das ging fast nicht. Er dachte immer an Sex. Es ist unmöglich, nicht an Sex zu denken, wenn man ein junger Mann ist. Vielleicht ist es doch gut, wenn Männer und Frauen früh heiraten. Mit sechzehn. Oder achtzehn. So früh wie möglich. Aber dann kommen auch die Kinder und dann gehört man irgendwann nur noch ihnen, nicht mehr sich selbst. Das hatte er an seiner Mutter gesehen. Mit sechzehn war sie verheiratet worden, mit siebzehn kam das erste Kind, und dann jedes Jahr ein weiteres. Sie hatte keine Zeit, sich um die Kinder richtig zu kümmern, keine Zeit, sich um sich selbst zu kümmern.

Das wollte er nicht. Er war froh, weg zu sein, weg von zuhause, weg von seiner Mutter, weg von seinen Geschwistern, auch wenn er sie ab und zu vermisste. Er vermisste den Trubel, die Wärme, die durch die selbstverständliche Anwesenheit vieler Menschen in kleinen Räumen entsteht. Er hatte sich lange fort geträumt aus Afghanistan und nun träumte er sich manchmal zurück nach Afghanistan.

Er träumte davon, Land und Leute zu retten. Er würde sie herausführen aus dem Chaos, sie zu einem glücklicheren Alltag erlösen, zu einem Leben in Frieden, zu einer Befreiung von allen, die sie unterdrückten und quälten, die ihnen Gefühle unterstellten, die sie nicht hatten, und zu einem Verhalten nötigten, das ihnen nicht entsprach.

Dann dachte er wieder an die junge Frau, von der seine Tante erzählt hatte. Seine Tante war die Schwester seines Vaters, sie war Lehrerin, ihr Mann Pilot. Er wurde von einer Abwehrrakete aus dem Himmel geholt. Viele sind gestorben in den achtziger Jahren, als die Russen in Afghanistan waren und die Amerikaner die Mudschaheddin aufrüsteten. Millionen Afghanen starben. Ihr Blut ist durch die Straßen Kabuls geflossen. Nach dem Tod ihres Mannes hatte die Tante mit ihren Söhnen Kabul verlassen. Sie lebten schon lange in Leipzig und sprachen besser Deutsch als Farsi.

Eine Frau. Wäre schön.

Zar sehnte sich nach einer Frau, die anders war als seine strenge Mutter. Eine Frau mit sanften Fingerkuppen. Schon war die Frau, die seine Tante gefunden hatte, Teil seines Lebens und immer an seiner Seite. Er würde mit ihr besprechen, was sie einkaufen und was sie am Wochenende machen. Ausflüge zum Beispiel. Und sie würden das Bett teilen. Er stellte sich vor, wie es mit ihr sein würde, am Tisch, im Bett, in einer Wohnung. Was er sagte und was sie sagte. Wie sie aussah und wie ihr Körper war. Es würde schön sein mit ihr, auch wenn sie nicht schön war.

Er griff wieder nach dem *Zarathustra*. Blätterte. Er hatte sich das Buch inzwischen selbst gekauft, einen eigenen *Zarathustra*. Er verstand nicht alles. Und doch war der, der hieß wie er, ein Trost. Aber auch eine Herausforderung und eine Zumutung. Auf der Seite, die er nun aufgeblättert hatte, war nicht von Untergang und Übergang die Rede, sondern von einer Oase.

Da sitze ich nun,
In dieser kleinsten Oasis,
Einer Dattel gleich,
Braun, durchsüsst, goldschwürig, lüstern
Nach einem runden Mädchenmunde,
Mehr noch aber nach mädchenhaften
Eiskalten schneeweissen schneidigen
Beisszähnen: nach denen nämlich
Lechzt das Herz aller heissen Datteln.

Oh weint mir nicht,
Weiche Herzen!
Weint mir nicht, ihr
Dattel-Herzen! Milch-Busen!
Ihr Süssholz-Herz-Beutelchen!

Vieles verstand er nicht, ahnte aber, was es bedeutete. *Die mädchenhaften eiskalten schneeweissen schneidigen Beisszähne.* Die *heissen Datteln* und die *weichen Herzen!* Das gefiel ihm. Er würde sich frei nehmen, um nach Leipzig zu fahren und die Frau zu treffen, von der ihm seine Tante erzählt hatte. Wie war sie? Würde sie ihn mögen?

Er kaufte eine Fahrkarte und neue Unterhosen, er bügelte sein Hemd und seine Hose, er ging zum Friseur. Dann rief seine Tante an. Er sah ihre Nummer auf dem Display, war freudig erregt, erwartete Einzelheiten von der jungen Frau und dem Treffen, Ort und Zeit.

Die Tante sagte, dass er nicht kommen müsse. Sie sagte, dass sich die Möglichkeit, die junge Frau kennenzulernen, zerschlagen habe. Es gebe noch einen anderen Mann, die Eltern der jungen Frau hätten sich gegen Zar entschieden. Ohne ihn zu kennen, ohne ihn getroffen zu haben, ohne ihm eine Chance zu geben.

Einen Tag vor dem Treffen sagte die Tante ab. Gab es dieses Mädchen überhaupt? Oder wollte seine Tante nur wissen, ob er schon eine Frau hatte? Eine deutsche Frau? Sie war neugierig. Und boshaft. Er traute ihr zu, dass sie ihn nur hatte prüfen wollen. Aber das macht man doch nicht! Das ist gemein. Sie hat ihn reingelegt. Er will nichts mehr von ihr wissen.

Ein Vogel flog vor dem Fenster der Cabin vorbei, sein Gefieder war von einem beherzten Rot. Phönix! Wenn er steigt, dann hoch, wenn er fällt, dann tief. Nach seinem Absturz bleibt nur noch ein Häuflein Asche übrig. Nichts geht mehr. Aber dann glimmt ein Funke, Phönix streckt sich, entfaltet seine Beine, hebt den Kopf, und eine neue Idee ist da.

Ich könnte, dachte Iris, einen Landeplatz für Phönix machen. Das Stelzenhaus ist ein guter Ort, hier landen sie gern, vielleicht, weil die Cabin zwischen Himmel und Erde schwebt, mit dem Rücken zum Wald und einem offenen Ohr für die Einflüsterungen der Wildnis.

Aber auch das Bad ist ein Ort der Empfängnis. Wenn sie unter der Dusche steht, kommen ihr die besten Ideen. Die Hüllen fallen, sie entspannt sich, will nichts, sucht nichts, die Grenzen werden durchlässig, Tropfen prasseln auf ihren Kopf, rieseln durch ihre Haare, die Schranke zwischen Verstand und Gefühl senkt sich, und dann landet er auch schon auf der Stange des Duschvorhangs: Phönix.

Als sie an diesem Abend ins Bett schlüpfte, sich ausstreckte und tief durchatmete, stellte sie fest, dass auch das Einschlafen ein Übergang war, der das Auftauchen von Phönix ermöglicht. Weil man loslassen muss, was man festhalten will, Bedingung dafür, dass sich ein Raum öffnet, in dem wir von allen Notwendigkeiten entbunden sind.

In den kommenden Tagen installierte sie Start- und

Landeplätze für Phönix. Einen im Bad an der Dusche, einen in der Nähe der Cabin und einen am Beaver Brook. Anschließend ließ sie ihre Füße ins Wasser baumeln und sah den schwarzen Libellen zu, die über dem Bach flogen und sich auf den Halmen des Schilfs wiegten.

Da landete ein kleiner Phönix neben ihr, vierflüglig, mit einer Quest im Schnabel. Das war das Wort, das ihr plötzlich in den Sinn kam: *Quest*. Ihr Sohn sprach von einer Quest, wenn er am Computer saß und Spiele spielte, in deren Verlauf er Aufgaben lösen musste. Er hatte zehn Leben und konnte sich verwandeln, musste aber das Ziel erreichen, bevor der Vorrat an Leben aufgebraucht war. Das war die Erfüllung der Quest.

Was war ihr Ziel? Was war ihre Quest?

Da hörte sie einen Gong, Zeichen für das Abendessen. Jemand warf eine Kugel in die Rinne einer riesigen Triangel, sie stieß vorne an, dann hinten, der Aufprall war bis in den letzten Winkel des Geländes zu hören. Iris hob die Füße aus dem Bach und ging Richtung Küche, die sich zwischen dem Haus und den Ställen befand, geschützt durch ein Dach.

Auf der einen Seite war ein Herd und ein riesiger Kühlschrank, auf der anderen Seite ein Schrank mit Geschirr, im Raum dazwischen stand ein hochbeiniger Tisch, auf den die Schüsseln gestellt wurden mit dem Essen. Jeden Tag hatte eine andere Gruppe Küchendienst und bereitete das Essen vor. Iris füllte einen Teller und setzte sich an einen der vier Tische, die ebenso wie die Küche von einem Baldachin überdacht waren, so dass man hier auch bei schlechtem Wetter sitzen konnte.

Ein Bildhauer setzte sich neben sie. Er komponierte

Stücke aus unterschiedlichen Materialien, die er stauchte, knickte, rollte und faltete, um herauszufinden, wie viel er einer Skulptur aufladen konnte, die auf einem Bein stand. Er machte das so leidenschaftlich, als müsste er etwas herausfinden, das für sein Überleben existentiell notwendig war. Während sie aßen und tranken, erzählte Iris von der Quest, die ihr ein kleiner Phönix in den Schoß gelegt hatte.

Ich habe mich gefragt, was eine *Quest* ist. Das müsste eigentlich die Mutter der *questions* sein, der vielen kleinen Fragen, in denen es um Probleme geht, die eher geringfügig sind.

Der Bildhauer sagte: Ich denke bei *Quest* an die Suche von König Artus nach dem Heiligen Gral, sagte der Bildhauer.

König Artus!

Sie erzählte ihm von Parzival und dem Frageversäumnis, das in ihrer Familie eine so wichtige Rolle spielte. Und wieder fragte sie sich, was ihre Quest war. Immer noch war Krieg in Afghanistan, im Irak und Syrien, viele Menschen waren auf der Flucht. Vielleicht war Zar die Quest. Und die Frage, warum es immer noch Kriege gab, obwohl die verheerenden Folgen längst bekannt waren. Spätestens seit dem Kampf um Troja.

Zwanzig Jahre hatte es gedauert, bis Odysseus wieder zuhause war. Als er gehen musste, war sein Sohn noch ein Baby. Telemach erkannte seinen Vater nicht wieder, als er zurückkam. Nur der Hund, alt geworden, mit Ungeziefer im Fell, unfähig, aufzustehen, wedelte mit dem Schwanz, als er Odysseus sah.

Arne war nicht am Flughafen. Ende August ist in einem Weinberg viel zu tun. Trotzdem. Hätte er sie abholen können. Hatte er sie nicht vermisst? Wo war er? Auf ihre letzte Mail hatte er geantwortet: Das würde ich jetzt gern, Licht trinken mit dir. Aber seitdem nichts mehr. Kein Wort.

Und Zar hatte eine SMS geschickt, dass seine Tante eine Frau für ihn gefunden habe. Vielleicht hatte er sich in die junge Frau verliebt. Iris rechnete damit, dass er schon gar nicht mehr da war, wenn sie kam, oder demnächst ausziehen würde. Aber er war noch in Thürmen. Das Treffen hatte sich zerschlagen, die Tante kurzfristig abgesagt.

Du hast eine Tante in Deutschland, sagte Iris überrascht. Das habe ich nicht gewusst. Warum bist du nicht zu deiner Tante gezogen, als du hierher gekommen bist?

Das ging nicht, sagte er. Meine Tante arbeitet und hat zwei Söhne. Da ist kein Platz für mich.

Zar war da, Arne nicht.

Iris versuchte, ihn zu erreichen. Sie wollte einen Gruß auf den Anrufbeantworter sprechen, aber die Worte kamen nur stammelnd aus ihrem Mund. Es war, als wollten sie nicht zu ihm, als witterten sie schon das Unheil. Zwei Stunden später rief er zurück und sagte mit belegter Stimme, dass er einen Unfall gehabt habe und die Bänder an seinem linken Fuß gerissen seien. Außerdem habe er noch einiges zu besprechen mit Mechthild. Wegen der Scheidung.

Warum hast du nichts von dem Unfall geschrieben?
Tut mir leid.
Was tut dir leid?
Dass ich nichts gesagt habe.
Vom Unfall oder von Mechthild?
Von beidem.
Ach so. Und was ist mit Mechthild?
Sie ist die Mutter meiner Kinder.
Weiß ich.
Es ist gerade nicht einfach. Ich brauche Zeit.
Dann war die *holde Jungfrau* in deiner letzten Mail eine Lüge? Und der Wunsch, gemeinsam mit mir Licht zu trinken?
Nein. Das war aufrichtig gemeint. Aber mit Mechthild verbindet mich viel. Ich weiß auch nicht, was ich tun soll.
Als sie auflegte, war klar, dass alles unklar war. Sie hatte, jetzt erinnerte sie sich, letzte Nacht von einer Welle geträumt, die sie mitgerissen hatte. Es gelang ihr gerade noch, sich festzukrallen und den Kopf einzuziehen. Die Welle überrollte sie, kurz dachte sie, dass ihr Leben nun zu Ende sei. Aber schon bald konnte sie wieder aufstehen.
Dieser Traum war ein Bote, dachte sie nach dem Telefonat mit Arne, eine Ankündigung und Warnung. Sie rief Nora an, erzählte von Amerika und sagte, dass sie am Wochenende nach Sahlen kommen wolle.
Du bist immer willkommen, sagte Nora.
Iris schrieb Arne eine SMS: Ich bin am Wochenende in Sahlen. Können wir uns treffen? Ich muss mit dir reden.

Arne humpelte, sein linker Fuß steckte bis zum Knie in einem Hartplastikstiefel, zur Unterstützung und Schonung der verletzten Bänder. Sie trafen sich in der Schlossschenke in Goseck, setzten sich an einen Tisch in der Ecke, bestellten Getränke. Er sagte, dass er seine Kinder vermisst habe, dass er ohne sie nicht leben könne und wolle, er sei ihr Vater und verantwortlich für sie, er befinde sich in einer Zwickmühle.

Ein Mann steuerte ihren Tisch an, gab erst Iris die Hand, dann Arne, und sagte: Ich bin der Koch. Sie sind das Paar, das heiraten will? Ich wollte mit Ihnen das Hochzeitsmenü besprechen.

Nein, sagte Iris, das ist ein Irrtum. Wir heiraten nicht. Nein? Sie sind es nicht?

Der Koch war überrascht, anscheinend waren Iris und Arne das einzige Paar im Raum, das nach Heirat und hochzeitlichem Glück aussah. Er entschuldigte sich für seinen Irrtum und ging.

Arne war verlegen. Er nahm die Speisekarte und drehte sie zwischen den Händen. Vor einem Jahr hatte sie ihn in Goseck kennengelernt. Wenn ich ihn heirate, dachte sie damals, dann in Goseck. Sie hatte sich tatsächlich vorstellen können, ihn zu heiraten. Der Schnurbaum würde blühen und der Gingko seine Arme ausbreiten, die Gäste würden nach mittelalterlicher Musik tanzen, es wäre ein ausgelassenes, freudiges Fest.

Arne blätterte in der Speisekarte.

Seine Finger waren groß und kräftig, die Nägel mit

deutlich sichtbaren Halbmonden. Sie dachte daran, wie er in Greenwich nach ihrer Hand gegriffen hatte. Sie verließen das Boot, die Wolken rissen auf, der Himmel leuchtete in einem surreal türkisfarbenen Blau und die Wiesen antworteten mit einem ebenso surreal grellen Grün, und Arne versenkte ihre Hand in seiner Jackentasche.

Auch jetzt hatte er die Jacke getragen, sie hing an der Lehne seines Stuhls. Sie war geräumig und gehörte zu ihm wie die Lederhose, deren Nähte sich immer wieder lösten und genäht werden mussten, was er mit Hingabe tat. Iris hatte staunend zugesehen, wie er eine winzige Nadel in seinen großen Fingern hielt, den Faden in das Nadelöhr einführte, und wie er dann in aller Ruhe die Naht zugenäht hatte, die im Schritt aufgegangen war.

Als wir uns kennengelernt haben, sagte sie, hast du allein gelebt. Da hörte es sich so an, als wäre die Scheidung zwischen Mechthild und dir schon vollzogen. Was ist passiert? Ich verstehe das nicht.

Tut mir leid.

Eine Frau kam und nahm ihre Bestellung auf.

Du bleibst doch auch Vater, sagte Iris, wenn du dich von Mechthild trennst. Und wenn es schwierig zwischen euch ist, dann leiden auch die Kinder darunter.

Die Kinder leiden unter Streit, sagte Arne, aber noch mehr unter einer Trennung. Ich möchte meinen Kindern nicht antun, worunter ich selbst gelitten habe.

Die Getränke kamen und das Essen.

Arne aß schweigend und erzählte dann von Turnvater Jahn. Iris kannte das Denkmal, das ihm die Freyburger errichtet hatten, es gehörte zu den Sehenswürdigkeiten der kleinen Stadt. Sie stand Turnvereinen leidenschaftslos gegenüber, ließ sich aber auf das Ablenkungsmanöver ein. Wenn sie gewusst hätte, dass Jahn nicht der harmlose Turnonkel war, für den sie ihn hielt, wäre sie vielleicht aufmerksamer gewesen und hätte nachgefragt. Denn Jahn kämpfte nicht nur gegen die Ständegesellschaft und setzte sich für gleiche Rechte ein, sondern wütete auch gegen alles, was nicht deutsch war. Ihm schwebte ein Großdeutschland vor, zu dem auch die Schweiz, Holland und Dänemark gehören sollten, und war damit ein Vorreiter nationalsozialistischen Größenwahns.

Arne schaute aufs Handy.

Das Taxi war da, er hatte es schon vor ihrem Treffen bestellt. Iris begleitete ihn in den Innenhof von Goseck. Waren sie noch ein Paar? Es fühlte sich nicht so an. Sie wusste nicht, wie sie sich von ihm verabschieden sollte.

Der Taxifahrer öffnete die Tür.

Arne sagte: Verzeih mir. Entschuldige. Es tut mir leid.

Er stieg ein und das Taxi verließ den Innenhof. Rot leuchteten die zwei Rücklichter. Es wäre schön gewesen, dachte sie, wenn wir uns noch mal umarmt hätten. Dann machte sie sich auf den Weg zurück nach Sahlen zur Wohnung ihrer Großmutter.

Durch das Fenster im Gästezimmer sah sie die Sterne. Sie dachte an den Koch und an die Hochzeit, die in Goseck stattfinden würde, aber nicht mit Arne und ihr. Sie dachte an das Haus im Schweigenberg und an das Bett, auf dem Arne jetzt lag.

Über dem Bett war ein großer Nagel. Hatte sie ihn gefragt, wozu er diente? Sie erinnerte sich nicht an die Antwort. Manchmal haben Dinge eine größere Präsenz als

Worte. Iris hängte ihre Liebe zu Arne an den Nagel, da baumelte sie und bimmelte leise. Und die Töne schwebten hoch zu den Sternen.

Am nächsten Tag feierte Nora ihren 89. Geburtstag. Sie legte die Decke auf den Tisch, die sie mit Schuhen bestickt hatte. Iris stellte Tassen und Teller neben Bergschuhe, Sandalen, Regenstiefel und Pantoffeln, und in die Mitte einen Gugelhupf.

Johann klingelte pünktlich um drei, er war über achtzig, von zartem Körperbau, aber seine Augen leuchteten wach und interessiert. Zehn Minuten später standen Karin und Sabine vor der Tür, beide hatten mit Nora und Johann im Forschungsinstitut für Schuhe gearbeitet.

Als Sabine sich an den gedeckten Tisch setzte, sagte sie anerkennend: Schuhe! Wie kunstvoll!

Es ist inzwischen einfacher für mich, sagte Nora, sie auf diese Weise zu bauen.

Statt aus Leder, sagte Sabine.

Oder aus Plaste, sagte Karin.

Kinderschuhe waren immer aus Leder, sagte Sabine.

Ich kenne einige Kinder, sagte Karin, die in Schuhen aus Plaste groß geworden sind und immer Schweißfüße hatten, trotz vollmundiger Absichtserklärungen. Weißt du noch, wie wir Schuhmodelle für die Leipziger Messe entworfen haben? Wir haben uns inspirieren lassen von Katalogen aus Italien und Frankreich. Aber in dem Moment, in dem die Modelle zu den Technologen kamen, wurde gestrichen. Schnallen und Schleifen wurden geopfert, um Arbeitszeit und Material zu sparen. Der Charme ging flöten und was übrig blieb, war stinklangweilig. Darüber habe ich mich wahnsinnig geärgert.

Das klingt, als wäre dein Ärger noch frisch, sagte Sabine lachend.

Sie wandte sich an Johann: Und was machst du gerade?

Ich sitze an einem Barockschuh aus dem Schuhmuseum, sagte Johann. Ich bin dabei, ihn zu zerlegen. Ich möchte sehen, was in ihm steckt. Ein wunderbarer Schuh! Mit einem kleinen Absatz. Der Schaft wurde unter Einfügung eines Lederstreifens mit Brandsohle und Laufsohle zusammengenäht, und der Lederstreifen so umgeschlagen, dass er wie ein umlaufender Rand aussieht. Raffiniert. Und dann hat man den Schaft mit Stickereien und Perlen verziert.

Er machte eine kurze Pause und sagte dann: Der linke Schuh hat übrigens die gleiche Form wie der rechte. Im Barock wurden die Schuhe über den sprichwörtlichen einen Leisten geschlagen. Es gab noch keine paarigen Leisten.

Iris rief aus: Derselbe Leisten für den rechten und den linken Schuh! Das muss die Hölle gewesen sein!

Das war in der Tat die Hölle, sagte Johann. Deshalb mussten die Diener die Schuhe für ihre Herren eintragen. Im Krieg fielen die meisten Soldaten nicht etwa deshalb aus, weil sie bei Kämpfen verletzt wurden, sondern weil sie nicht mehr laufen konnten. Weil die Schweizer als erste das Problem erkannten, haben sie paarige Leisten eingeführt. Das hat sich schnell durchgesetzt. Man sagt, dass der Krieg der Vater des Fortschritts sei. Für die Schuhe trifft das zu, für alles andere nicht.

Iris lag auf dem Sofa.

Zar fragte: Geht es dir nicht gut?

Sie antwortete: Ich bin müde.

Ich schlafe tagsüber nur, sagte er, wenn ich krank bin. Oder wenn ich traurig bin. Sie schwieg.

Er fragte: Willst du einen Tee?

Sie setzte sich auf. Ja, gerne.

Männer dürfen nicht … Wie heißt das?

Er fuhr sich mit den Fingern unter den Augen entlang.

Sich schminken?

Nein.

Männer dürfen sich die Haut nicht eincremen?

Nein.

Er strich noch mal mit dem Finger unter den Augen entlang.

Weinen?

Ja, weinen. Es sollte erlaubt sein, sagte er, dass Männer weinen. Ich würde nicht weinen, wenn ich körperliche Schmerzen hätte. Man könnte mir eine Hand abschlagen und ich würde nicht weinen. Ich würde nur weinen, wenn mein Herz weh tut.

Wenn man mir die Hand abschlagen würde, sagte Iris, dann würde ich schon weinen.

Sie war gerührt. Er hatte gemerkt, dass es ihr schlecht ging.

Meine Arbeitskollegin ist traurig, sagte Zar. Sie isst nichts mehr. Sie weint, weil ihr Freund krank ist, sehr krank. Er wird sterben.

Was hat er?

Das weiß ich nicht.

Woher weißt du, dass ihr Freund sterben wird?

Die alte Frau hat es mir gesagt. Sie arbeitet schon lang in der Kantine. Sie kennt alle. Und alle kennen sie.

Zar machte sie nach: Er stirbt, aber es gibt andere Männer. Sie wird wieder einen finden.

Überall wurden Notunterkünfte eingerichtet, jede Gemeinde musste Geflüchtete aufnehmen, proportional zu ihrer Größe und Einwohnerzahl. Auch die Turnhalle von Thürmen wurde mit Flüchtlingen belegt. Man lud die Bürgerinnen und Bürger zu einer Begehung ein.

Iris fragte Zar, ob er mitkommen wolle.

Er schüttelte den Kopf.

Ich mag das Wort *Flüchtling* nicht.

Das Wort klinge wie die Bezeichnung einer anderen Sorte Mensch, die ungeheuerlich und aufdringlich sei, weder Mann noch Frau noch Kind. Ein *Flüchtling* war kein Mensch mit einer eigenen Geschichte, mit einer Herkunft und einem Weg, sondern etwas Flüchtiges, wie ein unangenehmer Geruch. Auch das *ling* störte Zar. Es klang so verniedlichend und machte jede Flucht zu einem Kinderspiel.

Das Wort vermittelt nicht, sagte Zar, was es für einen Menschen bedeutet, seine Heimat zu verlassen.

Sie nickte ein wenig schuldbewusst, weil auch sie oft von *Flüchtlingen* sprach. Wer nicht? Es schien, als wären die *Flüchtlinge* gerade das einzige und wichtigste Thema, wichtiger noch als die verschiedenen Anlässe, zu flüchten.

Sie ging allein zu der Begehung der Turnhalle. Die erste Landesbeamtin begrüßte die Anwesenden und erklärte, was der Landkreis unternahm, um die Geflüchteten unterzubringen. Sie äußerte ihre Anerkennung für die Tatkraft, durch die in kurzer Zeit eine beziehbare Notunterkunft entstanden war.

Das ist keine Luxuslösung, sagte sie. Aber ich hoffe, dass es gelingt, Menschlichkeit und Wärme in die Unterkunft zu bringen. Rechts warten Kinderbetten auf ihren Einsatz, links wird die Essensausgabe eingerichtet. Zwischenwände aus Metall werden eingezogen, um Parzellen abzuteilen mit jeweils drei Doppelstockbetten und sechs Metallspinden.

Ein Mann fragte: Wie lange können unsere Kinder keinen Sport mehr machen?

Der Bürgermeister nahm das Mikrophon: Es handelt sich um eine vorübergehende Maßnahme. Die Notunterkunft wird so lange belegt sein, bis wir neue Unterkünfte gebaut haben. Wenn man die Bilder von den Flüchtlingsströmen im Fernsehen gesehen hat, musste man damit rechnen. Wir werden Lösungen finden und diese Herausforderung schultern. Hundertzehn Menschen werden hier leben, Familien und alleinstehende Männer. Die Kinderbetten können bei Bedarf zu den Stockbetten gestellt werden. Die Räume sind mit Feuerlöschern ausgerüstet, für eine regelmäßige Bestreifung durch die Polizei wird gesorgt. Kameras gibt es keine, das erlaubt der Datenschutz nicht. Der Sicherheitsdienst ist rund um die Uhr vor Ort, dolmetschen werden Flüchtlinge, die schon länger hier sind.

Er stellte den Heimleiter vor, der für die Verteilung der Flüchtlinge auf die Parzellen zuständig und ihr Ansprechpartner war. Das Rote Kreuz organisierte die Sozialbetreuung, eine Hauswirtschafterin sorgte dafür, dass die Standards in der Küche und bei den Waschmaschinen stimmten.

Brigitta meldete sich zu Wort.

Wir brauchen noch dringend Ehrenamtliche, die Kinder zu den Schulen begleiten und Erwachsene zu den Ärzten. Wir brauchen Leute, die den Geflüchteten Deutsch beibringen und bei der Organisation von Fahrrädern helfen. Kleiderspenden können bei der Kleiderkammer vom Roten Kreuz abgegeben werden. Wir organisieren auch Patenschaften und Möglichkeiten zu einer Begegnung auf Augenhöhe.

Ein Mann sagte: Ich bin skeptisch. Ich bin dagegen, dass hier so viele alleinstehende Männer untergebracht werden. Die sind, das muss man doch mal ganz deutlich sagen, eine Gefahr für unsere Frauen und Töchter.

Unruhe entstand, vereinzelt wurde geklatscht, aber auch gebuht. Da stand eine Frau auf und sagte mit einer Stimme, die erst rau war, dann aber rasch klar wurde: Ich habe einen Sohn. Wenn man ihn einziehen würde, damit er, wie in Syrien, gegen die eigenen Leute kämpft, dann würde ich auch dafür sorgen, dass er so schnell wie möglich das Land verlässt. Deshalb verstehe ich die Mütter und Väter, die ihre Söhne wegschicken. Der zweite Weltkrieg ist noch nicht so lange her, meine Eltern haben ihn noch erlebt.

Brigitta ergänzte: Die Rede ist von achthunderttausend Flüchtlingen. Das klingt viel, aber wenn man von achtzig Millionen Deutschen ausgeht, dann ist das gerade mal ein Prozent. Wenn jede hundertste Familie einen Flüchtling aufnehmen würde, bräuchten wir keine Unterkünfte.

Zar hörte von einem Bäcker, der es Flüchtlingen ermöglichen wollte, eine Bäckerlehre zu machen. Sie sollten in der Berufsschule in einer eigenen Klasse unterrichtet werden, die Ausbildung würde mit einem Intensivsprachkurs beginnen. Er bat Iris, den Bäcker anzurufen, er wolle die Ausbildung gern machen.

Warum machst du das nicht selbst?

Bitte!

Iris rief den Bäcker an.

Woher kommt Ihr Schützling?

Aus Afghanistan.

Tut mir leid, sagte der Bäcker, wir nehmen nur Syrer. Wir wollen eine Klasse, die ausschließlich aus syrischen Lehrlingen besteht. Aber viele Bäcker suchen nach Lehrlingen, und wenn der junge Mann schon etwas Deutsch kann, hat er gute Chancen.

Also telefonierte Iris mit einem anderen Bäcker. Er war interessiert und hatte kein Problem damit, dass Zar aus Afghanistan kam. Iris begleitete Zar zu dem Vorstellungsgespräch. Der Bäcker war dick und erfolgreich, ein Biobäcker, der ein Hauptgeschäft in Thürmen hatte und in den umliegenden Orten noch einige Filialen.

Zar fragte: Und was bekomme ich im Monat?

Die falsche Frage, sagte der dicke Bäcker. An erster

Stelle muss die Leidenschaft stehen, die Leidenschaft fürs Brot und fürs Backen. Ich glaube, das wird nichts mit uns.

Das fand Zar nicht schlimm, denn der dicke Bäcker war ihm nicht sympathisch. Leidenschaft fürs Brot! Er wollte gern Bäcker werden, aber er musste doch auch von irgendwas leben.

Wieder telefonierte Iris, diesmal mit der Frau des Bäckers, bei dem sie ihr Brot kaufte. Sie erzählte von Zar, für seine Zuverlässigkeit könne sie ihre Hand ins Feuer legen. Die Frau des Bäckers sprach mit ihrem Mann, rief kurze Zeit später wieder an und lud Iris ein, mit Zar vorbeizukommen.

Das Gespräch fand in der Wohnküche statt, die hinter dem Verkaufsraum lag. Der Bäcker war freundlich und zugewandt, alles war gut in diesem Haus. Zar fühlte sich wohl, er lächelte ein paar Mal sein vorderzahnloses Lächeln, und der Bäcker sagte, dass er bereit sei, ihn auszubilden.

Über dem Eingang von Schloss Spetzgart hing ein Herz, das von zwei Pfeilen durchbohrt war. Schloss Spetzgart gehörte zu Schloss Salem, und weil von *Lots Frau* in den Medien viel die Rede gewesen war, hatte man Iris eingeladen, auch etwas für das Gelände von Spetzgart zu gestalten. Als sie die Treppe im Haupthaus hochstieg, sah sie weitere Herzen. Ins Geländer geschnitzt. Herzen, aus denen Flammen schlugen. Hier wohnen die Herzlichen, dachte sie, die Herzlosen wohnen woanders.

Der Schmerz über Arnes Abwendung lief mit wie ein treuer Hund, als sie durch das Schloss ging und dann durch den Spetzgarter Tobel runter zum See. Der Schmerz war ein Hund, aber auch ein Dunst, er füllte ihre Brust und machte ihr das Atmen schwer. Sie versuchte, den Schmerz auszuatmen und Freude einzuatmen, aber das gelang ihr nicht.

Einatmen. Ausatmen.

Ein klagender Ton entwich ihrem Körper, ohne dass sie es verhindern konnte. Ihr Körper wurde zu einer Ziehharmonika, etwas drückte ihn zusammen und zog ihn dann wieder auseinander. Ein Traktor fuhr über ein Feld, sie hörte den Motor, aber auch den wimmernden Laut, der ihrem Mund entschlüpft war. Sie hätte sich dafür geschämt, wenn jemand in der Nähe gewesen wäre, aber sie war allein.

Sie ging weiter Richtung Goldbach, der Wind hatte den See mit gestauchten Rauten überzogen, Segelboote kreuzten, eine Fähre fuhr von Meersburg nach Konstanz, eine andere von Konstanz nach Meersburg, über ihnen schwebte ein Zeppelin. Sie überquerte eine Straße, dann Schienen und stand vor einer Kapelle. Hinter der Kapelle war ein Holzzaun mit einer Tür und dahinter eine Wiese mit Zugang zum See.

Die Tür war verschlossen, über ihr schaukelten rote Rosen, ein Zweig trug einen ganzen Strauß Blüten. Iris sah sich um. Ein alter Mann saß an der Rückseite der Kapelle auf einer Bank, neben ihm lag seine Frau und schlief. Iris ging zu ihm und fragte leise, ob er vielleicht einen Schlüssel für die Tür habe? Da nickte er und lächelte sie freundlich an. Aber er griff nicht in die Hosentasche, sondern musste seine Frau wecken, um den Schlüssel aus einer Tasche zu holen, die unter ihrem Kopf lag.

Das hatte Iris nicht gewollt. Die Frau hatte gedöst, nun setzte sie sich auf, ein wenig zerzaust, noch umfangen von Traumbildern, während er in der Tasche nach dem Schlüssel kramte. Er fand ihn, stand auf und öffnete die Tür. Iris dankte und nickte entschuldigend seiner Frau zu, dann ging sie unter dem Strauß Rosen hindurch zum See. Die Rosen wippten leicht über ihr. Es war, als würde sie einen anderen Raum betreten, einen Raum der Freundlichkeit, der Rosen und des Spätsommers.

Die Wiese zwischen Kapelle und dem angrenzenden Campingplatz war nicht sehr breit. Ein Teil lag in der Sonne, ein Teil im Schatten einer großen Weide. Eine breite Treppe führte in den See. Sobald sie im Wasser war, konnte sie wieder atmen. Der Schmerz fiel von ihr ab, als wäre er nicht innerlich, sondern nur äußerlich, ein dünner Film auf ihrer Haut. Jeder Schwimmzug war eine Befreiung und ein körperliches Glück, jenseits von Herzschmerz und Freudenfeuer.

Zar kündigte in der Kantine. Der Bäcker füllte Formulare aus, beantragte die Zulassung zur Berufsschule und kümmerte sich um die Sozialversicherung. Einen Monat später begann Zar mit der Lehre. Um halb zwei Uhr nachts verließ er das Haus. Er ging zu Fuß, die Bäckerei war ganz in der Nähe. Es machte ihm nichts aus, in der Nacht aufzustehen.

In Athen hatte er keine Nacht geschlafen, aus Angst, überfallen zu werden. Er hatte am Hafen in Piräus gearbeitet und geholfen, Schiffe zu entladen, Obst und Gemüse, Orangen und Grapefruit, Kiste um Kiste, für dreißig Euro am Tag. Manchmal bekam er nach einem langen Arbeitstag nichts, keinen Cent. Er war der Willkür der Auftraggeber ausgeliefert, er konnte zu niemandem gehen, um sich zu beschweren.

Wenn es ihm nicht gelang, am Abend eine geschützte Nische zu finden, war er in der Nacht unterwegs. Es gab Banden, die Flüchtlinge ausraubten, besonders gefährdet waren die, die allein unterwegs waren. Deshalb fuhr er nachts oft stundenlang mit öffentlichen Bussen durch die Stadt.

Das war vorbei, diese Zeit lag hinter ihm, jetzt arbeitete er nachts in der Bäckerei. Außer Zar und dem Bäcker waren noch ein Rumäne in der Backstube, und ab und zu eine junge Frau, die auch im Verkauf half. Einmal in der Woche besuchte er die Berufsschule. Seine Mitschüler waren noch halbe Kinder, die meisten unter achtzehn, sie hatten die Schule gerade hinter sich.

Sie fragten ihn: Wie alt bist du?

Er sagte: Neunzehn.

Warum? Warum nicht?

Auch das lernte er, dass man auf die Frage: *Warum?* einfach antworten konnte mit: *Warum nicht?* Wie alt er genau war, wusste er nicht. Nach seiner Geburt war niemand zum Standesamt gegangen, um Stunde, Datum und den Ort seiner Geburt zu melden. Er wusste nur, dass er im Winter geboren war.

Er bekam Bücher und ein Ringbuch, in das er eintragen konnte, was er lernen würde. Er machte lange Listen mit Wörtern, die er nicht kannte: Weizen, Dinkel, Amaranth, Hafer, Hirse, Roggen.

Hinter Schloss Spetzgart weideten Kühe. Eine reckte den Hals nach den Äpfeln, die am Baum hingen. Iris saß in einem Raum, der als Gästezimmer genutzt wurde und sich in einem Reihenhaus hinter dem Schloss befand.

Als er aber um sich spähete und nach den Tröstern seiner Einsamkeit suchte: siehe, da waren es Kühe, welche auf einer Anhöhe bei einander standen; deren Nähe und Geruch hatten sein Herz erwärmt.

Zarathustra, alter Freund!

Auf einer Wanderung hatte sie mal eine Kuh durch das Fernglas gesehen, schwarz auf einem Schneefeld am Ende einer Hochebene. Die Kuh stand im Weiß wie eine Fata Morgana. Iris hatte vergeblich versucht, sie zu erreichen. Hier waren die Kühe nah, sie weideten auf einer Wiese unter Apfelbäumen.

Rechts lag ein Kornfeld, das gerade gemäht wurde, hinter der Mähmaschine hoben sich Staubwolken, daneben fuhr ein Lastwagen. Durch ein Rohr, das an einen Rüssel erinnerte, rauschte Korn von der Mähmaschine auf die Ladefläche des Lastwagens, und das Stroh fiel hinter der Mähmaschine in Form handlicher Kästen aufs Feld.

Sie schaute wieder zu den Kühen.

Waren es überhaupt Kühe? Oder Stiere? Sie hatten keine Euter. Oder? Bewegt euch mal! Doch. Sie hatten

Euter, aber ganz kleine, kaum sichtbar. Es waren Jungkühe, die noch nicht gekalbt hatten. Ihre Ohren wedelten, um die Fliegen zu vertreiben, die sie umschwirrten. Ihre Schwänze schlugen mal nach rechts, mal nach links.
Ost. West. Ost. West.
Ihre Westbiographie. Seine Ostbiographie.
Als sie Arne kennenlernte, hatte sie das Gefühl, dass etwas in Ordnung kam. Die *Wiedervereinigung* beschönigte, was nicht immer gut gelaufen war, die Abwicklung von Betrieben, die Übernahme eines Systems durch ein anderes, ohne öffentliche Diskussion, hinter dem Rücken derjenigen, die sich für eine demokratische Veränderung der DDR eingesetzt hatten. Ein großer Fehler! Aber ihre Vereinigung war genau richtig.
Die Frau ist nicht mächtig ihres Leibes, aber der Mann. Der Mann ist nicht mächtig seines Leibes, aber die Frau.
Solche Sätze kannte Arne. Für ihn war klar, dass Männer und Frauen einander brauchen und füreinander bestimmt sind. Es war auch sein Begehren, das sie angezogen hatte. Und seine Geschichte.
Ich muss vermeiden, dachte sie, dass das Ende unserer Liebe den Anfang überschattet. Vermeiden, dass es nur noch um die Wunde geht und nicht mehr um das Wunder des Anfangs.
Aber wollte sie wirklich an den Anfang denken und an alles, was gut war? Vielleicht sollte sie lieber an das denken, was sie nicht mochte, zum Beispiel seine Monologe. Und seine Vorbehalte Zar gegenüber, obwohl er Mitglied bei Amnesty war.
Sie schaute den Kühen beim Kauen und Wiederkäuen zu, während sie an der Geschichte mit Arne kaute. Sie

öffnete das Fenster, um ihnen näher zu sein, um sie zu riechen, ihren Geruch nach Milch, Gras und Kuh. Ein Glas fiel zu Boden. Überall Scherben. Es hatte auf dem Fensterbrett gestanden, sie hatte es übersehen. Sie brach in Tränen aus.

In Amerika hatte sie versucht, Glas zu machen. Die erste Blume hatte sie zerbrochen, die zweite die junge Frau, die ihr erklärt und gezeigt hatte, wie man Glas macht. Und dann verbrannte Iris sich an dem heißen Stab, mit dem sie einen Tropfen flüssiges Glas aus dem Ofen geholt hatte.

Man musste die Stange drehen, durfte sie nur am Griff anfassen. Mit einer Zange wollte Iris das Glas, das schnell zähflüssig wurde, in auslaufende Spitzen ziehen, in die Blütenblätter einer Lilie, und berührte dabei aus Versehen die heiße Stange.

Auch da war sie in Tränen ausgebrochen. Dass sie weinte, war fast schlimmer als der Schmerz. Sie schämte sich für ihre Tränen, konnte aber nicht aufhören zu weinen. Es war, als hätten sich Schleusen geöffnet, um Tränen fließen zu lassen, die schon lange hatten fließen wollen.

Die junge Frau, die ihr beibringen wollte, wie man Dinge aus Glas macht, war bestürzt von den Tränen, die über das Gesicht von Iris liefen. Und liefen. Dann kümmerte sie sich um eine andere Frau, die ebenfalls lernen wollte, wie man flüssiges Glas formen kann.

Iris sah ihnen zu, während sie weiter weinte und die verbrannte Hand in ein Gefäß mit kaltem Wasser hielt. Sie weinte, weil sie irgendwann sterben musste, sie weinte um Menschen, die sie geliebt hatte und die schon gestorben waren. Sie weinte um alle Menschen, deren Leben gerade zerbrach, durch Gewalt und Krieg, und fragte sich, im Namen welcher Moral Städte zerstört und Menschen getötet wurden. War diese Moral nicht ganz und gar unbrauchbar? Die Moral derjenigen, die für sich in Anspruch nahmen, zu *den Guten* zu zählen, hinderte sie jedenfalls nicht daran, andere zu töten.

Und jetzt, mit Blick auf die weidenden Kühe, weinte sie wieder, diesmal über die Beziehung zu Arne. Auch Beziehungen sind zerbrechlich. Hast du das nicht gewusst? Oder hattest du es schon vergessen?

Dann hörte sie auf zu weinen, holte Kehrblech und Besen, fegte die Scherben zusammen und kippte sie in den Müll. Ich könnte etwas aus Glas machen, dachte sie, während die Scherben vom Kehrblech in den Eimer rutschten. Etwas zur Zerbrechlichkeit des Lebens, zu den scharfen Kanten von Gut und Böse.

Ihr Handy läutete.

Arne!

Hast du mich noch ein wenig lieb? Ich habe mich von meiner Frau getrennt. Endgültig.

Jetzt bin ich aber überrascht.

Um ehrlich zu sein, sagte er mit entwaffnender Offenheit, hat sie sich von mir getrennt, weil sie sich in einen anderen verliebt hat. Was mich aber sehr erleichtert, denn nun bin ich endlich frei für dich.

Wendehals!

Ich bitte um Gnade, verehrungswürdige holde Jungfrau! Ich habe Sehnsucht nach dir und werde alles dafür tun, den Bruch zu kitten. Und die Fenster im Wintergarten. Auch die haben es nötig.

Sie lächelte.

Mhm. Ich überlege es mir.

Nach einer kurzen Pause sagte sie: In London hast du ein Boot aus einem Flyer gefaltet und gesagt: Je mehr Knicke, desto stabiler das Boot. Hoffentlich gilt das auch für unsere Beziehung. Aber es muss kein weiterer Knick mehr dazu kommen.

Ich werde mir Mühe geben, rief Arne. Hoch und heiliges Ehrenwort! Ich bin erleichtert! Ein Stein fällt mir vom Herzen. Ich habe befürchtet, dass du nichts mehr von mir wissen willst. Ich habe Angst gehabt, dass ich dich endgültig verloren habe. Aber nun bin ich glücklich, ein überglückliches Einhorn. Darf ich zu dir kommen? Wenn du *ja* sagst, setze ich mich sofort in den Zug und bin morgen früh in Thürmen.

Mit dem Zug? Was ist mit deinem Transporter?

Der hat den Geist aufgegeben.

Er nahm den Nachtzug. Sie holte ihn am nächsten Morgen vom Bahnhof ab. Er küsste sie und sagte: Entschuldige! Ich war ein Kamel! Ich habe mein Glück mit Füßen getreten.

Er ging neben ihr, mit wiegendem Gang und hoch erhobenem Kopf. Sie sah ihn von der Seite an. Ja, er war ein Kamel, ein prächtiges Kamel. Er spürte ihren Blick und deutete mit dem Kopf auf den Laden, an dem sie gerade vorbeigingen.

Da gehen wir rein! Dann ist bald alles wieder in Butter.

Sie las: *Haar-Moni*.

Als sie im Haus waren, packte er seinen Rucksack aus. Er hatte zwanzig Dosen Kitekat mitgebracht und Kitt für die Fenster. Er gab der Katze Futter und stellte die Packungen mit dem Kitt in den Wintergarten. Dann umarmte er Iris und sagte: Jetzt habe ich die Hände endlich frei.

In diesem Augenblick wurde die Haustür geöffnet und Zar kam in die Küche. Arne ließ Iris los und Zar sagte überrascht: Hallo.

Hallo Zar! Wo kommst du denn her?

Aus Afghanistan.

Das weiß ich. Und jetzt gerade?

Aus der Bäckerei. Ich mache eine Ausbildung.

Zar legte eine Tüte auf den Küchentisch und sagte entschuldigend, obwohl es nichts gab, für das er sich hätte entschuldigen müssen: Da sind Brötchen drin. Und Seelen. Die hat mir der Bäcker mitgegeben.

Er sei müde und müsse sich hinlegen. Er zog die Küchentür hinter sich zu und ging die Treppe hoch in sein Zimmer.

Den hatte ich ja ganz vergessen, sagte Arne.

Am Nachmittag entfernte er den bröckligen alten Kitt der Fenster im Wintergarten und klebte die Scheiben mit einem gelben Band ab, das er im Keller gefunden hatte. Er rührte Kitt mit Wasser an und strich ihn mit einem Spachtel in die Spalten zwischen Rahmen und Glas.

Danach sagte er zufrieden zu Iris: Nun wird es nie mehr kalt zwischen uns!

Leider ließ sich das gelbe Klebeband nicht so leicht wieder abziehen, deshalb ließ er es erstmal dran. In den nächsten Tagen sahen die Fenster aus, als wären sie verwundet und bepflastert worden. Und das war ein ganz passendes Bild für ihre Liebe.

Als Iris am nächsten Tag nach Spetzgart fuhr, dachte sie an ihren Einfall, etwas zur Zerbrechlichkeit des Lebens zu machen, zu den scharfen Kanten von Gut und Böse. Sie suchte im Internet und fand einen Kunstglaser in Thürmen. Auf seiner Webseite stand ein Gedicht:

Alle Menschen müssen sterben,
nur der alte Glaser nicht.
Der besteht aus Kitt und Scherben
und die frisst der Teufel nicht!

Sie rief an und erklärte ihr Anliegen. Sie stelle sich einen Rahmen vor und darin etwas, das wie eine zerbrochene Landschaft aussehe. Der Glaser sagte, dass sie gern vorbeikommen könne, dann zeige er ihr, was möglich sei.

Die Werkstatt lag im Industriegebiet, gegenüber eines Fitness-Studios. Die Fassade war grau, mit großen, mehrteiligen Fenstern. Iris öffnete die Metalltür und betrat eine Halle mit Hebebühne und hohen Regalen. In diesen Regalen standen meterhohe Glasscheiben, nach Farben geordnet.

Der Glaser saß an einem Schreibtisch über einer Zeichnung. Er begrüßte sie und sagte mit Blick in den Raum: Wir waren mal mehr. Hier haben in den Hoch-Zeiten vierzig Leute gearbeitet. In den sechziger Jahren gab es in den Wohnzimmern noch Schränke mit Schiebetüren aus Glas. Da war der Bedarf an Glasern groß. Heute sind wir nur noch zu zweit.

Er ging mit Iris zu dem Tisch, an dem sein Mitarbeiter an einem Fenster arbeitete, das aus kleinen runden Scheiben bestand, die in Bleifassungen eingelassen waren.

Der Glasmalermeister kommentierte: Früher hatte man dünneres Glas als heute. Man hat am Material gespart. Das Glas war eineinhalb bis zwei Millimeter dünn, während unser Normglas fünf Millimeter hat.

Er sprach von der Liebfrauenkirche, deren Fenster er viele Jahre betreut und, wenn nötig, ausgebessert hatte, buntes Glas, meisterlich geschnitten und eingefaßt. Dann beauftragte das Denkmalamt Restauratoren, die zehnmal so teuer waren.

Das sieht man doch von unten gar nicht, sagte er, ob das Glas fünf Millimeter oder nur zwei Millimeter hat. Aber es ist haltbarer! Wenn die damals unser Glas hätten machen können, dann hätten sie es gemacht. Der Denkmalschutz treibt seltsame Blüten. Zwei Millimeter dünnes Glas herzustellen! Das kann man auch nur machen, wenn Geld keine Rolle spielt. Aber nun zu Ihnen. Erzählen Sie! Was haben Sie vor?

Ich möchte etwas machen zur Zerbrechlichkeit des Lebens, sagte Iris. Zu den scharfen Kanten von Gut und Böse.

Hat das Gute auch scharfe Kanten?

Ja. Im Namen des Guten wird viel Unrecht getan.

Das ist leider wahr.

Ich stelle mir eine Landschaft vor, sagte sie, die zu Bruch gegangen ist. Eine Landschaft, die an ein Fenster erinnert, in das jemand einen Stein geworfen hat.

Der Glaser sagte: Es gibt verschiedene Möglichkeiten, Glas zu brechen.

Er sprach von Graten und Spitzen, von Bruchreliefs, die an die Kontur von Gebirgen erinnern. Er habe früher Glas geschlagen, sagte sein Mitarbeiter, für Betonfenster. Er holte ein Fenster aus massivem Glas in einer ebenso massiven Betonfassung. Ein Zeit lang sei das Mode gewesen.

Das, was Sie sich vorstellen, sagte der Glasermeister, müsste man eigentlich lasern. In Glas schneiden. Aber das würde dann nicht wie zerbrochenes Glas aussehen, sondern künstlich. Nicht so, als hätte jemand einen Stein in ein Fenster geworfen. Wie groß soll denn das Ganze sein?

Vier mal drei Meter, sagte Iris. Die Arbeit soll draußen stehen, auf dem Hügel hinter Schloss Spetzgart.

Man könnte einen Rahmen machen mit drei Schichten, schlug der Glaser vor. Die mittlere Scheibe mit einer Bruchkontur, eingefügt in zwei Trägerscheiben aus Sicherheitsglas. Denn es soll sich ja niemand an den Graten verletzen.

🐪

Iris und Arne saßen im Wintergarten, mit Blick ins Grün von Flieder, Mirabelle, Magnolie und Felsenbirne, durch die acht großen Fenster, die durch ein schmales Fensterkreuz geteilt waren. Jeder dieser acht mal vier Ausblicke war umgeben von einem Streifen Klebeband.

Iris sagte: Willst du nicht mal die Pflaster abziehen?

Die Fenster sehen aus, als hätten sie einen schlimmen Unfall hinter sich.

Hatten sie ja auch, sagte Arne.

Aber die Wunden heilen besser, sagte Iris, wenn Luft dran kommt.

Arne stand auf, holte eine Messer und versuchte, das gelbe Klebeband abzukratzen. Was schlecht ging.

Das klebt ja wie Pech und Schwefel, sagte er missmutig. Wie viele Jahrhunderte war dieses verdammte Band in deinem Keller?

Seit den Bauernkriegen.

Mindestens.

Er schabte. Iris holte sich ebenfalls ein Messer und bearbeitete ein anderes Fenster. Da kam Zar in die Küche, sah Iris und Arne im Wintergarten, hob den Brief hoch, den er in der Hand hielt. Das sei seine Lohnabrechnung. Er arbeite jede Nacht, bekomme aber kaum Geld.

In Afghanistan lernt man bei der Arbeit, sagte er. Dafür braucht man keine Ausbildung. Man lernt vom Vater, vom Bruder, vom Onkel. Warum ist das hier anders?

Das hat sich so entwickelt, sagte Arne. Es gibt Standards und Vorschriften im Lebensmittelbereich, die muss man kennen. Aber es stimmt, die Bäcker haben es nicht leicht. Weder die Lehrlinge noch die Meister. Einer meiner Freunde ist Bäcker. Ich habe ihn nach der Wende in den Westen mitgenommen und bin mit ihm in eine Großbäckerei gegangen. Der Leiter zeigte ihm seinen Betrieb und hat ihm alles genau erklärt. Als mein Freund wieder zuhause war, hat er versucht, aus seiner kleinen Bäckerei eine große zu machen. Er übernahm Bäckereien in Naumburg, Zeitz und Sahlen, bald hatte er sechs

Filialen und keine Zeit mehr für Frau und Kinder. Seine Frau meckerte: Du bist mit der Bäckerei verheiratet. Ich weiß gar nicht mehr, wie du aussiehst. Dann öffnete eine Backwarenkette einen Laden und verkaufte die Brötchen ein paar Cent billiger. Die machen den Teig gar nicht mehr selbst, die kaufen sogenannte *Rohlinge* in Tschechien. Das war der Ruin meines Freundes. Irgendwann ging er Konkurs. Als ihn dann noch seine Frau verließ, setzte er sich ins Auto und fuhr mit Vollgas gegen eine Wand. Im Krankenhaus wurde er zusammengeflickt. Nachdem er wieder laufen konnte, ging er ans Band bei der Backwarenkette, die seinen Laden kaputt gemacht hatte. Später durfte er die Brötchen der Kette in seinem ehemaligen Laden verkaufen.

Das ist ja schrecklich, sagte Iris entsetzt. Und wenig geeignet, um Zar zu motivieren. Warum hat der Mann keine Biobäckerei aufgemacht?

Bei uns haben die Leute nicht so viel Geld wie bei euch, sagte Arne. Bei uns haben Biobäcker einen schweren Stand. Die sind in Nullkommanichts weg vom Fenster.

Dann sagte er, nach einem kurzen Schweigen: In seiner Freizeit hat sich der unglückliche Bäcker um Glatzen gekümmert, um rechtsradikale Jugendliche. Und für die NPD kandidiert. Er hat Plakate aufgehängt mit Sprüchen wie: *Mitteldeutschland den Mitteldeutschen.*

Iris wiederholte verblüfft: Mitteldeutschland den Mitteldeutschen!? Ich wusste gar nicht, dass es Mitteldeutschland gibt. Aber wenn, dann verstehe ich nicht, was er damit sagen wollte. Dass alle, die keine Mitteldeutschen sind, in Mitteldeutschland unerwünscht sind?

Genau, sagte Arne. Es heißt, dass er keinen gesteigerten Wert legte auf die Präsenz von Süddeutschen, Westdeutschen und Norddeutschen.

Da sagte sie mit einem kämpferischen Unterton in der Stimme: Proletarier aller Länder, vereinigt Euch! Es geht doch immer noch darum, in die richtige Richtung zu schauen. Nicht nach unten, sondern nach oben, wo sich das Geld der Reichen von selbst vermehrt. Während die Armen auf keinen grünen Zweig kommen. Man darf den Raffgierigen und Maßlosen das Feld nicht überlassen. Das ist weder eine Frage der regionalen noch der nationalen Zugehörigkeit.

Da sagte Arne: Ja, Rotkäppchen. Da bin ich ganz deiner Meinung! Ich bin auch der Meinung, dass man schauen sollte, wer sich auf wessen Kosten bereichert. Aber ich ziehe andere Schlüsse als du. Ich bin nicht mehr für die Diktatur des Proletariats. Damit habe ich schlechte Erfahrungen gemacht.

Zar hatte immer noch keine Schneidezähne. Eine Freundin erzählte Iris von einem Zahntechniker, der bereit sei, die Arbeitszeit für einen Zahnersatz nicht in Rechnung zu stellen. Iris rief ihn an, erzählte von Zar, erzählte, dass er eine Lehre als Bäcker mache.

Dann ist er krankenversichert, sagte der Zahntechniker, dann muss ich ja gar nicht umsonst arbeiten. Dann soll er bei seiner Krankenkasse einen Antrag stellen auf Zahnersatz. Am besten geht ihr erst noch mal zum Zahnarzt. Ich kenne einen netten, einen, mit dem ich gern zusammenarbeite.

Er gab Iris die Adresse. Sie rief den Zahnarzt an und verabredete einen Termin für Zar. Aber weil er in der Nacht in der Backstube arbeitete, legte er sich ins Bett, sobald er nach Hause kam und hätte auch diesen Termin verschlafen, wenn Iris nicht versucht hätte, ihn telefonisch zu erreichen. Als er nicht ans Handy ging, radelte sie alarmiert nach Hause.

Sie klopfte an seine Tür: Aufwachen! Du hast einen Termin beim Zahnarzt!

Mit verschlafenem Gesicht kam er aus dem Zimmer. Sie verließen das Haus, setzten sich auf die Räder, fuhren zur Praxis mit einem lächelnden Mund über dem Eingang. *Smile!*

Behutsam und freundlich erklärte der Zahnarzt die verschiedenen Möglichkeiten, die fehlenden Vorderzähne zu ersetzen. Zar könne eine Prothese bekommen, besser wäre allerdings eine Brücke. Man müsse dafür zwar die Nachbarzähne anschleifen, aber eine Brücke halte einfach besser. Am besten seien Implantate, aber die seien auch am teuersten. Er würde eine Brücke empfehlen.

Und obwohl sich Zar beim ersten Zahnarztbesuch vehement gegen eine Brücke gewehrt hatte, war er nun damit einverstanden. Die Assistentin machte Abdrücke von seinen Zähnen und sagte: Sie bekommen jetzt erstmal eine Prothese, die Sie auf die Nebenzähne schieben können. Das ist ein Provisorium, aber besser als die Lücke.

Iris saß in der Ecke auf einem Stuhl, auf dem normalerweise die Mütter saßen, wenn ihre Kinder behandelt wurden, und sah, dass Zars Zähne weiß waren und kräftig, ohne Loch, ohne Füllung. Kein Karies, obwohl er so gern Honigbrote mit Walnüssen aß. Der Angriff, bei dem er seine Vorderzähne verloren hatte, musste brutal gewesen sein. Kein Wunder, dachte sie, dass er nicht daran denken will und alle Zahnarzttermine vergisst. Aber nun würde er endlich neue Zähne bekommen. Sie war zufrieden mit sich.

Eine Nachbarin brachte Iris zwei große Tüten mit Handtüchern und Bettwäsche, sie habe doch Kontakt zu Flüchtlingen. Iris packte die Tüten ins Auto und fuhr zur Turnhalle. Am Eingang spielte ein Mann von der Security mit Kindern, sie lachten ausgelassen und zutraulich. Am Kaffeeautomat standen drei junge Männer, einer fragte Iris, ob sie einen Kaffee haben wolle.

Danke, sagte sie, aber sie wolle gerade keinen.

Da fragte er: Wie geht es Ihnen?

Mir geht es gut, sagte Iris. Und wie geht es Ihnen?

Es geht mir auch gut, sagte er. Wie heißen Sie?

Das waren offenbar die ersten deutschen Sätze, die er gelernt hatte. Sehr viel mehr konnte er noch nicht und wechselte deshalb bald ins Englische. Er komme aus Damaskus, sein Großvater sei aber aus Palästina, deshalb sei die ganze Familie staatenlos.

Iris fragte: Ist es gut, staatenlos zu sein?

Ja, sagte er, weil ich dann vielleicht eher die deutsche Staatsangehörigkeit bekomme.

Zwischen Tischen, Bänken und Container-Wänden fand eine Verabschiedung statt. Die Frauen umarmten sich, die Männer auch, die Familie, die gehen konnte, wurde von allen beneidet, eine deutsche Familie hatte ihr ein Haus zu Verfügung gestellt.

Kurt querte den Raum mit zielstrebiger Geschäftigkeit, Iris kannte ihn aus dem Asylkreis. Sie winkte ihm zu, fragte, wo sie die Tüten hinstellen könne. Er deutete diagonal durch den Raum zur Kleiderkammer vom Roten Kreuz.

Sie fragte, ob er oft hier sei. Er nickte und sagte, dass er in der Nachbarschaft wohne, Rentner sei und Zeit habe. Eine junge Frau mit Kopftuch näherte sich, offenbar wollte sie Kurt etwas fragen. Kurt stellte die Frauen einander vor.

Das ist Shirin, sagte er. Sie kommt aus Afghanistan.

Iris wiederholte interessiert: Aus Afghanistan? Aus welcher Stadt kommen Sie?

Ich komme aus Ghazni, sagte Shirin.

Iris dachte an Zar. Shirin war in seinem Alter und wäre genau die Richtige für ihn. Sie würde ihn auf andere Gedanken bringen, denn trotz der Bäckerlehre war er oft bedrückt.

Ich würde mich freuen, sagte Iris, wenn Sie am Samstag zu mir zum Tee kommen könnten.

Die Frau lächelte. Danke.

Iris schrieb ihre Adresse auf einen Zettel und sah Zar schon mit Shirin Hand in Hand am Waldrand spazieren gehen, links die mächtigen Buchen und Eichen, rechts die Heidelbeerplantage mit den Netzen, am Horizont ganz schmal der See und dahinter die Berge. Die Frau nahm den Zettel und sagte, dass sie gerne kommen werde, gemeinsam mit ihrem Mann, seinen zwei Brüdern und ihrer Schwiegermutter.

Iris erzählte Zar, dass sie in der Turnhalle eine Frau aus Afghanistan kennengelernt und für Samstag eingeladen habe. Sie komme aus Ghazni und sei verheiratet.

Ist sie eine Hazara?

Weiß ich nicht. Wer sind Hazara?

Viele Hazara wohnen in der Gegend um Ghazni, sagte Zar. Sie sprechen Persisch wie wir, sind aber Schiiten. Deshalb werden sie von den Taliban verfolgt. Sie haben es nicht leicht.

Dann erzählte er, dass er in der Berufsschule gefragt worden sei, warum gerade so viele Menschen nach Deutschland kämen, woher er komme und warum er da sei.

Und was hast du geantwortet?

Ich habe gesagt: Das kann ich euch nicht erklären. Mein Deutsch ist nicht so gut.

Und damit haben sie sich zufrieden gegeben?

Nein. Da habe ich gesagt, dass keiner freiwillig die Heimat verlässt. Was glauben sie? Dass man geht, wenn man nicht muss? Eine Flucht ist doch keine Urlaubsreise!

Das ist gut, sagte Iris. Das haben sie hoffentlich verstanden. Ich habe heute in der Turnhalle auch mit einem Palästinenser gesprochen. Er war staatenlos.

Zar sah sie an: Staatenlos!? Ist es möglich, staatenlos zu sein?

Das wusste ich auch nicht.

Ich möchte auch staatenlos sein. Was kann ich tun, um staatenlos zu werden? Ich bin enttäuscht von Afghanistan und den Afghanen. Man kann nichts mit ihnen anfangen. Und mit einem afghanischen Pass auch nicht.

Ich glaube nicht, dass man einfach staatenlos werden kann. Da musst du Brigitta fragen.

Iris räumte auf, putzte die Fenster und kaufte ein: Baklawa und Datteln, Hummus und Fladenbrot, Nüsse und Pistazien. Sie backte einen Kuchen und machte eine Suppe. Als Arne in die Küche kam, nahm er sich einige Pistazien und fragte: Erwarten wir Gäste?

Ja, sagte Iris. Am Samstag kommt Shirin mit ihrer Familie. Sie sind Hazara. Sie kommen aus Afghanistan.

Reicht ein Afghane nicht?

Zar braucht Gesellschaft.

Kann er sich nicht selbst darum kümmern?

Könnte er. Macht er aber nicht.

Du bist doch nicht seine Mutter.

Stimmt. Aber inzwischen fühle ich eine Art Verantwortung für ihn, die fast mütterlich ist.

Da sagte Arne: Ich wollte am Samstag nach Hagnau fahren zu einem Treffen von Winzern. Ich hatte gehofft, dass du mitkommst.

Ach Arne, sagte sie, das tut mir leid! Das wusste ich nicht. Ich wäre gern mitgekommen. Aber ich kann die Einladung nicht rückgängig machen.

Am Samstag klingelte es pünktlich um drei.

Shirin stand vor der Tür, zart und schlank, neben ihr eine ältere Frau, klein und rund, und hinter den beiden Frauen drei junge Männer, der eine war Shirins Mann, die anderen beiden seine Brüder. Mit ihren schmalen Augen sahen sie mongolisch aus.

Iris bat sie ins Wohnzimmer, goss Tee und Kaffee ein,

bot Kuchen an und Datteln, Fladenbrot und Hummus. Zar unterhielt sich angeregt mit ihnen. Er fühlte sich wohl, man hörte es, er war aufgeräumt, seine Stimme hatte einen anderen Klang, kehliger, erdiger, steiniger, felsiger, fröhlicher. Ab und zu übersetzte er Teile des Gesprächs für Iris.

Ja, sie sind Hazara. *Hazar* ist das persische Wort für *Tausend*. Und das war auch der Name der Mongolenarmee unter Dschingis Khan.

Das ist ja spannend, sagte Iris.

Sie dachte an die Ausführungen der Museumsfrau in Naumburg über das tausendjährige Reich der Nazis, eine Idee, die sie von Nietzsche geklaut hätten, von seinem Zarathustra. Und Nietzsche wiederum habe es in der Avesta gefunden.

Shirins Mann und seine Brüder besaßen Land und Tiere, sagte Zar. Alle drei können reiten. Ghazni ist eine alte Stadt, sie liegt auf der Handelsroute zwischen dem Iran und Indien. Sie war sehr schön und sehr reich. Viele haben versucht, sie zu erobern. Der Mann von Shirins Schwiegermutter ist von den Taliban umgebracht worden. Auch sie und ihre Söhne waren in Lebensgefahr. Deshalb sind sie geflüchtet. Sie haben alles hinter sich gelassen, ihr Haus, ihr Land, ihre Tiere und ihre Pferde.

Arne fuhr nach Hagnau und dachte an Iris, die afghanische Gäste bewirtete statt mit ihm an den See zu fahren. Zar war doch ein erwachsener Mann! Er konnte sich doch selbst Freunde suchen. Sie kümmerte sich um seine

Zähne, um seine Ausbildung und jetzt auch noch um seine Freundschaften! Neulich war er zufällig dazu gekommen, als sie im Wintergarten mit Zar Tee getrunken hatte. Sie lachte und war ganz entspannt. Entspannter als mit ihm, so kam es ihm vor. Das hatte ihm einen Stich versetzt.

Dann sah er den See. Und die Bergkette dahinter. In der Mitte der Säntis, unverkennbar, unübersehbar. Was für ein Berg! Er musste unbedingt mit seinen Kindern auf den Säntis. Immer, wenn er etwas sah, was ihm gefiel, dachte er an seine Kinder, zuerst an seine Kinder. Er fühlte sich zerrissen zwischen Göttingen, Freyburg und Thürmen. Obwohl nun wenigstens klar war, dass es keinen Weg mehr zurückgab zu Mechthild, denn sie hatte einen Liebhaber.

Das war eine Befreiung, aber auch eine Kränkung.

Als die Mauer fiel, war er zurückgegangen in den Osten, von Freiburg nach Freyburg. Er wollte einen eigenen Weinberg und die SED-Funktionäre entmachten. Den Weinberg hatte er bekommen, die Entmachtung der Funktionäre gelang nicht wirklich, viele kamen schnell wieder in gute Positionen.

Aber auch sie konnten oder wollten die Entwicklung nicht aufhalten, das Verramschen der staatseigenen Betriebe, den Verkauf der LPGs und VEBs zu einem Spottpreis. Werke wurden geschlossen, Arbeiter entlassen, viele wussten nicht, wie es weitergehen sollte. Auch seine Mutter nicht. Sie versuchte, sich das Leben zu nehmen, am 8. Mai 1991, am Tag der Kapitulation Deutschlands. Seine Mutter war in die Saale gegangen, mit Steinen in den Taschen. Spaziergänger hatten sie aus dem Wasser gezogen. Zu DDR-Zeiten waren ihre selbstgetöpferten Tassen und Teller außergewöhnlich, sie wurden gekauft und verschenkt, aber nach der Wiedervereinigung wollte sie niemand mehr haben. Da wurde nur noch gekauft, was aus dem Westen kam oder aus China.

Seine Mutter wurde gerettet, viele andere nicht. Sie hatten das Gefühl, dass ihnen der Boden unter den Füßen weggezogen worden war. Und das stimmte ja auch. Nach der Wiedervereinigung wurden Abschlüsse nicht anerkannt, Ausbildungen infrage gestellt, eine Lehrerin, die zwanzig Jahre lang unterrichtet hatte, sollte noch mal das Staatsexamen machen.

Das war demütigend. Das hat Arne beschäftigt und ihn aufgebracht gegen die Wessis. Auch wenn er inzwischen selbst einer war, fast, nachdem ihn die Bundesrepublik freigekauft hatte. Er saß zwischen allen Stühlen. Das war schon früh sein Ort: zwischen allen Stühlen zu sitzen.

Auf Facebook begegnete Zar einer Frau aus Afghanistan, die in Deutschland lebte. Er schrieb ihr und sie antwortete ihm. Das war unfassbar: Sie hatte ihm geantwortet. Er fragte, ob er sie treffen könne.

Ja.

Wo?

Hier. In Bonn.

Er wollte sofort nach Bonn fahren. Sobald er frei hatte. Übermorgen. Er ging zum Bahnhof, das Ticket war teuer, er kaufte es trotzdem. Als er wieder zuhause war, erzählte er Iris, dass er nach Bonn fahren werde, um eine Frau zu treffen. Leider sei das Ticket sehr teuer gewesen.

Du hättest ein Sparticket kaufen können, sagte Iris. Das ist billiger. Allerdings muss man es drei Tage vor der Reise kaufen.

Ich will nicht warten, sagte Zar. Ich will die Frau sofort treffen.

Man kann ein Treffen verschieben.

Das will ich nicht.

Er fuhr nach Bonn. Er traf die Frau in einem Café. Sie war freundlich, aber unruhig, ihre Familie durfte nichts von dem Treffen erfahren. Sie trank den Tee, den Zar bestellte, aber kaum hatte sie ihn ausgetrunken, stand sie schon auf und verabschiedete sie sich. Er sah ihr nach. Und war enttäuscht. Sie hatte sich keine Zeit genommen für ihn. Er hatte sie nicht kennenlernen können. Das war ein teures Treffen gewesen. Und ganz umsonst.

In der Nacht von Sonntag auf Montag stand er wieder um ein Uhr auf, ging in die Bäckerei, bereitete den Teig vor für die Vollkornbrote und machte die Backstube sauber. Um 9 Uhr morgens kam er nach Hause, legte sich ins Bett und schlief. Er wurde zu einem Eigenbrötler. Das hatte Iris neulich zu ihm gesagt: Du wirst langsam zu einem Eigenbrötler.

Was ist ein Eigenbrötler?

Sie schrieb *Eigenbrötler* auf einen Zettel. Er betrachtete das Wort und fragte, ob ein Eigenbrötler einer sei, der sein eigenes Brot bäckt.

Kann sein, sagte Iris. Das klingt fast so. Ja. Das ist möglich.

Schnee lag auf den Dächern, man sah die Konturen der

Ziegel, sie sahen aus wie die Schuppen eines Fischs. Aus den Schornsteinen stieg Rauch, luftige weiße Wölkchen, die Menschen heizten. Die Sternsinger liefen durch die Straßen, die heiligen drei Könige waren dabei, verkleidete Kinder, sie klingelten an jeder Haustür und sammelten Geld für notleidende Menschen. Kamele hatten sie nicht dabei.

Aber an der Krippe, die Iris unter dem Weihnachtsbaum aufgebaut hatte, stand eins. Seine Füße waren gepolstert, es sah aus, als würde es Pantoffeln tragen. Der Kopf thronte über dem gebogenen Hals. Es warf einen hochmütigen Blick unter halb geschlossenen Augen auf alle, die kamen.

Nur das Kind sah es freundlich an.

So lächeln. Wie das Kind. Ein Lächeln in sich wachsen fühlen wie eine Knospe, die sich öffnet, Blüte wird und blüht! War er jemals Kind? War er jemals sorglos? Für Augenblicke vielleicht. Aber dann fiel wieder der Schatten des Kriegs auf ihn, der Schatten der Sorge seiner Eltern, der Schatten seines toten Bruders.

Zarathustra hatte gelacht, als er auf die Welt kam. Das unterscheidet mich von ihm, dachte Zar. Ich habe bestimmt nicht gelacht. In Afghanistan vergeht dir das Lachen, ob du Anhänger von Zarathustra bist oder nicht. Es wird Zeit, dass sich das ändert. Und dass das Lachen wieder sprudelt.

Er dachte an eine Quelle in den afghanischen Bergen, aus der heißes Wasser schießt, hoch in die Luft, Sekunde um Sekunde, Minute um Minute, Stunde um Stunde, Woche um Woche, ohne zu ermüden. Ein Phänomen, das von Geologen aus der ganzen Welt untersucht wird.

Hier kann man jederzeit heiß duschen, dachte er. Und dann: Zar duscht.

Er lächelte, schrieb: *Zar duscht* auf ein Blatt und hängte es an die Badezimmertür. Er schrieb: *Eigenbrötler* auf ein anderes Blatt und klebte es neben seine Zimmertür. Er schrieb: *Zar auf der Suche nach Zara* und klebte den Zettel über sein Bett.

Heller Dunst lag über dem See. In der Nähe des Ufers hatten Schwärme von Seevögeln Winterquartier bezogen. Einige schlugen rhythmisch mit den Flügeln, es war eine ansteckende Bewegung, die durch die Gruppen wanderte. Sie balzten. Schon. Obwohl es noch früh im Januar war.

Arne und Iris setzten sich auf einen der entrindeten Stämme, die am Ufer lagen. Über ihnen schaukelten die wenigen Blätter einer Weide, die noch nicht abgefallen waren.

Sie hörten das Plaudern und Plappern der Vögel und die Wellen, die leise murmelnd ans Ufer schlugen, in einer Bewegung, die wie Atmen war, sanft, spielerisch, unangestrengt.

Ein Vogel landete zwitschernd auf einem Ast und mit ihm die Muse. Vielleicht war sie mit der Muße verwandt. Es hörte sich an, als würde die eine die andere brauchen, die Muse die Muße, und als wäre die Musik die Dritte im Bund.

Der Geist der Schwere löste sich auf. Eine Melodie hob sich und umschwebte sie, eingewoben die Balzrufe der

Vögel und ihr Flügelschlagen. Auch Arne hörte zu. Ausnahmsweise war er ganz still.

Auf dem Rückweg erzählte er von einer Stelle in Leipzig. Er hatte nach der Wende eine juristische Zusatzqualifikation gemacht, als der Verkauf der Fässer eingebrochen war. Eine Zeit lang war er zuständig für die Weinbergsanierung in Sachsen-Anhalt.

Ich würde mich da gern bewerben, sagte er. Es geht um die Entwicklung ländlicher Gebiete. Damit kenne ich mich aus. Du hast doch mal gesagt, dass du dir vorstellen könntest, nach Sahlen zu ziehen. Wegen Nora. Ich finde das Hin- und Herpendeln zwischen Thürmen, Göttingen und dem Schweigenberg mühsam. Ich kann mich weder um den Weinberg richtig kümmern noch um meine Werkstatt. Und ich möchte näher bei meinen Kindern sein.

Bewirb dich, sagte sie.

Das Büro der Landschaftsarchitektin, mit der Iris zusammen arbeitete, hatte eine Filiale in Leipzig. Sie würde fragen, ob eine Stelle frei war. Ob sie Aufträge in Sachsen bekommen konnte, auf Honorarbasis.

Arne bewarb sich, wurde zu einem Vorstellungsgespräch eingeladen und bekam eine Woche später die Zusage. Anfang März könne er anfangen. Iris sprach mit der Landschaftsarchitektin, erzählte von Nora und von Arne, von Sahlen und vom Schweigenberg.

Ich werde sehen, was sich machen lässt, sagte die Kollegin. Aber ich kann dir nicht viel Hoffnung machen. Ich möchte nur noch Leute aus den neuen Bundesländern nehmen. Erst vor kurzem habe ich jemanden eingestellt.

Wenn Arne nicht in Leipzig war, war er im Schweigenberg, im Haus, im Garten, im Weinberg. Eines Abends kam Norbert vorbei, als Arne gerade Weinflaschen etikettierte.

Silvaner, *Kerner*, *Riesling*, las Norbert. Und alle vom Schweigenberg.

Stimmt.

Es gibt viel, sagte Norbert, worüber nicht öffentlich gesprochen wird. Das ist auch – und im wahrsten Sinn des Wortes – ein *Schweigenberg*.

Er sprach von der Treuhand, die das ganze Land verscherbelt habe, von westdeutschen Unternehmern, die sich eine goldene Nase in der Wendezeit verdient hätten, er regte sich über die Wessis auf und die Berliner Politik, die Flüchtlinge willkommen heiße, aber keine Rücksicht auf die Leute im eigenen Land nehme.

Heute Abend gibt's einen Vortrag, sagte er, genau zu diesem Thema.

Und weil Arne nichts vorhatte, ging er mit. Die Veranstaltung fand im Festsaal eines Lokals statt. Norbert holte zwei Flaschen Bier, eine für Arne und eine für sich, die Tische waren gut besetzt, man sah mehr Männer als Frauen, weiße Hemden und hellblaue Krawatten.

Ein Mann ging ans Rednerpult, rückte das Mikro zurecht und stellte sich vor. Er komme aus Baden-Württemberg, wie man unschwer an seinem Dialekt hören könne, und habe die ersten zwanzig Jahre seines Lebens in Thürmen verbracht.

Arne wiederholte überrascht: In Thürmen!

Norbert fragte: Hast du da nicht mal gewohnt?

Ja, sagte Arne, da habe ich mal gewohnt.

Der Mann am Pult sagte, dass er an einem humanistischen Gymnasium das Abitur gemacht hätte. Nun lebe er auf einem Gut in Sachsen-Anhalt, sei zum zweiten Mal verheiratet und habe sieben Kinder. Auch Arne hatte mal von sieben Kindern geträumt, von sieben Söhnen, um genau zu sein. Und von einer Frau, die gut kochen konnte und ihm den Rücken frei hielt.

Ich bin Verleger, sagte der Mann, der aus Thürmen kam. Das Buch, das ich ihnen heute vorstelle, handelt von der *Konservativen Revolution* in Deutschland zwischen den Weltkriegen. Der Verfasser war einige Jahre lang Privatsekretär von Ernst Jünger und ein Anhänger von Jüngers *Heroischem Realismus*.

Heroischer Realismus! Noch so ein Begriff! Arne hatte bis jetzt weder von einer Konservativen Revolution gehört noch von Heroischem Realismus. Er fragte sich, wie das zusammengehen sollte: *konservativ* und *Revolution*. Und was den Realismus anbetraf, so kannte er nur den *Sozialistischen Realismus*.

Jüngers Sekretär ist, so der Referent, zu einem Vordenker der Neuen Rechten geworden. Er hebt die Wichtigkeit schlagkräftiger Begriffe hervor, die *polemisch* sind in der Bedeutung von *Polemos*, dem griechischen Wort für *Kampf*. Einer dieser Kampfbegriffe ist der *Große Austausch*. Die Deutschen sollen durch Nicht-Deutsche ersetzt werden, die Christen durch Muslime. Das ist der Plan einer global agierenden Elite.

Bis jetzt war noch niemand bei mir, sagte Arne leise zu

Norbert, der mich aufgefordert hätte, das Land zu verlassen. Oder mein Haus an einen Muslim abzutreten.

Freu dich nicht zu früh, sagte Norbert. Das kommt schon noch. Tatsache ist: Die Männer, die auf dem Weg nach Deutschland sind, wollen unsere Frauen. Und unsere Töchter. Ehe wir uns versehen, sitzen sie im gemachten Nest. Und wir sind draußen.

Nouruz wurde gefeiert, das Neujahrsfest, das in vielen Ländern im nahen und mittleren Osten am 21. März gefeiert wird. Die Geflüchteten luden alle ein, die sie unterstützt hatten. Am Eingang der Halle stand ein Tisch mit einer Glaskugel, in der zwei Goldfische schwammen, daneben lagen gefärbte Eier, Münzen, Äpfel, eine Schale mit Gewürzen, eine mit Weizen, ein Topf mit Hyazinthen und ein Glas Essig.

Alles Dinge, erklärte Zar, die Glück und Wohlstand bedeuten und mit dem Buchstaben S beginnen: Sekke, Sib, Somach, Sombol, Sir, Sabseh und Serke.

Er setzte sich zu Bekannten aus Afghanistan, Iris zu Brigitta. Sie kam ins Gespräch mit einem Mann aus dem Norden Syriens. Er erzählte von den Feuern, die in seiner Heimat an Nouruz oder Newroz angezündet werden, um an die Befreiung von der Herrschaft eines grausamen Königs zu erinnern. Er habe über viele Länder des nahen und mittleren Ostens geherrscht, Kriege angezettelt und unnachgiebig Steuern eintreiben lassen.

Das ging viele Jahre so, sagte der Syrer, bis es endlich einem Schmied namens Kawa gelang, ihn umzubringen.

Überall wurden Freudenfeuer angezündet, um die Befreiung von dem Tyrannen zu feiern. Die Feuer an Newroz sind immer noch Zeichen für die Sehnsucht nach Freiheit. Auch und besonders für die Kurden.

Sind Sie Kurde?

Ja, sagte er. Und ich heiße Kawa.

Das klingt nach einem folgenschweren Auftrag, stellte Iris fest.

Zum Glück bin ich nicht der einzige Kawa in Syrien, sagte er lächelnd. Der Name ist bei den Kurden sehr beliebt.

Verständlich.

Auf dem Tisch standen Teller mit Reis und Hühnerfleisch, Tabouleh und Hummus, eingelegten Weinblättern mit Zitronenscheiben und Datteln. Kawa nahm sich einen Teller mit Reis und Huhn, Iris eine Schale mit Tabouleh, einem Salat aus Petersilie und Zitrone, Tomate und Gurke, fein gehackten Zwiebeln und Bulgur.

Früher war ich davon überzeugt, sagte Kawa, dass die Kurden die besseren Menschen sind, besser als die Angehörigen aller anderen Völker. Deshalb war ich, das muss ich selbstkritisch sagen, ein faschistischer kleiner Kurde.

Er lachte. Iris auch.

Eine gute Definition von Faschismus, sagte sie. Ein Faschist ist, wer davon ausgeht, dass das eigene Volk besser ist als alle anderen Völker.

Kawa erzählte, dass er in Ankara Medizin studiert und Demonstrationen vor der syrischen Botschaft organisiert habe.

Anfangs kamen zwanzig Leute, sagte er, später fünfhundert. Am Freitag haben wir demonstriert, den Rest der Woche gelernt. Im Januar 2012 fand ein Massaker in Homs statt, bei dem zweihundert Menschen durch Soldaten der Syrischen Armee umgebracht worden sind. Daraufhin wollte ich mit Freunden die syrische Botschaft besetzen.

Die Botschaft war umgeben von einem Zaun mit Stacheldraht, vor den Türen standen bewaffnete türkische Polizisten. Die Stimmung war aufgeheizt. Als ich gesehen habe, dass ein Freund das Maschinengewehr eines Polizisten runtergedrückt hat, habe ich die Aktion abgeblasen. Ich hatte Angst, dass sich ein Schuss löst und jemanden verletzt. Wir haben uns für Freiheit, Demokratie und Frieden eingesetzt, aber Frieden kann man nur auf friedliche Weise erreichen.

Und was soll man machen, fragte Iris, wenn eine Seite nicht friedlich ist? Wenn sie Waffen hat und schießt? Muss man sich dann nicht wehren?

Wenn man sich wehrt, sagte Kawa, begeht man bald selbst Verbrechen. Diejenigen, die sich der Freien Syrischen Armee angeschlossen haben, waren bald ebenso brutal wie die Leute in Assads Armee. Außerdem wurden sie unterwandert von islamistischen Gruppierungen, weil sie Geld brauchten und Waffen.

Und wie geht es in Syrien weiter?

Ich war bei Kongressen in Beirut, sagte Kawa, in denen es um die Zukunft Syriens ging. Leider waren nicht alle Gruppierungen eingeladen. Das wäre aber wichtig gewesen. Man muss sich auch Meinungen anhören, die einem nicht gefallen, Meinungen, mit denen man nicht einverstanden ist.

Es wurde überraschend schnell warm in diesem Jahr. Schon im April fuhr Iris zu einem See im Hinterland von Thürmen. Er war nach der letzten Eiszeit entstanden, aus einem sogenannten Toteisloch, ganz rund und hieß deshalb der Runde See.

Zwei Gürtel umgaben das Wasser, einer war aus Schilf und einer aus Teichrosen. Ihre kugeligen gelben Köpfe ragten auf langen Stängeln aus dem Wasser und sahen aus wie Stecknadeln, die den Rand des Sees am Grund befestigten.

Iris legte ihre Decke auf die Wiese und zog ihren Badeanzug an. Es gab einen Einstieg ohne Schilf und ohne Seerosen. Eine Stufe aus Holz führte in den See, sie war von zwei Pfosten flankiert. Das dunkelgrüne Wasser war gefleckt vom hellgelben Staub der Bäume, die sich in diesem sommerlichen Frühjahr ganz ausblühen konnten.

Die Inseln aus Blütenstaub teilten sich, als Iris den Fuß ins Wasser setzte. Sie glitt ins Wasser, ihre Schwimmzüge verursachten kleine Bugwellen, aus denen winzige Tropfen hüpften. Iris sah sie im Gegenlicht, sie sprangen kreuz und quer, als hätten sie ein Eigenleben, als wären es Willkommensgrüße vom See. Schwalben flogen über ihr, stürzten aus dem Blau, kurvten knapp über dem Wasser.

Bald hatte sie einen Begleiter: eine Bremse. Schnappt sie euch, rief sie den Schwalben zu. Ich will sie nicht. Die Bremse, die ihren Kopf wie ein Satellit umkreiste, setzte zur Landung an, Iris tauchte unter, schwamm ein Stück unter Wasser und versuchte, sie auf diese Weise auszutricksen.

Kaum tauchte sie wieder auf, versuchte die Bremse erneut zu landen, und Iris musste wieder abtauchen. So bewegte sie sich durch den See, mehr unter Wasser als darüber, bis sie die Bremse endlich abgeschüttelt hatte und nun entspannt mit weit ausholenden Armbewegungen durch das Wasser pflügen konnte.

Dann saß sie auf der Decke, ließ sich von der Sonne trocknen und dachte an Arne. Der im Schweigenberg war. Und vielleicht gerade im Freibad an der Unstrut, das unterhalb der Weinberge hellblau leuchtete. Wenn Arne nach einem gemeinsam verbrachten Wochenende die Tür hinter sich zuzog und nach Sachsen-Anhalt fuhr, war es still im Haus.

Mit Arne, ohne Arne. Ihre Beziehung war eine Achterbahn. Seitdem er zurückgegangen war zu Mechthild, vertraute sie ihm nicht mehr ganz, vertraute seiner grundsätzlichen Unberechenbarkeit. Und obwohl Arne versucht hatte, den Bruch zu kitten, indem er die Fenster des Wintergartens gekittet hatte, war es doch bald wieder kühl geworden zwischen ihnen.

So fühlte es sich an: kühl. Wenn es um Zar ging und die Frage, warum er immer noch bei Iris wohnte. Oder wenn es um die Flüchtlinge ging, die, wie Arne vorwurfsvoll anmerkte, überall im Land die Sporthallen der Schulen belegten.

Eine Gruppe von jungen Männern brach auf, einer bot ihr ein Eis an, aus der Schachtel, die sie in ihrer Kühltasche dabei hatten: Capri, Raketeneis, eine bunte Mischung unterschiedlicher Eissorten.

Oh, danke!

Sie griff nach einem Capri, zog das Papier ab, leckte am Eis und sah ihnen nach. Wie freundlich diese jungen Männer waren, wie fürsorglich mit ihren bunten Decken und der Kühltasche!

Zar machte Spiegeleier, als sie nach Hause kam.

Hast du schon gehört?

Ich habe einiges gehört, antwortete sie gut gelaunt. Das Wasser. Die Wellen. Schwalben. Eine Bremse, die wie ein Satellit um meinen Kopf kreiste.

Du hast noch nichts von dem Anschlag gehört? Von dem afghanischen Flüchtling? Er hat in einem Zug Menschen bedroht, mit einer Axt.

Oh nein!

Kam die Gewalt, die Afghanistan seit Jahrzehnten verheerte, nun auch nach Deutschland? Nur wenige waren gewalttätig, aber sie zerstörten alles. Nicht nur das Leben anderer Menschen, sondern auch das Leben der nach Deutschland Geflüchteten, denn der Schatten ihrer Untaten fiel auch auf die anderen, auf ihn.

Zar kannte den Mann, der die Buddhas von Bamiyan gesprengt hatte. Auf Befehl der Taliban. Ein anderer Mann, der sich geweigert hatte, wurde umgebracht. Also machte er sich ans Werk. Er legte Dynamit an verschiedene Stellen, strategisch, die Detonation war ungeheuerlich. Sie hat sein Leben erschüttert, die Fundamente ins Wanken gebracht, immer noch bebte der Berg, bebten die Buddhas, bis heute. Wenn er die riesige Lücke sah, in der die Buddhas gestanden hatten, war er erschüttert. Er erzählte von dem starken, alles durchdringenden Geruch nach Dynamit, und dass er nach der Explosion befürchtet hatte, den ganzen Berg gesprengt zu haben. Den heiligen Berg der großen Buddhas. Er fürchtete ihren Ärger, ihren Groll. Ihr Fehlen war noch auffälliger als ihre Anwesenheit.

Das wird so weitergehen, sagte Zar niedergeschlagen. Es wird wieder Anschläge geben, und die Deutschen werden einen Hass auf die Ausländer bekommen. Dann muss ich gehen. Mein Asylantrag wurde abgelehnt. Es ist also nur eine Frage der Zeit, dass ich gehen muss. Ich gehöre nicht hierher. Und werde nie hierher gehören. Auch wenn ich eine Ausbildung mache. Auch wenn ich arbeite. Auch wenn ich Steuern zahle. Auch wenn ich gut Deutsch spreche.

Warum triffst du dich nicht mit anderen Afghanen, fragte Iris. Mit Shirin und ihrer Familie? Du wolltest doch ein Manifest schreiben zur Erneuerung Afghanistans. Was ist daraus geworden?

Dafür braucht man Geld, sagte Zar. Ich arbeite die ganze Nacht und bekomme nicht mal so viel, dass ich davon leben kann. Ich habe keinen Cent übrig für etwas anderes. Das ist doch nicht in Ordnung. So kann man mit Menschen doch nicht umgehen.

Ich finde es auch nicht in Ordnung, dass man von einem Lehrlingsgehalt nicht leben kann.

Ich will weg. Ich gehe nach Indien.

Indien! Ausgerechnet! Da leben eine Milliarde Menschen, viele leben auf der Straße und in Slums. Glaubst du, dass es da einfacher ist?

In Mumbai leben Anhänger von Zarduscht, sagte Zar. Ich habe einen Parsen kennengelernt, der in Mumbai lebt, er und seine Familie. Die Muslime haben die Zoroastrier in Afghanistan gezwungen, sich zum Islam zu bekehren. Viele wurden Muslime, viele wurden getötet und einigen gelang die Flucht nach Indien. In Mumbai gibt es eine große Gemeinde von Parsen. Bei ihnen würde es mir gut gehen.

Es wird trotzdem schwierig in Indien.

Es ist auch in Deutschland schwierig.

Bald bist du im zweiten Lehrjahr, sagte Iris. Dann verdienst du mehr. Und nach dem Ende der Ausbildung kannst du in jeder Bäckerei arbeiten und bekommst ein gutes Gehalt.

Eine Freundin hatte eine Hütte in den Schweizer Bergen. Als Iris davon erzählte, wollte Arne gern hinfahren, in den Pfingstferien, mit ihr und den Kindern, seinen Kindern, ihre waren schon aus dem Haus. Die Fahrt war lang, die Straße führte in Serpentinen ins Gebirge, sie erreichten die Baumgrenze und mussten schlucken, um den Druck auf den Ohren zu lösen.

So ungefähr stelle ich mir die Gebirge in Afghanistan vor, sagte Iris, den Hindukusch und das Pamirgebirge. Auch wenn die noch mal doppelt so hoch sind wie die Schweizer Berge.

Arne fauchte: Afghanistan! Kannst du bitte ein paar Tage lang nicht von Zar reden?

Ich rede nicht von Zar, sagte sie beleidigt, sondern von

dem Land, aus dem er kommt, dem Land Zarathustras.

Ich möchte weder was von seinem Land hören noch von ihm, sagte Arne. Und auch nicht von Zarathustra oder von Nietzsche. Bitte! Eine Woche lang, nur diese eine Woche!

Iris schluckte ihren Ärger runter und sagte: Gut. Einverstanden.

Immer noch Serpentinen, eine Kurve rechts, eine Kurve links, sie schraubten sich langsam höher. Verstreut lagen Holzhäuser, kleine Ansiedlungen, überragt von Viertausendern. Dann waren sie oben, die Straße führte noch bis zu einem Hotel und endete da. Hier musste die Hütte irgendwo sein.

Iris stellte das Auto auf den Parkstreifen und öffnete die Tür. Die Luft war kühl und roch würzig. Blockhütten standen am Hang. Man hörte das Rauschen von Wasserfällen und Bergbächen. Iris faltete den Zettel auseinander mit der Skizze ihrer Freundin und suchte mit den Augen den Hang ab.

Ich glaube, da oben ist sie!

Arne und Iris gingen voraus, Tabea und Moritz hinterher, eine blühende Almwiese hoch zu der Hütte. Arne steckte den Schlüssel ins Schloss, er passte, also waren sie richtig. Sie standen in einer breiten Diele mit Tisch, Kühlschrank und Herd. Eine Tür führte in einen Wohnraum, die zweite nach draußen zum Plumpsklo. Die Hütte war zweihundert Jahre alt und aus dem rötlichen Holz der Arven.

Im Wohnraum lehnten vier Matratzen hinter einem Vorhang. Arne legte sie nebeneinander auf den Boden. Er hatte zwar ein Zelt mitgenommen für seine Kinder, aber in den Nächten würde es noch kalt sein hier oben, auch wenn es schon Ende Mai war. Er nahm einen Kanister und holte Wasser aus dem nahen Bergbach.

Kühe weideten oberhalb der Hütte, sie waren muskulös und hatten prächtige Hörner. Auf den ersten Blick sahen sie aus wie Stiere, aber sie hatten Euter und an ihren Hälsen hingen dicke Glocken. Der Himmel war blau, die Gletscher weiß, die Kühe schwarz, die Wiesen von einem frühlingshaft frischen Grün.

Am nächsten Morgen wanderten sie los. Man hörte ein gleichmäßiges Hämmern, das Dach der Nachbarhütte wurde frisch gedeckt. Meisen zwitscherten. Ein reißender Gebirgsbach versperrte ihnen den Weg, und weil sie keine Brücke fanden, beschlossen sie, die Schuhe auszuziehen und durch den Bach zu waten. Das Wasser war eiskalt und lehmig, Gletschermilch, deshalb sah man den Grund nicht.

Iris tastete mit ihren Wanderstöcken nach Stellen, die nicht ganz so tief waren. Die Strömung rollte Steine durchs Bachbett, einer traf hart und schmerzhaft ihre Wade, kurz kämpfte sie darum, nicht den Stand zu verlieren. Arne kümmerte sich um seine Kinder, die ihn längst überragten und seine Fürsorge kaum noch brauchten, sich aber aufplusterten wie hilfsbedürftige junge Amseln.

Nachdem sie den Bach durchquert hatten, wanderten sie über Bergwiesen und Geröllfelder, bis sie zu dem Eingang eines stillgelegten Bergwerks kamen. Ein Schild warnte: *Weitergehen verboten!* Im Gras lagen die Knochen eines toten Tiers. Arne wollte trotzdem weiter und den Stollen erkunden, er wollte hinein in die Öffnungen des Bergs, hier hatte man einiges gefunden, Eisen, Silber und Gold.

Er sagte, dass er gleich wieder da sei und ging los. Er war ein passionierter Grenzgänger und Grenzüberschreiter, auch wenn er neuerdings oft von Grenzen sprach, von den Außengrenzen Europas und den innereuropäischen Grenzen, sowohl die einen wie die anderen sollten seiner Meinung nach endlich geschlossen werden.

Iris setzte sich mit Tabea und Moritz auf das hellgrün leuchtende Gras vor den Eingang des Bergwerks, während Arne das Unbetretbare betrat. Tabea und Moritz kramten in ihren Rucksäcken nach Büchern, und auch Iris hatte eins dabei.

Sie schlug es auf und las: *Wer bist du? fragte Zarathustra heftig, was treibst du hier? Und weshalb heissest du dich meinen Schatten? Du gefällst mir nicht. Vergieb mir, antwortete der Schatten, dass ich's bin; und wenn ich dir nicht gefalle, wohlan, oh Zarathustra! darin lobe ich dich und deinen guten Geschmack. Ein Wanderer bin ich, der viel schon hinter deinen Fersen her gieng. Mit dir zerbrach ich, was je mein Herz verehrte, alle Grenzsteine und Bilder warf ich um, den gefährlichsten Wünschen lief ich nach, – wahrlich, über jedwedes Verbrechen lief ich einmal hinweg. Mit dir verlernte ich den Glauben an Worte und Werthe und grosse Namen. Ach, wohin kam mir alles Gute und alle Scham und aller Glaube an die Guten!*

Der Schatten von Zarathustra ahnte schon, welche Verbrechen stattfinden würden im Namen seines Schöpfers. Dann fragte sie sich, was Zarathustra dem Schatten geantwortet hatte. *Du hast das Ziel verloren: wehe, wie wirst du diesen Verlust verscherzen und verschmerzen? Damit – hast du auch den Weg verloren! Du armer Schweifender, Schwärmender, du müder Schmetterling! Dorthin führt der Weg zu meiner Höhle. Und jetzo will ich schnell wieder von dir davonlaufen. Schon liegt es wie ein Schatten auf mir. Ich will allein laufen, dass es wieder hell um mich werde.*

Arne tauchte wieder auf. Eine Eisentür hatte den Weg in die Tiefen des Stollens versperrt, deshalb musste er umkehren. Iris schob den *Zarathustra* in den Rucksack, die Kinder verstauten ihre Bücher wieder in ihren Rucksäcken, dann setzten sie ihre Wanderung fort. Die Kinder liefen voraus, Arne und Iris gingen langsamer hinterher. Als Iris ein Foto machte, merkte Arne, dass er seinen Fotoapparat im Bergwerk vergessen hatte und kehrte um.

Während er zurückging, dachte er: Sie hat den *Zarathustra* dabei. Natürlich! Was sonst! Es war, als hätte sich Zar verdoppelt, in einen fehlbaren Menschen und einen Weisen, den Nietzsche zu seinem Sprachrohr gemacht hatte. Nicht zu vergessen den historischen Zarathustra. Seine Konkurrenz bestand aus einer männlichen Dreifaltigkeit, der er nicht traute.

Und wieder dachte er an seine Mutter, die hinter dem Rücken seines Vaters ein Verhältnis mit Gernot angefangen hatte. Gernot war allerdings nicht jünger, sondern älter. Er verliebte sich in sie, weil sie jung und schön war. Als sie älter wurde, hatte er sich an ihre Tochter herangemacht, an die Tochter von Eberhard und Ruth, Arnes Schwester. Sie hat es ihm vor kurzem erzählt. Wenn Gernot nicht längst tot gewesen wäre, hätte Arne ihn zur Rechenschaft gezogen, er hätte ihn angezeigt, er hätte dafür gesorgt, dass Gernot ins Gefängnis kommt.

Ruth hatte trotzdem Bilder von ihm in ihrer Wohnung.

Arne hatte scharf und unfreundlich bei seinem letzten Besuch zu ihr gesagt: Er hat deine Tochter gefickt, und trotzdem hängen seine Bilder an deinen Wänden! Wann wirfst du sie endlich raus?

Da sagte Ruth: Ich habe mich von Gernot getrennt, als ich es erfahren habe. Aber ich habe ihn mal geliebt. Ich werde diese Liebe nicht verleugnen.

Alban erzählte, dass Gernot als Zwölfjähriger von seiner Klavierlehrerin verführt und missbraucht worden war. Vielleicht wurde er deshalb später selbst zum Täter, zu einem, die junge Frauen verführte und missbrauchte. Von der Klavierlehrerin verführt! Arne hatte Gernot nicht bedauert, sondern beneidet. Er wäre auch gern von einer Lehrerin verführt worden.

Davon abgesehen war das keine Entschuldigung für seine Übergriffe. Gernot hatte sich vergangen an der Tochter seiner Frau. Um genau zu sein: An der Tochter einer seiner Frauen. Gernot hatte mehrere Frauen gehabt, nicht nur Gudrun und Ruth. Wie viele Kinder er im Lauf seines Lebens gezeugt hatte, wusste niemand so genau. Das wünscht Mann sich doch. Oder? Wünscht er sich das?

Manchmal hat sich Arne gewünscht, ein Frauenheld zu sein. Aber er hat nie so werden wollen wie Gernot. Er ist für Monogamie. Auch wenn er eine Beziehung mit Iris angefangen hat, obwohl er noch mit Mechthild verheiratet war. Aber da war Mechthild schon ausgezogen und sprach von Scheidung. Jetzt hatte sie sich endgültig von ihm getrennt.

Und wie ging es weiter mit Iris? Es war nicht absehbar, dass sie zu ihm nach Leipzig zog. Sie hatte für Schloss Salem gearbeitet und arbeitete jetzt für Schloss Spetzgart. Um demnächst war sie Teil eines Planungsteams, das die Renaturierung des Bodenseeufers vorantreiben sollte.

Und Zar? Wohnte immer noch bei Iris und dachte nicht daran, sich eine eigene Wohnung zu suchen. Solange sie ihn nicht rauswarf, würde er bleiben. War doch auch bequem, so im gemachten Nest. Arne dachte an den Vortrag des Verlegers, der aus Thürmen kam.

Großer Austausch! Wer weiß, vielleicht war ja doch was dran. Im Anschluss an den Vortrag wurde diskutiert, wie man die Ausländer wieder loswerden könne. Die Gastarbeiter, die in den fünfziger Jahren aus Italien gekommen waren, konnten bleiben, auf gutes italienisches Eis wollten auch die Rechten nicht verzichten.

Aber die Gastarbeiter aus der Türkei sollten gehen. Denn mit ihnen war der Islam nach Deutschland gekommen und der gehörte nicht hierher. Und wie konnte man Syrer und Afghanen bewegen, wieder nach Hause zu gehen?

Das wird nur gelingen, sagte der Verleger, wenn man sich der schon erwähnten Kampfbegriffe bedient, Begriffe, die eine wissenschaftliche Aura haben. Wir müssen theoretisch aufrüsten. Die Rechten müssen genauso schlau werden wie die Linken. Auf der rechten Seite ist bis jetzt theoretisch wenig zu holen. Das muss sich ändern. Die Verbreitung rechter Ideen ist im Wesentlichen eine Frage akzeptabler Begriffe. Man darf also um Himmels Willen nicht von *Deportation* sprechen, sondern, zum Beispiel, von *Remigration*.

Zar loswerden, hatte Arne gedacht. Zar wieder zurückbefördern nach Afghanistan. Die Lärchenblätter an den Ästen über ihm zitterten, während er den schmalen Pfad zum Bergwerk zurückging. Er sah das Weitergehen-Verbots-Schild, die Knochen im Gras und die Öffnung des Stollens. Er schaltete die Taschenlampe seines Handys an, schaute sich suchend um, entdeckte die Kamera, steckte sie in seinen Rucksack, verließ den Stollen und machte sich auf den Weg zurück zu Iris und seinen Kindern.

Am späten Nachmittag waren sie wieder in der Hütte. Nach dem Essen las Arne seinen Kindern eine Geschichte vor. Iris hörte erst zu, ging dann aber raus, weil der Humor des Autors ihr so angestrengt und übertrieben vorkam. Und doch hielt sie es auch draußen kaum aus.

Draußen ist gerade zu sehr draußen, hatte Moritz vorhin gesagt. Und das stimmte. Iris fühlte sich dem grellen Licht ausgesetzt, das in höheren Gebirgslagen alles ausleuchtet und das Bedürfnis auslöst, sich in den Schutz einer Hütte zurückzuziehen. Trotzdem blieb sie auf der

Wiese, weil sie Arnes Stimme nicht ertrug. Das beunruhigte sie.

Sie spannte den blauweißen Sonnenschirm auf. Der Stoff war angenagt. Im Winter war die Hütte offenbar ein Zufluchtsort für Mäuse. Ein Schmetterling setzte sich zu ihr, hob wieder ab, flatterte mühelos und spielerisch tändelnd Richtung Gletscher. In jeder Felsspalte wuchs eine Blume, die lockte.

Der Himmel bezog sich.

Das Wetter schien sich an Regeln zu halten: Am Morgen war der Himmel von einem samtigen Enzianblau und die Gletscher schimmerten rosa in der aufgehenden Sonne. Mittags zogen Wolken auf, dann wurde es windig, am Nachmittag fielen ein paar Tropfen Regen und am Abend war der Himmel wieder wolkenlos.

Iris ging in die Hütte und machte Spaghetti. Nach dem Essen griff Arne nach einer Flasche Bier und setzte sich auf die Bank vor der Hütte. Sie nahm auch eine Flasche und setzte sich zu ihm. Die Sonne sank zwischen die Berggipfel, der Himmel wurde dunkler, der Mond heller und die Gletscher leuchteten weiß.

Da sagte er: Ich war übrigens nicht damit einverstanden, dass Zar bei uns wohnt.

Sie sagte ärgerlich: Du wolltest doch nicht, dass wir in diesen Tagen von Zar reden.

Will ich auch nicht.

Dann lass es.

Kurz schwieg er. Dann setzte er wieder an: Man muss doch nicht jedem aufmachen, der an die Tür klopft.

Du kannst es nicht lassen! Ich habe dich gefragt, bevor ich die Tür aufgemacht habe. Du warst einverstanden, dass Zar bei uns wohnt. *Du* bist Mitglied bei Amnesty, nicht ich. Durch dich habe ich Brigitta kennengelernt und war zum ersten Mal in der Unterkunft von Thürmen. Ich habe gesehen, wie lausig die Flüchtlinge untergebracht waren. Deshalb habe ich, mit deinem Einverständnis, Zar die Tür aufgemacht.

Mal standen die Türken vor Wien, sagte Arne, heute sind sie längst in Wien. Sie sind auch in Stuttgart, München und in Berlin. Sie leben überall in Deutschland, sind aber für Erdogan. Sie huldigen einem Diktator und lassen ihre Töchter nicht studieren.

Wie viele Türken kennst du?

Einige. Und ich lese die Zeitung.

Ich bin allergisch gegen Verallgemeinerungen, sagte Iris scharf. DIE Türken. DIE Araber. DIE Deutschen. DIE Juden. Hast du Lust auf Streit? Hier in den Bergen? Was ist los mit dir?

Ich denke nur, sagte Arne, dass man aufpassen muss. Mit den Flüchtlingen sind Leute ins Land gekommen, die von demokratischen Spielregeln nicht viel verstehen. Man kann nicht allen Asyl gewähren.

Das Asylrecht gehört zu den Menschenrechten, sagte Iris. Zu unserem Grundgesetz, wenn ich dich daran erinnern darf. Es darf nicht angetastet werden.

Es darf aber auch nicht missbraucht werden, sagte Arne. Tatsache ist: Die Flüchtlingskrise wird zu einer Gefahr für Deutschland.

O Gott, sagte sie, sprichst du jetzt auch schon von *Flüchtlingskrise!?* Bitte nicht! Für wen ist diese Krise denn eine Krise? Doch nur für die, deren Häuser bombardiert werden. Willst du Angst schüren vor den Fremden? Einstimmen in den Chor der Apokalyptiker, die lustvoll unseren Untergang beschwören? Den Untergang des weißen deutschen Mannes?

Arne sagte: Da muss ich nichts beschwören. Millionen sind auf der Flucht, überall auf der Welt. Warum verschließt du die Augen davor?

Mir kommt das vor wie rechte Angstmacherei.

Kannst du eine andere Meinung nicht aushalten? Du setzt dich doch sonst immer für Vielfalt ein. Tust du nur so oder meinst du das ernst?

Mein Gott, Arne! Was soll das? Warum musst du uns den Abend verderben?

Ich will der unkontrollierten Einwanderung einen Riegel vorschieben. Dem Ausnützen des bundesdeutschen Asylgesetzes.

Das hast du schon gesagt. Wo stehst du eigentlich?

Da sang er: *Sag mir, wo du stehst und welchen Weg du gehst!* Das ist das FDJ-Lied. Auch die Freie Deutsche Jugend wollte wissen, wo ich stehe. *Zurück oder vorwärts, du musst dich entschließen, wir bringen die Zeit nach vorn Stück für Stück, du kannst nicht bei uns und bei ihnen genießen, denn wenn du im Kreis gehst, dann bleibst du zurück.* Das war die zweite Strophe. Und dann kommt wieder der Refrain: *Sag mir, wo du stehst und welchen Weg du gehst*. Den kennst du ja schon. In der letzten Strophe wird Klartext geredet: *Wir haben ein Recht darauf, dich zu erkennen, auch nickende Masken nützen uns nichts, ich will beim richtigen Namen dich nennen, und darum zeig mir dein wahres Gesicht.* Es folgt erneut der Refrain: *Sag mir wo du stehst, sag mir so du stehst, sag mir wo du stehst und welchen Weg du gehst.*

Das ist ja ein schrecklicher Ohrwurm, sagte Iris.

Arne fragte: Willst du immer noch wissen, wo ich stehe?

Am nächsten Morgen stand Iris früh auf. Der Himmel war tiefblau, die Sonne beschien die Gletscher. Erst leuchteten sie rosa, dann weiß. Sie sahen aus wie mächtige Matratzen, pompöse Polster und frisch aufgeschüttelte Kissen.

Hier lagerten Götter und Göttinnen, als die Menschen noch an sie glaubten. Sie wurden mit allem ausgestattet, was auch die Menschen umtrieb: Liebe und Eifersucht, Neid und Begehren, aber auch Verzweiflung und Trauer. Die Götter waren wie die Menschen, körperlich präsent, aber im Gegensatz zu ihnen unsterblich.

Irgendwann sind dann die Göttinnen verschwunden, die Götterfamilien sind dramatisch zusammengeschmolzen, nur einer ist übrig geblieben: Gottvater. Und sein Gegenspieler: der Teufel. Nietzsches Zarathustra hat dann auch noch Gott sterben lassen, den Gott seines protestantischen Elternhauses.

Sie fragte sich, ob die Revolte gegen Gott Ausdruck einer verspäteten Pubertät war, die Nietzsche nicht leben konnte, weil sein Vater so früh gestorben war. Konnte er die Vaterfiguren, die er im Lauf seines Lebens auf einen Sockel gestellt hatte, erst als Erwachsener runterschubsen?

Was immer der Grund war, dass er Gott sterben ließ, der Gedanke verbreitete sich wie ein Lauffeuer. Ein Gedanke, der genau genommen mit Jesus auf die Welt gekommen war. Denn mit der Menschwerdung Gottes wurde auch sein Sterben zum Thema. Und die Auferstehung. Denn ein Gott bleibt nicht tot, wenn er schon sterben muss. Er ist schon bald wieder da, weil wir in ihn projizieren, was wir uns selbst wünschen. Denn auch wir können uns nur schlecht vorstellen, nicht mehr da zu sein.

Kommt alles, was wir in Gott projizieren, aus unserem eigenen Inneren? Das ist die These von Nietzsches Zarathustra. Wir sollten es verwenden, um selbst stark zu sein und so schöpferisch, wie wir es Gott zuschreiben. Früher war der Frevel an Gott das Furchtbarste, heute ist es der Frevel an der Erde.

Ich beschwöre euch, meine Brüder, bleibt der Erde treu und glaubt Denen nicht, welche euch von überirdischen Hoffnungen reden! Giftmischer sind es, ob sie es wissen oder nicht. Verächter des Lebens sind es, Absterbende und selber Vergiftete, deren die Erde müde ist: so mögen sie dahinfahren! Einst war der Frevel an Gott der grösste Frevel, aber Gott starb, und damit starben auch die Frevelhaften. An der Erde zu freveln ist jetzt das Furchtbarste und die Eingeweide des Unerforschlichen höher zu achten, als den Sinn der Erde!

Das konnte sie unterschreiben. Sie atmete die morgendliche Bergluft ein. Und aus. Griff nach der Zahnpasta auf die Borsten, goß Wasser in einen Becher und putzte sich die Zähne im Rhythmus des Liedes, das Arne gestern gesungen hatte: *Sag mir wo du stehst und welchen Weg du gehst …* Ihre Augen wanderten wieder zu den Matratzen, Polstern und Kissen. Einige sahen aus, als wären sie mit heißer Nadel am Berg befestigt worden, und die Nähte schon dabei, sich zu lösen. Dann würden sie ins Rutschen geraten. Wie unsere Beziehung, dachte sie. Wie die Beziehung von Arne und mir. Sie dachte: Unsere Beziehung ist in Gefahr, ins Rutschen zu geraten. Das wurde ihr in diesem Augenblick klar, mit der Zahnbürste in der Hand, im Angesicht der Berge. Arne entfernte sich von ihr. Und sie sich von ihm.

Es war paradox: Wenn Arne keine Flucht hinter sich gehabt hätte, hätte er keinen Kontakt zu Amnesty gehabt. Wenn er keinen Kontakt zu Amnesty gehabt hätte, wäre Zar nicht zu ihnen gekommen. Wenn Zar nicht bei ihnen eingezogen wäre, wäre Arne jetzt nicht so misstrauisch. Aber da war noch mehr im Spiel als gewöhnliche Eifersucht.

Er hatte Meinungen, die wie Minen waren, wenn er von *Flüchtlingskrise* sprach oder von DEN Türken. Unser Zusammenleben, dachte sie, ist vermintes Gelände. Die Minen liegen dicht unter der Oberfläche, und die Gefahr, dass eine von ihnen in die Luft geht, ist groß.

In Italien hatte sie vor einigen Jahren Plakate gesehen, die für einen Film warben, der *Land of Mine* hieß. Zuerst dachte sie, dass es um *Mein Land* ging, um die Erkundung der Landschaft eines Lebens. Die Zuschauer würden im Verlauf des Films auch mit dem bekannt werden, was unter der Oberfläche lag, *sotto la sabbia*, denn auch das stand auf den Plakaten.

Aber dann stellte sie fest, dass es um deutsche Kriegsgefangene ging, die an einem dänischen Strand Minen aus dem Sand räumen mussten. Mein Land, dachte sie, ist ein *Land of Mine* durch alles, was im Zweiten Weltkrieg passiert ist. Wie viele Minen liegen noch im Boden und in den Köpfen herum? Und gerade werden wieder überall neue Minen hergestellt. Mit Dynamit. Und mit Worten.

In diesem Augenblick kam Arne verschlafen aus der Hütte und sagte: Ich hab Hunger. Ich mach mal Tee.

Er hielt den Kanister in der Hand und ging zum Bergbach. Die Kinder deckten den Tisch, Iris schnitt Brot. Nach dem Frühstück brachen sie auf zu einer Wanderung zum *Pas de Chèvres*, dem Ziegenpass, der zwischen zwei Gletschern über einen Pass führte. Nach vier Stunden legten sie eine Pause ein und picknickten am Rand eines sprudelnden Bachs.

Weitergehen machte keinen Sinn, denn sie wollten nicht über den Pass. Also kehrten sie um. Die Kinder liefen voraus, sie kannten den Weg zur Hütte, hatten den Schlüssel und würden es sich in der Hütte schon mal gemütlich machen. Iris und Arne gingen langsamer hinterher.

Fünfter Tag ihres Aufenthalts in den Bergen, ohne Berührungen und Küsse. Plötzlich war es da, ein dringendes sexuelles Begehren, trotz ihrer Auseinandersetzungen. Ihre Körper führten ein Eigenleben. Und so machten sie es im Schutz einer verlassenen Steinhütte, deren Dach unter der Last des Schnees zusammengebrochen war, machten es zwischen Krokussen und Inseln von Restschnee.

Arne sprach anschließend vom *Fick am Freudenhaus*, mit dem ihm eigenen Humor, und auch, wenn Iris das Wort *Fick* nicht mochte, musste sie doch lachen und sagte: Gelegenheit macht Diebe.

Was für ein dummer Satz, dachte sie, noch während sie ihn aussprach, nun wird Arne denken, dass ich auch andere Gelegenheiten nutze, und sie fühlte einen Generalverdacht wie einen Schatten auf sich fallen.

Für den nächsten Tag wollte Arne zu einem tiefer gelegenen Ort fahren, auf halber Höhe zwischen der Hütte und dem Tal. Iris war nicht begeistert, die Fahrt würde die Bremsen belasten.

Ein Auto ist ein Auto, sagte Arne, und zum Fahren da.

Er ließ ihre Einwände nicht gelten und sie gab nach. Und so, wie sie auf dem Hinweg stetig bergauf gefahren waren, fuhren sie nun stetig bergab.

Iris bremste mal mit dem Motor, mal mit den Bremsen, und sagte ungehalten: Das tut dem Auto nicht gut. Wir müssen auf dem Rückweg sowieso wieder runter, das hätte gereicht.

Dann kauf dir doch ein anderes Auto, ein besseres, rief Moritz von hinten.

Da ist ihr die Hand ausgerutscht. Mit der linken hielt sie das Lenkrad, die rechte Hand sauste nach hinten in die Richtung des pubertierenden Jungen, schwebte einen Augenblick lang in der Luft, zog sich dann aber sofort wieder zurück, ebenso schnell, wie sie nach hinten geschnellt war.

Iris war erschrocken über sich selbst, aber immer noch wütend. Sie schnaubte: Wie verwöhnt bist du eigentlich!? Du bist ein entsetzlich verwöhntes, unerzogenes Kind. Ich habe ein kleines Auto, weil ich kein großes will. Warum hat dein Vater keins? Mit dem er seine anspruchsvollen Kinder durchs Gebirge kutschieren kann?

Sie hatte lange kein Auto gehabt und sich dann doch eins kaufen müssen, weil die Anbindung von Thürmen ans Umland durch öffentliche Verkehrsmittel in den letzten Jahrzehnten eingeschränkt worden war. Auch das erfüllte sie mit Wut. Sie hatte keine Lust, für ein Auto zu arbeiten, sie konnte und wollte kein anderes, größeres Auto haben.

Die Fahrt war ein Desaster, der Ausflug überschattet von diesem Ausfall, einem Fastschlag, für den sie sich schämte. Ihrem Vater war immer mal wieder die Hand ausgerutscht, sie hatte sich geschworen, dass ihr das nie passieren würde.

Aber ebenso stark wie ihre Scham war ihre Wut auf den Jungen, der wie eine dicke Raupe auf dem Rücksitz saß. Sie bezweifelte, dass aus dieser Raupe jemals ein Schmetterling werden würde.

Sie war aber auch wütend auf Arne, weil er den Ausflug durchgedrückt hatte und keine Stellung bezog zu der Bemerkung seines Sohns. Er hatte schweigend neben ihr gesessen, aus dem Fenster gestarrt und kein Wort gesagt.

Der letzte Tag brach an. Der Morgen war klar, der Himmel blau, die aufgehende Sonne überzog die umliegenden Gletscher mit einem lichten Orange. Iris stand vor der Hütte, atmete die kühle Luft ein und genoss den Blick. Dann dachte sie an den Traum, den sie am frühen Morgen gehabt hatte.

Jemand warf wichtige Dokumente in einen Tümpel, schon sanken sie, einige Blätter trieben noch auf dem Wasser, aber bald würden auch sie untergehen. Anstatt sofort in den Tümpel zu springen und die Blätter herauszuholen, ließ sich Iris von einer Frau ablenken, die ihr Recht gab, ja, man müsse die Dokumente aus dem Wasser holen, umgehend.

Ich hätte sofort zum Haus laufen und einen Badeanzug anziehen müssen, dachte Iris. Die Frau tat teilnahmsvoll, war es aber nicht. Dann sah Iris, dass der Sohn der Frau im Wasser schwamm. Vielleicht konnte er die Seiten hochholen, er trug eine Taucherbrille. Die könnte er aber auch Iris geben, das war der Vorschlag der Frau, dann könnte sie selbst tauchen, schließlich waren es ja ihre Dokumente.

Das leuchtete ihr ein, aber den Badeanzug hatte Iris immer noch nicht an, und mit den Kleidern wollte sie nicht ins Wasser. Ein Mann stand am Rand des Tümpels und beobachtete sie. Auf ihre Frage, was er hier mache, antwortete er: Ich versuche, Frauen zu beeindrucken. Und Putin.

War der Mann im Traum ein Stellvertreter Arnes? Gab es andere Frauen in seinem Leben? Und welche Rolle spielte Putin? Sie ging zurück in die Hütte. Arne war schon dabei, die Matratzen aufzuräumen und die Rucksäcke der Kinder zu packen. Iris setzte Wasser auf für den morgendlichen Tee und deckte den Tisch.

Arne griff nach einer Aprikose, aß sie und schob dann sofort eine zweite in den Mund. Als er versuchte, auf eine Frage seiner Tochter zu antworten, musste er die Aprikose in die andere Backentasche schieben. Er hatte in diesen Tagen immer etwas im Mund, entweder Worte oder Kaugummi, Aprikosen oder Brot, Tee oder Kaffee, Wasser oder Bier, und wenn er nichts im Mund hatte, steckt er einen Finger in die Nase oder ins Ohr. Es war, als müsste er alle Öffnungen schließen oder stimulieren, als säße ein hungriges Kind in seinem Inneren.

Sie frühstückten, Arne nahm sich eine Scheibe Brot, bestrich sie zentimeterdick mit Butter und aß eine rohe Zwiebel dazu. Als sie fertig waren, wuschen sie ein letztes Mal das Geschirr mit dem Wasser aus dem Bergbach, räumten das Geschirr zurück in die Regale, fegten den Boden und verschlossen die Hütte.

Dann gingen sie die Wiese runter zum Auto, das wieder auf dem Parkstreifen stand. Iris sah sich um nach der Hütte, nach den Bergen mit den leuchtenden Gletschern, nach den grünen Weiden mit den schwarzen Kühen und nahm Abschied. Sie stieg ins Auto, Arne und seine Kinder waren schon drin. Als sie den Motor anließ, nahm Arne einen Apfel aus der Tasche mit dem Proviant und rammte seine Zähne mit einem krachenden Geräusch ins Fruchtfleisch.

Da fuhr Iris ihn an: Muss das sein? Hältst du es nicht eine Minute aus, ohne etwas zu essen? Ich ertrage das gerade nicht, nicht in unmittelbarer Nähe meines Ohrs. Könntest du mit dem Apfelessen vielleicht noch eine halbe Stunde warten?

Es fühlte sich an wie das Ende ihrer Beziehung. Arne saß neben ihr, seine Kinder hinten, das ganze Auto war ausgefüllt von diesen großen Menschen, die einer anderen Gattung anzugehören schienen, einer Gattung von unersättlichen Riesen.

Der Bäcker gab Zar am Morgen nach der Arbeit eine Tüte mit Seelen mit. Eine Seele war früher in Oberschwaben die letzte Wegzehrung und wurde auf das Brustbein der Toten gelegt, damit sie etwas zu beißen hatten auf dem Weg ins Jenseits. Das hatte ihm der Bäcker erklärt. Eine Seele sah aus wie ein kurzes Baguette, das mit Salz und Kümmel bestreut wurde. Zar fragte sich, ob drei Seelen ausreichten, um eine Bäckerlehre zu überleben.

Am Nachmittag ging er in die Stadt und traf einen Afghanen, der auf dem Weg in einen Spielsalon war. Und weil Zar nichts vorhatte, begleitete er ihn. Sie gingen durch schmale Gassen, der Spielsalon war neben einem Tabakladen.

Der Afghane öffnete die Tür, Rauch schlug ihnen entgegen. An den Wänden standen Spielautomaten, Männer saßen davor und rauchten. Der Afghane suchte nach einem freien Automaten, warf Geld ein, drückte Tasten. Lichtbänder bewegten sich, erst langsam, dann immer schneller, er drückte eine Taste, es klingelte und ein paar Münzen rollten in die Rinne unter dem leuchtenden Fenster.

Dann versuchte Zar sein Glück. Er warf Zwei-Euro in den Schlitz, drückte Tasten, Lichtbänder liefen um die Wette, Fragmente einer Melodie beschleunigten sich, er drückte wieder, rasselnd fiel Geld in die Rinne. Er fischte die Münzen heraus und zählte.

Zwanzig Euro!

Er setzte noch mal zwei Euro, wieder entlud sich ein Geldregen und er rief aus: Oh my God!

Das war ein Ausruf von Ephraim, den er bei einem Fest der internationalen Nachbarschaft kennengelernt hatte. Ephraim saß neben ihm, beide schauten auf die Bühne, wo Frauen und Männer tanzten, traditionelle Tänze aus verschiedenen Teilen der Welt. Ephraim kam aus Aleppo, war ein kleiner runder Mann, der gern lachte und immer wieder ausrief: Oh my God!

An diesem Tag nun, mit den Taschen voll Geld, rief Zar ebenfalls: Oh my God, lachte wie Ephraim und war bester Laune.

Als er an diesem Abend nach Hause zurückkam, fragte Iris: Was ist los? Warum bist du so gut gelaunt?

Ich habe Geld gewonnen.

Iris, misstrauisch: Wie hast du das denn gemacht?

Es kam aus einem Automaten.

Oh nein, bitte nicht! Nicht spielen! Dabei gewinnt auf Dauer nur einer: der Betreiber des Lokals.

Zar schwieg. Sie hatte keine Ahnung. Er wollte sich sein Glück nicht madig machen lassen. Am nächsten Tag zog er am Nachmittag wieder los in die Stadt.

Als er am frühen Abend zurückkam, lachte er von einem Ohr zum anderen, die Prothese verdeckte die Lücke. Iris fragte alarmiert, ob er wieder beim Spielen gewesen sei.

Ja, sagte er zufrieden. Spielen ist mir eilig.

Eilig? Was soll das denn bedeuten? Meinst du heilig?

Ja richtig, heilig. Das ist das Beste, sagte Zar, was ich in der letzten Zeit gemacht habe. Ich verdiene in zwei Stunden mehr als in einer Woche in der Bäckerei.

Als er zwei Tage später aus der Stadt zurückkehrte, war er niedergeschlagen. Seine Jacke roch nach Rauch.

Die Männer rauchen so viel. Warum rauchen die soviel?

Er ahmte sie nach, Zigarette zwischen den Fingern, einatmen, ausatmen, während des Spielens, während sie Münzen in den Apparat warfen, so ein Unsinn. Er war schlecht gelaunt, seine Miene finster, er hatte verloren. Für den Rest des Monats hatte er kein Geld mehr und musste sich was von Iris leihen.

🐪

Arne rief an. Er habe noch ein Fahrrad in ihrem Schuppen. Er würde es gern abholen. Er müsse an den Bodensee, mit Kunden sprechen, Fässer ausliefern. Auf der Rückfahrt könne er bei ihr vorbeikommen, ob sie da sei.

Am nächsten Abend klingelte es. Arne stand vor der Tür.

Komm doch rein!

Er war vertraut und doch fremd. Mit dem weißen Hemd. Er setzte sich an den Tisch im Wohnzimmer. Sie stellte zwei Radler auf den Tisch. Nach einer Verlegenheitspause fragte Arne, ob sie Kubitschek kenne, er komme aus Thürmen und sei Verleger. Er habe ein Buch herausgegeben, das Jüngers Privatsekretär verfasst habe.

Ernst Jünger? Sein Privatsekretär? Und was war das für eine Veranstaltung?

Von der AfD.

Der AfD?

Und, wahrlich, was ich sah, desgleichen sah ich nie. Ei-

nen jungen Hirten sah ich, sich windend, würgend, zuckend, verzerrten Antlitzes, dem eine schwarze schwere Schlange aus dem Munde hieng. Sah ich je so viel Ekel und bleiches Grauen auf Einem Antlitze? Er hatte wohl geschlafen? Da kroch ihm die Schlange in den Schlund – da biss sie sich fest. Meine Hand riss die Schlange und riss: – umsonst! sie riss die Schlange nicht aus dem Schlunde. Da schrie es aus mir: Beiss zu! Beiss zu! Den Kopf ab! Beiss zu! – so schrie es aus mir, mein Grauen, mein Hass, mein Ekel, mein Erbarmen, all mein Gutes und Schlimmes schrie mit Einem Schrei aus mir.

Heftig sagte sie: Bist du verrückt geworden? Ich kann's nicht glauben! Du bist bei Amnesty, warst selbst mal ein Flüchtling und gehst zu einem Verein, der gegen Flüchtlinge wettert?

Da sagte Arne kühl: Willst du eine Burka tragen? Seit wann bist du dafür, dass ein Mann mehrere Frauen haben kann?

Sei nicht so polemisch, sagte sie scharf. Wirst du zum Biedermann und betätigst dich als Brandstifter? Das hatten wir doch schon. Warum springst du auf den Nationalismus, diesen abgehalfterten Gaul? Und was die Burka anbetrifft: Auch bei uns sind die Frauen nicht so gleichberechtigt, wie immer getan wird. Denk an den Blutritt! Oder an die Ämtervergabe in der katholischen Kirche, an die Tatsache, dass keine Frau Bischöfin oder Päpstin werden darf. Ist das etwa okay?

Arne ging nicht darauf ein. Die Linken wollen uns einen Maulkorb anlegen. Man darf nicht mehr alles sagen. Es gibt wieder Zensur. Das kenne ich, damit habe ich schon in der DDR meine Erfahrungen gemacht.

Tatsächlich fände ich es gut, sagte sie, wenn man euch einen Maulkorb anlegen würde. Was ihr über Ausländer sagt, ist rassistisch, und die Rollen, die ihr für die Frauen vorgesehen habt, sind patriarchal. Von vorgestern. Leider legt euch niemand einen Maulkorb an. Und über die Versuche, euch einen anzulegen, setzt ihr euch hinweg. Du sagst doch alles. Sag mir, was du verschweigst?

Ich werte niemanden ab, sagte Arne. Im Gegenteil. Ich achte die Unterschiedlichkeit der Länder und Kulturen. Aber das geht nur, wenn jeder da bleibt, wo er hingehört. Eine globalisierte Welt ist eine Welt, die alle entwurzelt.

Wir sind keine Bäume, sagte Iris. Wir haben Beine, um überallhin zu gehen. Auch du reist gern. Und hast dir schon mal den Kopf blutig geschlagen an einer Grenze.

Das stimmt, sagte Arne. Ich habe mir Mühe gegeben, die DDR zu verlassen und bin zwei Mal am Eisernen Vorhang gescheitert. Ich will ihn nicht zurück. Weißt du, was wir gesungen haben, als wir mit dem Bus zur Grenze gebracht wurden, nachdem die Bundesrepublik uns freigekauft hatte?

Nein.

Die erste Strophe der deutschen Nationalhymne.

Über alles?

Ja.

Nicht in meinem Haus! Wer behauptet, das eigene Volk sei besser als alle anderen Völker, ist ein Faschist. Ohne die Einflüsse aus anderen Kulturen würde es unsere Kultur nicht geben. Nur Menschen, die von Geschichte keine Ahnung haben, können von einem Land träumen, das ganz und gar deutsch ist. Das gibt es nicht.

Das hat es noch nie gegeben, und das wird es auch nie geben. Du kennst dich doch aus in Geschichte! Trotzdem gehst du zu Treffen der AfD?

Er trank das Glas leer und stand auf.

Danke für das Radler. Ich nehme mir das Rad aus dem Schuppen. Ich weiß, wo es steht. Du musst nicht mitgehen.

Zar kam in die Küche. Er sah Iris mit glasigen Augen an.

Warum sind deine Augen so rot?

Ich möchte mit Devisen handeln.

Mit Devisen? An der Börse?

Ja.

Ach deshalb sind deine Augen so rot! Weil du die ganze Zeit auf den Bildschirm starrst! Mit Devisen handeln ist auch eine Form des Glücksspiels. Hast du noch nicht genug verloren?

Ich habe noch nicht genug gewonnen.

Sie stöhnte.

Aber ich muss mich anmelden, sagte Zar, um an der Börse zu handeln. Und dafür brauche ich eine Anerkennung meines Asylantrags. Eine Duldung reicht nicht. Vielleicht kannst du an meiner Stelle …?

Nein. Bestimmt nicht. Das ist nicht besser, als in eine Spielhölle zu gehen. Es ist nicht okay, mit Devisen zu handeln. Oder an der Börse zu spekulieren.

Brötchen backen macht nicht reich.

Wenn du mit der Ausbildung fertig bist, kannst du auch mit Brötchen reich werden.

Geh raus, sagte sie in mütterlichem Tonfall, und mach einen Spaziergang. Das ist besser als vor dem Computer zu hocken und vom großen Geld zu träumen. Das sind schlechte Träume.

Finde ich nicht.

Du willst also zu den Männern gehören, die reich sind und glauben, sich alles kaufen zu können: Häuser, Autos und die Liebe?

Ja, genau.

Er lachte breit, ohne sich die Hand vor den Mund zu halten. Und weil er die Prothese nicht trug, sah sie seine Zahnlücke und dachte, wie bei der ersten Begegnung: Er sieht aus wie ein Junge, der demnächst eingeschult wird.

Genau das will ich, sagte Zar. Am liebsten würde ich zu den fünf reichsten Männern der Welt gehören.

Sie wanderte über saftig grüne Wiesen oberhalb von Schloss Spetzgart und suchte nach einer geeigneten Stelle für den Rahmen mit dem Scherbenrelief. Ein Zeppelin bewegte sich langsam durchs Blau. Er sah aus wie eine dicke Zigarre. Wie der Blindgänger, den ihr der Sohn eines Nachbarn gezeigt hatte, als sie beide noch Kinder waren.

Sie schlichen zwischen Bäumen und Büschen höher, Achim sprach von den Blindgängern, die hier herumlagen, und Iris stellte sich Männer vor, die blind waren, sich verlaufen hatten und irgendwo schliefen.

Achim sah sich suchend um, dann erhellte sich sein Gesicht und er flüsterte triumphierend: Da liegt er!

Wo? Auch sie flüsterte, als könnte der Blindgänger aufwachen, wenn man zu laut sprach.

Da!

Da?

Ja!

Ich seh ihn nicht.

Aber da liegt er doch!

Das da?

Sie sah eine kleine runde Betonrolle zwischen Steinen, Blättern und Gras. Der Blindgänger war grau und nicht größer als ein Kinderarm. An einer Seite steckte ein verrostetes Ding, vermutlich der Zünder, das wusste sie aber erst Jahre später. Der Blindgänger war unscheinbar und doch unheimlich. Und nicht größer als der Zeppelin, der immer über dem Bodensee schwebte.

Sie dachte an Arne.

Warum? Weil Graf Ferdinand von Zeppelin mit den Nazis gekungelt hatte? Einen Zeppelin nannte man *Hindenburg* und brachte an der Heckflosse ein Hakenkreuz an. 1937 flog die *Hindenburg* nach New York, kurz vor der Landung ging sie in Flammen auf. So ging Deutschland in Flammen auf, nachdem die Nazis die halbe Welt angegriffen und bombardiert hatten.

War Arne zu einem geworden? Einem Neonazi?

Nachdem er von den kulturellen Unterschieden der Völker gesprochen hatte, die gewahrt bleiben müssten, hatte er von Nietzsche gesprochen. Diesmal war er es, der von Nietzsche sprach, von Zarathustra und seiner Vision vom Übermenschen.

Ich bin nicht für eine Diktatur des Proletariats, sagte er, sondern für die Herrschaft einer Elite. Einer deutschen

Elite, die das Wohl des deutschen Volks im Auge hat.

Und sie hatte fassungslos gesagt: Einer deutschen Elite!? Und du bist dann Teil dieser Elite?

Nach seinem Besuch hatte sie nach Äußerungen Nietzsches über die Deutschen gesucht.

Meine Gäste, ihr höheren Menschen, ich will deutsch und deutlich mit euch reden. Nicht auf euch wartete ich hier in diesen Bergen. Deutsch und deutlich? Dass Gott erbarm! sagte hier der König zur Linken, bei Seite; man merkt, er kennt die lieben Deutschen nicht, dieser Weise aus dem Morgenlande! Aber er meint „deutsch und derb".

Und das:

Wir sind nicht „deutsch" genug, wie heute das Wort „deutsch" gang und gäbe ist, um dem Nationalismus und dem Rassenhass das Wort zu reden, um an der nationalen Herzenskrätze und Blutvergiftung Freude haben zu können, derenthalben sich jetzt in Europa Volk gegen Volk wie mit Quarantänen abgrenzt, absperrt.

Und das:

Wir Heimatlosen, wir sind der Rasse und Abkunft nach zu vielfach und gemischt, als ‚moderne Menschen', und folglich wenig versucht, an jener verlogenen Rassen-Selbstbewunderung und Unzucht teilzunehmen, welche sich heute in Deutschland als Zeichen deutscher Gesinnung zur Schau trägt. Wir sind mit einem Wort – und es soll unser Ehrenwort sein! – gute Europäer.

Warum ging es bergab? Sie fuhr Rad und wollte noch oben bleiben, im Angesicht des Sees und der Berge, im

Raum zwischen der Landschaft und ihren Gedanken, deshalb bog sie spontan nach links ab in einen Feldweg, übersah einen Viehzaun, stürzte und bekam einen Schlag, weil sie immer noch auf dem Sattel saß, wenn auch liegend.

Das Metall des Rads leitete die Elektrizität des Zauns durch ihren Fuß in die Erde, sie geriet in Panik, wurde durchzuckt und versuchte, wegzurutschen vom Rad. Als ihr das endlich gelang, lag sie durchgeschüttelt auf dem Boden und schaute in den Himmel. Über ihr kreiste erst eine Krähe, dann, laut krächzend, ein ganzer Schwarm. Ein Mann und eine Frau kamen rasch näher, ihnen gehörte der Hof und die Wiese, sie fragten besorgt, ob ihr etwas passiert sei.

Nein, nein, sagte Iris.

Sie versuchte, wieder auf die Beine zu kommen. Die Frau hatte den Strom schon ausgemacht, das Rad wurde aus dem Zaun befreit, der Rucksack, der auf die andere Seite des Zauns geflogen war, aufgehoben. Tränen liefen Iris übers Gesicht, sie stand noch unter Schock. Aber ebenso wie der Schreck brachte sie die Freundlichkeit der Bauern zum Weinen.

Er fragte, ob sie mitkommen wolle zum Hof, um sich zu erholen und etwas zu trinken. Sie bedankte sich und schüttelte den Kopf. Ihr Knie schmerzte, die Jeans war schmutzig, sie stand da wie ein Kind, das sich weh getan hatte. Die Bäuerin zog den Draht gerade, ging zurück zum Haus und stellte den Strom wieder an, während der Bauer gutmütig weiter mit Iris redete und ihr ermöglichte, zu sich zu kommen und zurückzufinden in den Samstagnachmittag.

Eine schwarze Kuh näherte sich dem Zaun, an dem Iris gestrandet war. Sie erzählte dem Bauern von den schwarzen Kühen im Wallis, von ihrer Kraft und ihrer Schönheit, von ihren Kämpfen um Hierarchie, und dass daraus ein Spektakel geworden war, bei dem Kuh gegen Kuh in den Ring geschickt wurde, während die Zuschauer Wetten abschlossen, welche Kuh sich durchsetzen würde.

Sie dachte an die Tage in den Bergen mit Arne und seinen Kindern, an die Gletscher und saftigen Bergwiesen, an die Felsen und die Risse im Gestein. Erst waren es nur zarte Linien, aber plötzlich öffneten sie sich und brachen auseinander. So war ihre Beziehung zu Arne auseinandergebrochen. So brach ein ganzes Land auseinander.

Tränen stiegen ihr in die Augen. Diesmal nicht wegen des Sturzes oder wegen ihrer immer noch wackligen Beine, sondern weil sie so wütend auf Arne war. Und weil sie ihn nicht verstand. Und weil sie ihn mal geliebt hatte.

Iris und Zar saßen im Wintergarten und tranken Tee.

Er fragte: Wie geht es deinem inneren Schweinehund?

Meinem inneren Schweinehund? Sie sah ihn irritiert an. Keine Ahnung. Ich habe ihn schon länger nicht mehr getroffen.

Und wann hattest du deine letzte Verabredung mit ihm?

Schon länger nicht mehr.

Arbeitet ihr zusammen?

Nicht wirklich. Und du, wie geht es deinem inneren Schweinehund? Wann hast du ihn zuletzt getroffen?

Nicht ich habe ihn getroffen, sagte Zar, er hat mich getroffen.

Sie lachte. Was ist das eigentlich, ein Schweinehund? Halb Schwein, halb Hund?

Da lachte auch Zar.

Sie fragte: Was will er von dir, dieser Hund?

Das ist Privatsache, sagte er.

Aber mich fragst du. Das ist ein Widerspruch.

Es geht, sagte er, um die Befriedigung meiner Grundbedürfnisse.

Sind die nicht befriedigt?

Nein. Meine sexuellen Grundbedürfnisse sind nicht befriedigt.

Du könntest einen Tanzkurs machen, sagte sie. Tanzschulen brauchen immer Tänzer. Männer tanzen nicht so gern wie Frauen. Oder sie trauen sich nicht. In einer Tanzschule kann man Frauen kennenlernen. Und Frauen können Männer kennenlernen.

Ich soll einen Tanzkurs machen?

Warum nicht?

Sie stand auf. Ich muss los.

Er sah ihr nach. Einen Tanzkurs machen, was für eine Idee! Bei *Kurs* hatte er bislang nur an Deutschkurse gedacht. Und bei *Schule* an Berufsschulen und Abendschulen. Aber es gab offenbar auch Tanzschulen. Und einen Mann, der ein Tänzer war und Thürmen zu einem Ort des Tanzens machen wollte, das hatte ihm Iris erzählt. In der Innenstadt sollten jeden Samstag Bands spielen und

Menschen tanzen können, das war sein Programm, damit ist er zur Bürgermeisterwahl angetreten. Iris hatte bedauert, dass er nicht gewählt worden war.

Ich würde nur an einen Gott glauben, der zu tanzen verstünde, lässt Nietzsche seinen Zarathustra sagen. Wenn Gott tanzen kann, dachte Zar, dann kann ich es auch lernen. Wenn Gott es noch nicht kann, könnten wir zusammen einen Kurs machen, einen Tanzkurs. Gott und ich und der innere Schweinehund.

Alban hatte einen runden Geburtstag. Er wollte ein großes Fest machen, das sprach sich schnell in der Familie herum. Arne rief ihn an und fragte, was er mitbringen solle. Da sagte Alban, dass er nicht eingeladen sei. Arne glaubte, nicht richtig zu hören.

Ich bin nicht eingeladen? Und warum?

Weil du bei der AfD bist.

Arne schwieg einen Augenblick. Dann sagte er, mit Trotz in der Stimme: Ich bin nicht nur Mitglied bei der AfD, sondern auch Mitbegründer der *Christen in der AfD.*

Noch schlimmer, sagte Alban. Was ist das: ein deutscher Gott? Gibt's den? Seit wann? Ist das einer, der Grenzen zieht und Flüchtlinge abweist? Warum wirfst du dich ihm in die Arme?

Ich bin der Meinung, sagte Arne, dass man sich erstmal um die eigenen Leute kümmern muss. Es kann doch nicht sein, dass in unserem Land nur noch von Flüchtlingen die Rede ist.

Alban sagte: Ich bin dagegen, die einen gegen die anderen auszuspielen.

Die *Christen in der AfD* erkennen Israel an, sagte Arne. Um das ganz klar zu machen: Ich bin kein Antisemit.

Aber auch das hatte Alban nicht umgestimmt.

Arne fand den Antisemitismus widerlich, kleinkariert und falsch. Aber er sank mit Inbrunst in die Knie und bekreuzigte sich, wenn er eine katholische Kirche betrat. War das eine Verbeugung vor der Macht Gottes? Eine Geste der Demut? Oder eine Inszenierung von Demut? Er wusste es selbst nicht so genau. Er leistete mit dieser Geste Abbitte für seinen Hochmut. Von dem er doch nicht lassen konnte. Abbitte zu leisten, bedeutet nicht zwangsläufig, es hinterher anders und besser zu machen. Man kann Abbitte leisten für die Dauer des Abbitteleistens, danach wird man rückfällig und leistet erneut Abbitte.

Undsoweiter.

Was er wusste: Er hätte sich mit dieser Geste gern reingewaschen vom Begehren seiner Mutter, vom Begehren Gernots, von dem Mischgemüse Leben, in dem er groß geworden war. Er sehnte sich nach Katharsis, weil auch er so schrecklich anfällig war für alle Lüste und Lustbarkeiten, die er anderen Menschen und vor allem Künstlern unterstellte.

Er sehnte sich zurück nach der Zeit, in der das Wort des Vaters noch gegolten hatte, und die Frau dem Mann untertan war. Eine Zeit, in der Ehebruch gegeißelt und bestraft wurde. Eine Zeit, in der sein Vater noch am Leben war und mit seiner Mutter zusammen, eine kurze Zeit waren sie eine glückliche Familie, dahin wollte er zurück. Das war einer der Gründe, warum er mit dem Eintritt in die AfD auch wieder Mitglied der katholischen Kirche geworden war. Weil die katholische Kirche das traditionelle Familienbild hochhielt, mit einer klaren Vorrangstellung des Mannes. *Im Namen des Vaters, des Sohnes und des heiligen Geistes, Amen.*

Auch Maria spielte eine Rolle, aber eine untergeordnete. Im Griechischen war sie eine *junge Frau*, in der deutschen Übersetzung eine *Jungfrau*. Arne wusste, dass es sich um einen Übersetzungsfehler handelte, tat aber nichts, um das richtigzustellen. Im Gegenteil, er hatte sich für die Aufnahme der Jungfräulichkeit ins Glaubensbekenntnis der *Christen in der AfD* eingesetzt. Mit der Jungfräulichkeit konnte man Macht über Frauen ausüben. Man konnte es zumindest versuchen.

Er hatte sich schon mal darüber lustig gemacht und zu Iris gesagt: Die Kirche versucht, Macht auszuüben, indem sie in die Schlafzimmer schaut und definiert, was das ist: Liebe. Wie sie auszusehen hat. Wer sie ausüben darf und wer nicht. Was für ein Eingriff! Was für eine Anmaßung! Die katholischen Priester tun so, als wären sie das Sprachrohr Gottes. Der Wille zur Macht kennt keine Grenzen. Da hat Nietzsche recht. Der Wille zur Macht ist eine wichtige Triebkraft, auch in der katholischen Kirche.

Aber weil Arne genug von linken Moralisten hatte und für die Wiederherstellung der patriarchalen Ordnung war, verdrängte er seine Zweifel an einigen Dogmen der katholischen Kirche und hisste den Banner der christlichen Moral. So hält es still, das Raubtier. So werden dem Raubtier Zügel angelegt, dem Raubtier Mensch, dem

Raubtier Mann und dem Raubtier Frau. So wird sie gezügelt und gezähmt: die Verführungskraft der Frauen. Die er doch immer wieder genießt, genossen hat, unter anderem im *Haus zum kalbenden Gletscher*, auf den Festen von Alban.

Die Friseurin massierte ihre Kopfhaut. Das war der Teil der Behandlung, den Iris am liebsten mochte. Sie hätte am liebsten geschnurrt vor Behagen. Das müsste man in der Schule lernen, dachte sie, wie man eine Kopfhaut massiert. Man müsste etwas lernen über die Topographie des Schädels.

Die Friseurin massierte den Übergang vom Hals zum Kopf und dann die Partien hinter den Ohren. Iris stieß wohlige kleine Laute aus. Und dann war er plötzlich da, der Satz: *Wege und Abwege, Autobahnen und Landstraßen, Hohlwege und Fußpfade: Von den Gängen durch die Schädeldecke Deutschlands.*

Fertig, sagte die Friseurin, und wickelte ihr ein Handtuch um den Kopf.

Danke, sagte Iris. Das hat gut getan.

Sie stand auf und ging wieder zu dem Sitz vor dem Spiegel. Jetzt würde die Friseurin ihr gleich die Haare schneiden. Iris wiederholte in Gedanken den Satz, der ihr gerade eingefallen war: *Wege und Abwege, Autobahnen und Landstraßen, Hohlwege und Fußpfade: Von den Gängen durch die Schädeldecke Deutschlands.* In Amerika hatte sie Landeplätze für Phönix gebaut, einen an der Dusche. Weil ein Phönix Wasser mag, hielt er sich offenbar auch in Friseursalons auf. Und sie fragte sich, wer welche Wege zurücklegt und wer sich auf Abwegen befindet, auf Abwegen, die in ein rechtes Dickicht führen.

Sie dachte an den Traum, in dem jemand wichtige Dokumente ins Wasser geworfen hatte. Und an den Mann, der Putin imponieren wollte. Sie hatte überlegt, ob dieser Mann ein Stellvertreter Arnes war, war dann aber wieder davon abgekommen. Arne und Russland? Das schien nicht zusammen zu gehen.

Arne und Putin aber schon.

Sie dachte an das Gespräch mit Nietzsche, an seine Bewunderung großer Staatsmänner. An seine abfälligen Bemerkungen über die Demokratie als Herrschaft der Mittelmäßigen. Das waren Positionen rechter Theoretiker: Allgemeine Wahlen und Menschenrechte schwächen den Staat. Ein starker Staat braucht starke Führer. Krieg ist ein legitimes Mittel der Politik. Und deshalb wurde Putin von den Rechten bewundert.

Zar ging ins Fitness-Studio und stellte fest, dass alle anderen Männer weniger behaart waren als er. Er hatte die meisten Haare, auf dem Nacken, auf den Schultern, auf der Brust. Im Fitness-Studio waren überall Spiegel, er sah überall Zar und überall Haare. Im Islam gab es fünf Vorschriften zur Körperpflege: Entfernung der Scham- und Achselhaare, Pflege von Bart und Nägeln, Beschneidung. Ob das schon Zarathustra verlangt hatte, wusste er nicht, Zoroastrisches hatte sich über die Jahrhunderte mit Muslimischem verbunden, so dass nicht mehr ganz klar war, was woher kam.

Beschnitten war er, seine Nägel hielt er kurz und sauber, bei Achsel- und Schamhaaren war er in den letzten Jahren nachlässig gewesen. Und sein Körper war mehr behaart als gut und richtig war. So viele Haare! Das musste sich ändern. Nach dem Training kaufte er einen Rasierapparat, der nicht billig war. Der Preis entsprach der Dringlichkeit seines Verlangens, endlich haarlos zu sein.

Zuhause machte er sich ans Werk, rasierte Achsel- und Schamhaare, anschließend die Beine, die Brust und die Arme. Aber es gelang ihm nicht, auch seinen Rücken vollständig zu rasieren. Wer konnte ihm helfen? Iris? Achsel- und Schamhaare gehörten zum Intimbereich, da hätte er sie nicht fragen können, das wäre nicht gegangen, niemals, aber der Rücken, das müsste gehen, da konnte sie ihm vielleicht schon helfen.

Er ging nach unten. In der Küche war sie nicht, im Wohnzimmer auch nicht. Er klopfte an die Tür ihres Arbeitszimmers.

Ja?

Könntest du mir bitte helfen?

Womit?

Könntest du meinen Rücken rasieren?

Sie lachte. Das bin ich noch nie gefragt worden. Warum willst du deine Haare loswerden? Ist doch hübsch, so ein Pelz.

Finde ich nicht. Kein Mann hat so viele Haare wie ich.

Gut. Wenn es unbedingt sein muss. Aber nicht jetzt. In einer Stunde. Ich muss noch was fertig machen.

Danke.

Eine Stunde später rasierte sie seinen Rücken. Sie ging systematisch vor, rasierte einen Streifen nach dem anderen, als würde sie eine Wiese mähen. Seine Haare fielen auf den Boden des Bads, Büschel um Büschel, weiche Haarnester, die aussahen wie Laub im Herbst, wie die Locken eines schwarzen Schafs.

In meiner Jugend durfte man noch Haare haben, sagte Iris. Männer und Frauen. Warum soll man auch haarlos sein wie ein Kind? Ich weiß gar nicht, wann sich das geändert hat. Warum plötzlich alle haarlos sein müssen, Männer und Frauen.

Sie sang: Hoorig, hoorig, hoorig isch der Hund! Und wenn der Hund it hoorig isch, na isch er it gsund!

Ich verstehe nicht, sagte Zar. Was bedeutet hoorig?

Sie kicherte. Das ist Schwäbisch. Das singt man hier an Fasching oder Fasnet, *hoorig* bedeutet *haarig*, *it* bedeutet *nicht*. Das heißt, dass ein Hund nur dann gesund ist, wenn er auch Haare auf dem Leib hat. Fertig. Jetzt sind die Haare weg. Jetzt sieht man nur noch dunkle Punkte. Ich weiß nicht, ob das besser ist.

Doch, das ist sehr viel besser.

Zar begutachtete seinen Rücken mit Hilfe eines Handspiegels im Spiegel des Badezimmers. Er war froh, dass der Pelz weg war. Ein Pelz ist okay bei Tieren, aber nicht bei Menschen.

Dann sagte er: Ich habe übrigens festgestellt, dass dunkelhäutige Menschen schneller Muskeln bekommen als hellhäutige. Die Weißen bemühen sich, aber es wird nichts draus. Es ist viel schwieriger für sie, Muskeln zu bekommen als für die Schwarzen.

Mit Blick auf den Boden und die vielen Haare sagte er: Danke, dass du mir geholfen hast. Das mach ich gleich weg.

Er zog sein T-Shirt wieder an, holte den Besen und fegte die Haare zusammen. Iris verschwand in ihrem Zimmer. Er setzte seine Sonnenbrille auf und die Kappe, die er neulich am Bodensee gekauft hatte. Sie war dunkelblau und bedruckt mit dem Satz: *Wenn ich den See seh, brauch ich kein Meer mehr.*

Er stieg aufs Rad, ein Rennrad ohne Schutzblech und Licht, mit sehr schmalen Reifen. Es war schneller als sein altes, er hatte es gebraucht gekauft. Er liebte das Radfahren, auch, weil es eine Fortbewegung war, die nichts kostete. Er fuhr zum See, der sich lasziv in der Ferne räkelte.

Ein Mädchen warf eine Zitrone in die Luft, fing sie auf, warf sie erneut hoch. Es hatte einen Haarschnitt wie Sophie Scholl, hell leuchteten die Haare, gelb die Zitrone. Iris saß in einem Café, sah dem Mädchen zu und aß einen Kuchen.

Die Gefühle, die auf Arne ausgerichtet waren, hatten sich in Luft aufgelöst und eine Leere hinterlassen. Diese Leere versuchte sie mit einem Kuchen zu füllen, auch wenn das nur vorübergehend half. *Drei Verwandlungen nenne ich euch des Geistes ...* Arne hatte sich in einen Mistkäfer verwandelt. Er drehte den alten Mist um, den Mist eines abgestandenen Rassismus. Das Schlimmste aber ist, dachte Iris, dass er den Mist, den er von sich gibt, mit dem Satz von Rosa Luxemburg rechtfertigt:

Freiheit ist immer die Freiheit von Andersdenkenden. Aber gesteht er anderen diese Freiheit zu? Denjenigen, die er angreift und abwertet?

Ich könnte kotzen, dachte sie und hätte es getan, wenn es nicht so schade gewesen wäre um den Kuchen, der vor ihr stand. Auf einem Boden aus Grieß lag duftendes Himbeermus. Sie aß noch eine Gabel, während sie dem Flug der Zitrone folgte, hoch in den Himmel, runter in die Hände des Mädchens, wieder hoch ins Grau.

Als Iris in ihrem Alter war, hatte sie zum ersten Mal ein Buch über Faschismus in den Händen gehabt. Im Wald hinter der Siedlung stand eine Bank, an der sich jeden Abend die Jugendlichen trafen, Mädchen und Jungen, das war ihr Treffpunkt, hier wurde geredet, geflirtet und geraucht. Einmal war das Wort *Faschismus* gefallen, und Iris hatte gefragt, was das sei, Faschismus? Keiner konnte es ihr erklären. Ein Junge sagte, dass er ein Buch über Faschismus habe, das könne er ihr leihen. Am nächsten Tag brachte er es mit.

Zuhause las sie, dass das Wort aus Italien kam, *Fasces* seien Ruten, die zusammengebunden und vor den Senatoren hergetragen wurden, als Zeichen ihrer Macht. Mussolini und seine Anhänger hatten dieses Symbol aufgegriffen und sich als Faschisten bezeichnet. Das Buch war kompliziert geschrieben, viele Wörter kannte sie nicht, sie musste sich anstrengen, um zu verstehen, was Faschismus war. Das Nichtverstehen lag auf der Lauer und war von ähnlicher Wucht wie das, was Faschismus bedeutete.

Was aber sofort zu verstehen war, waren die Fotos von Menschen, die in KZs waren, wandelnde Skelette, einige lebten noch, viele waren tot, sie hatte in der Schule Fotos von ihnen gesehen. Seitdem hatte sie einiges über den Nationalsozialismus gelesen. Aber wie sehr die NS-Zeit in die Gesellschaft hineingewirkt hatte in den Jahrzehnten nach dem Krieg, war ihr erst klar geworden, als sie einen Prozess am Landgericht von Thürmen besucht hatte. Ein ehemaliger SS-Mann war angeklagt, bei Leitmeritz Juden erschossen zu haben.

Einer der vielen Zeugen erzählte, wie er mit anderen SS-Männern Juden aus Theresienstadt abholen und zu dem Ort begleiten musste, an dem ein tiefer Graben ausgehoben werden sollte, um die russischen Panzer zu stoppen. Wenn ein Jude stolperte und fiel, wurden die anderen trotzdem weiter getrieben, keinem der Gefallenen durfte aufgeholfen werden. Als er davon erzählte, musste er weinen.

Er war der einzige Zeuge, der weinte.

An dem Graben arbeiteten Menschen aus unterschiedlichen Ländern, die Kriegsgefangenen aus der Burg in Leitmeritz bekamen Schaufeln, die Juden Löffel. Die SS-Männer, die das Ausheben des Grabens bewachten, dachten sich weitere Schikanen aus.

Der Angeklagte hatte an einem Tag im Januar 1945 einige Juden erschossen, die im Graben hüfthoch im Wasser gestanden hatten, weil ihm langweilig war und weil die Nazi-Ideologie die Juden entrechtet hatte. Viele Männer wurden vernommen, die mit dem Angeklagten in Leitmeritz stationiert gewesen waren. Sie hatten nach dem Krieg als Ärzte und Lehrer gearbeitet, waren Inhaber mittelständischer Betriebe. Keiner erinnerte sich, mit dem Angeklagten zum fraglichen Zeitpunkt am Panzergraben gewesen zu sein. Sie deckten ihn und machten ganz offensichtlich Falschaussagen.

Der Angeklagte hatte nach dem Krieg für die Stuttgarter Zeitung gearbeitet und war für sein vorbildliches Verhalten mit dem Bundesverdienstkreuz ausgezeichnet worden. Die Anklage, die in den sechziger Jahren gegen ihn erhoben wurde, war bald fallengelassen worden und die Anklageschrift spurlos verschwunden.

Ein Nazijäger des israelischen Geheimdienstes hatte ihn aufgespürt und dafür gesorgt, dass er vor Gericht kam. Je länger der Prozess dauerte, desto mehr zeigte sich, wie groß das Netzwerk der Verstrickten war. Und keiner derjenigen, die als junge Männer bei der SS und in Leitmeritz stationiert waren, bedauerte, was vorgefallen war, keiner entschuldigte sich.

In diesem Klima war sie aufgewachsen.

Der Faschismus hatte überall noch Nistplätze und Refugien, das war ihr plötzlich klar geworden, die Entnazifizierung war nur ein kosmetisches Programm gewesen, der braune Sumpf allgegenwärtig. Und er würde mit dem Tod dieser Männer nicht austrocknen, denn die nächste Generation war schon da. Das Gift des Faschismus breitete sich schon wieder aus, infizierte auch Menschen, die bis dahin nichts mit ihm zu tun gehabt hatten. Menschen wie Arne.

Wieder leuchtete die Zitrone im Flug. Es ist die Frage, dachte Iris, ob Zarathustra nicht wiederkommen muss, ein drittes Mal, um sich von den Vereinnahmungen durch die Nazis zu befreien, für die Nietzsche die Steilvorlage geliefert hat.

Da klingelte ihr Handy. Nora war dran und erzählte

von einem Konzert im Innenhof von Goseck, von Georg und Andrea, die Nora mitgenommen hatten, und von einem Ast, der auf das Auto der Musiker gekracht war. Niemand wurde verletzt, zum Glück, aber das Auto war hin, und der Baum musste abgesägt werden.

Welcher Baum? Der Ginkgo?

Nein, nicht der Ginkgo. Ich glaube, es war der Hängeschnurbaum.

Wie schade! Es war ein prächtiger Baum. Und er hat so schön geblüht, als ich zum ersten Mal in Goseck war.

Damals hatte sie Arne kennengelernt. Aber das sagte sie nicht, kein Wort von Arne. Iris versprach Nora, sie bald zu besuchen. Als sie sich von ihrer Großmutter verabschiedete, war das Mädchen verschwunden. Und mit ihr die Zitrone. Der Himmel war wieder grau und leer, leer wie der Teller, der vor Iris auf dem Tisch lag.

Alex erzählt Arne von Albans Fest. Es sei toll gewesen, wie früher. Wie schade, dass er nicht dabei gewesen sei! In der Stimme von Alex hörte Arne kein Bedauern, nur Schadenfreude. Er hätte seinem Halbbruder am liebsten eine reingehauen.

War er ein Opfer? Kurz dachte er: Ja. Sie machen uns zu Opfern, *uns* – die Mitglieder der AfD. Aber es gelang ihm nicht, sich zu suhlen im Opferschmerz. Er hatte sich immer lustig gemacht über alle, die sich als Opfer inszenierten. Und das waren nicht wenige in der Szene derjenigen, die in DDR-Zeiten unfreiwillig Bekanntschaft mit der Stasi gemacht hatten.

Was hatte Nietzsche gesagt? Der Mensch ist ein Dividuum. Das hatte Arne nicht hören wollen, als er mit Iris im Café Central gefrühstückt hatte. Aber es stimmte, er war ein Dividuum, auch wenn er gern ein Individuum gewesen wäre, unteilbar, ganz und gar einfältig, höchstens dreifaltig.

Weil Arne römisch-katholisch geworden war, war der Papst sein Chef. Franziskus fuhr nach Lampedusa, um Flüchtlingen die Füße zu waschen und mit ihnen um die im Mittelmeer Ertrunkenen zu trauern. Er klagte die Schlepper an, die mit dem Elend der Menschen aus Kriegsgebieten viel Geld verdienten, aber auch die, die sich abwandten und wegschauten.

Arne nahm zur Kenntnis, was der Papst sagte, war aber dagegen, so zu tun, als wäre das Leid der Flüchtlinge das einzige, das zählte. Tatsächlich hatte die *Flüchtlingskrise* die Krise derjenigen sichtbar gemacht, die sich in den neuen Bundesländern abgehängt fühlten und auch abgehängt worden waren. Es gab viele, die das nicht sehen wollten.

Arne hatte manchmal das Gefühl, Blinden zu predigen. Er hatte Erfahrung damit, denn sein Großvater war blind gewesen. Im Gegensatz jedoch zu denjenigen, die nicht sehen wollten, was im eigenen Land geschah, hatte sein Großvater es innerlich gesehen, er hatte es sich vorstellen können. Er hätte verstanden, dachte Arne, dass es wichtig ist, denjenigen eine Stimme zu geben, die im Prozess der Wiedervereinigung zu kurz gekommen sind. Denjenigen, die ihre Arbeit verloren haben durch eine globalisierte Ökonomie. Sein Anliegen war, die Menschen wieder in den Mittelpunkt zu stellen. Er war für eine Beschränkung international agierender Konzerne zugunsten der heimischen Industrie.

Dieser Vorgang sollte aber nicht von Funktionären gesteuert werden, sondern von den Fähigsten. Man darf, dachte er, die existierenden Unterschiede zwischen den Menschen nicht leugnen, wie das die Linken in ihrer unreflektierten Gleichmacherei tun. Die Unterschiede müssen wahrgenommen und anerkannt werden. Und zum Besten des eigenen Volks eingesetzt werden.

In der Nacht von Donnerstag auf Freitag klopfte Zar ans Schlafzimmer von Iris. Er sei krank. Er habe Schmerzen. Er könne nicht mehr schlucken. Es fühle sich an, als seien tausend Messer in seinem Hals. Iris warf einen Blick auf die Uhr. Es war drei Uhr morgens.

Sie stand auf, machte Tee und gab ihm eine Tablette. Er hatte Schüttelfrost, seine Zähne klapperten. Sie holte eine zusätzliche Decke und gab ihm einen Schal. Er solle den Tee trinken, in kleinen Schlucken, und sich wieder hinlegen.

Eine Stunde später klopfte er wieder an ihrer Tür. Er habe sich noch nie so schlecht gefühlt. Er bat Iris, den Notarzt zu rufen oder ihn ins Krankenhaus zu bringen. Er habe gerade seine Mutter angerufen, um sich von ihr zu verabschieden, er habe noch ein Mal ihre Stimme hören wollen. War es wirklich so schlimm? Iris wusste nicht, was sie machen sollte. Zur Nachtapotheke fahren? Ihn ins Krankenhaus bringen? Sie war schwankte zwischen Verständnis und Ärger. Hatte er keine Erfahrungen mit Grippe? Wusste er nicht, dass man zwei Nächte leidet, sich in der dritten aber schon wieder besser fühlt? Bilder kamen ihr in den Kopf von der spanischen Grippe, an der kurz nach dem ersten Weltkrieg viele Menschen gestorben waren.

Die Vogelgrippe kursierte, auch die war angeblich gefährlich, gefährlicher als eine normale Grippe. Hatte Zar zu viel billiges Hühnchenfleisch gegessen? Was auch immer der Grund dafür war, dass er sich schlecht fühlte, er litt so, dass er glaubte, sterben zu müssen. Also zog sie sich an und fuhr Zar zum Krankenhaus in die Notaufnahme.

Die Krankenschwester diagnostizierte schlecht gelaunt: Ich fürchte, es handelt sich um einen akuten Fall von Männergrippe. Keine Frau würde wegen einer Grippe ins Krankenhaus gehen.

Zar musste seine Versicherungskarte zeigen, dann durfte er sich auf eine Liege legen, wurde an einen Tropf gehängt und bekam tröpfchenweise Kochsalzlösung mit einem Schmerzmittel. Iris saß schläfrig auf dem Stuhl neben ihm, bis ein junger Arzt den Raum betrat, ein Schnösel mit fliehendem Kinn.

Warum sprach er so laut? Glaubte er, dass Zar ihn sonst nicht verstand? Und warum war er so herablassend? Weil er sah, dass Zar aus einem anderen Land kam und Deutsch nicht ganz flüssig sprach? Er fragte, welche Symptome Zar habe, und ob es wirklich nötig gewesen sei, mitten in der Nacht in die Notaufnahme zu kommen.

Ja, sagte Zar, ich musste kommen. Ich dachte, dass ich sterbe.

Blut wurde ihm abgenommen und untersucht. Nach zwei Stunden begann das Schmerzmittel zu wirken, die Blutwerte waren normal, und als Iris mit ihm um halb acht wieder nach Hause fuhr, sagte Zar, dass er Hunger habe.

🐪

Manchmal habe ich das Gefühl, sagte Zar, dass meine Seele in einem Gefängnis ist. Das Gefängnis ist nicht größer als dieses Glas.

Er deutete auf das Honigglas, das auf dem Tisch stand.

Iris fragte: Kannst du es nicht öffnen?

Er sah sie überrascht an. Ja, vielleicht. Vielleicht könnte ich es öffnen. Aber dann geht der Deckel wieder zu. Es ist ein … ein … es ist ein Klappdeckel.

Neulich hatte er wieder mal im *Zarathustra* geblättert. Da stand, dass der wahre Feind der Menschen der *Geist der Schwere* sei und alles, was aus ihm entstehe, jeder Zwang, jeder Zweck. Man hört es den Worten schon an, wie unangenehm sie sind: *Zwang und Zweck*. Sie müssen weggefegt und weggetanzt werden.

Zar sah sich tanzen, in seinen dunkelblauen Wildlederschuhen, die wie Katzenpfoten waren. Er würde über den Geist der Schwere hinweg tanzen, über den Geist der Taliban, über Gewalt und Vorschriften hinweg, über Regeln und Strafen.

Unser Bestes ist noch jung: das reizt alte Gaumen. In uns selber wohnt er noch, der alte Götzenpriester, der unser Bestes sich zum Schmause brät.

Auch in Zar wohnen die Imame und schreiben ihm

vor, was er wie zu tun hat. Aber muss man es tun? Wer gibt ihnen die Macht? Man muss prüfen, dachte er, was sie wollen. Was sie uns vorschreiben. Schränken sie uns ein oder dienen sie unserer Befreiung?

Die Antwort war eindeutig: Sie schränken uns ein. Sie beschneiden unsere Freiheit. Er dachte: Wir müssen jedes *Du sollst!* prüfen, jedes *Du musst!* Wir müssen prüfen, was wir glauben und was wir fühlen, erst dann können wir handeln. Wir müssen bereit sein, die Einschränkungen wahrzunehmen, erst dann können wir sie aufbrechen. Und *Nein!* sagen, *Nein!* zu Regeln und Vorschriften, *Nein!* wenn sie unsinnig sind.

Es ist das *Nein!* des Löwen.

Lieber Herr sein in seiner eigenen Wüste, als ein Jasager, der alles abnickt. Das *Nein* eines Löwen ist anders als das Nein, das im Geknatter von Geschützen laut wird und ein gnadenloses *Neinneinnein* ist. Dieses *Neinneinnein* richtet sich gegen den Alltag, gegen Männer und Frauen und Kinder. Es ist ein *Nein*, das alle Hoffnung nimmt. Wie Kamele haben wir die Gewalt hingenommen, dachte Zar. Jahr um Jahr, Jahrzehnt um Jahrzehnt. Wir brauchen endlich das *Nein* des Löwen, das sich gegen dieses Hinnehmen stellt, wir brauchen Kraft, nicht mehr mitzumachen, eine Weigerung und Abwendung von der Gewalt.

Und irgendwann, dachte er, wächst ein kindlich staunendes *Ja*, klein und grün, nicht größer als das Blatt einer Zitronenmelisse, das duftet, wenn man mit der Hand darüber streicht. Er sehnte sich nach einem Ja zu sich selbst und zu Afghanistan. Er sehnte sich nach einem Frieden, der tief ist und im Alltag wurzelt, nach einem

Frieden, der Raum gibt für alles, was getan werden muss: für Säen und Ernten, für das Knüpfen von Teppichen und das Backen von Brot.

Er nahm eine Scheibe Brot, bestrich sie mit Butter und Honig und legte halbierte Walnüsse darauf. Das Brot wurde zum Boot, wurde Brotboot, das auf große Fahrt ging. An Bord war seine Seele, sie hatte das Gefängnis verlassen, das nicht größer gewesen war als ein Honigglas.

Die Felder wurden größer, die Gruppen dreischenkliger Windräder auch: Iris war auf dem Weg zu ihrer Großmutter. Sie dachte an die Ruine der Schuhfabrik und an den Leerstand von Wohnungen in Sahlen. Und wusste plötzlich: Das ist die *Quest*. Und die Lösung der Quest! Anstatt die Flüchtlinge in Turnhallen und Containern unterzubringen, bietet man ihnen an, in die leeren Wohnungen zu ziehen.

Die Banken stellen langfristige Kredite für die Renovierung zu Verfügung, Architekten und Handwerker helfen bei der Sanierung, aufgeschlossene Beamten und Städteplaner unterstützen und begleiten den Prozess. Der Verfall wird gestoppt, das Leben kehrt zurück. Und aus Sahlen, dieser kleinen, unbedeutenden Stadt an der Saale, wird ein sachsen-anhaltinisches *Salem*, eine Stadt des Friedens mit Menschen aus der ganzen Welt. Sie wird gleich Nora davon erzählen: Es gibt Straßen, wird sie sagen, in denen die Syrer wohnen. Und Straßen, in den sich Eritreer ansiedeln können, Straßen für Pakistaner und Straßen für Afghanen. Hier können sie Läden aufmachen, Restaurants eröffnen, Cafés, Geschäfte und Betriebe.

Nora wird sagen: Wir dürfen die Rumänen nicht vergessen, die im Schlachthof arbeiten. Männer mit einer traurigen Vergangenheit und einer traurigen Gegenwart. Sie hausen zu mehreren in einem Zimmer. Das muss ein Ende haben. Sie brauchen gute Arbeitsverträge und die Möglichkeit, dass ihre Familien nachkommen können.

Iris wird zustimmen: Auch die Rumänen bekommen Wohnungen, die groß genug sind für sie und ihre Familien.

Und was ist mit den Rechten, wird Nora vorsichtig fragen.

Auch die bekommen eine Straße, wird Iris sagen. Sie können deutsches Bier brauen und Schweinebraten mit Knödeln essen, aber auch sie werden sich an die Regel halten: Freiheit ist immer die Freiheit der Andersdenkenden.

Aber noch während sie das sagt, wird sie sich fragen, ob das geht. Ob die Rechten dann noch rechts sind. Ob sie das Anderssein der anderen aushalten. Denn das ist doch genau das, was sie nicht wollen: Die Anderen im eigenen Land, in der eigenen Stadt.

Arne war für nationale Nächstenliebe, sie hielt es mehr mit der internationalen Nächstenliebe oder der Fernstenliebe, wie Nietzsche im Zarathustra sagt: *Der Eine geht zum Nächsten, weil er sich sucht, und der Andre, weil er sich verlieren möchte. Die Ferneren sind es, welche eure Liebe zum Nächsten bezahlen; und schon wenn ihr zu fünfen mit einander seid, muss immer ein sechster sterben.*

Meine Brüder, zu Nächstenliebe rathe ich euch nicht: ich rathe euch zur Fernsten-Liebe.

Das Rezept der AfD gegen den demographischen Wandel war jedenfalls nicht, Migranten ins Land zu holen, sondern die deutschen Frauen aufzufordern, mehr deutsche Kinder zu bekommen. Bald, dachte Iris spöttisch, wird die AfD wieder das Mutterkreuz einführen. Die Frauen sollen Kamele sein und bleiben. Und die Lasten des Alltags tragen. Keine soll aus der Reihe tanzen. Oder gar Löwin werden. Und die Vorschriften und Konstrukte der Rechten in Frage stellen. Und sie mit einem klaren *Nein!* beantworten.

Auch die dritte Stufe der Verwandlung ist nicht erwünscht. Keine Frau soll es wagen, etwas ganz Neues zu denken. Neu wäre, dachte sie, sich Sahlen-Salem als eine Stadt vorzustellen, in der eine selbstverständliche und befreiende Internationalität gelebt werden kann. Man darf den Rechten nicht das Feld überlassen mit ihrem Reinheitsquatsch, der von vorgestern ist. Es ist wichtig, Visionen zu entwickeln und umzusetzen. Es ist wichtig, Orte zu fördern, in denen die Unterschiede von Menschen und Kulturen sichtbar sein dürfen und als Quelle der Inspiration geschätzt werden. Wie in der Kunst, im Ballett oder im Fußball.

Sie dachte an die *Offenbarung*, die sie in der Unterführung eines Bahnhofs erlebt hatte, an das leuchtende Kraftfeld, von dem alle umgeben waren, an die Energie, die Frauen, Männer und Kinder umgab wie eine Aura. Jeder Versuch, diese Aura zu verletzen, durch Abwertung, Hetze, üble Nachrede, war ein Sakrileg.

Sie kam an der Autobahnraststätte Osterfeld vorbei.

Links lag Naumburg, nicht weit davon der Schweigenberg. Ob Arne da war? Neulich hatte sie ihn im Internet gesehen. Er trug nicht nur ein weißes Hemd, sondern auch einen hellblauen Schlips und kandidierte für das Amt des Bürgermeisters in einer kleinen Gemeinde in der Nähe von Leipzig.

Konnte aus Sahlen eine weltoffene Stadt werden, wenn nicht alle bereit waren, mitzumachen? Wie viele waren: *nicht alle?* Iris erreichte Sahlen und fuhr die Merseburger Straße entlang zur Kubastraße, in der Nora wohnte.

Wir müssen versuchen, dachte sie, über die Schwelle zu kommen, die uns zurückhält im Zustand des Träumens, Zweifelns und Zögerns, und einen ersten Schritt machen in eine neue Richtung. Welche Stadt wäre besser geeignet, diesen ersten Schritt zu tun, als Sahlen, die Stadt der Schuhe?

Das Scherbenrelief wurde auf dem Hügel oberhalb von Schloss Spetzgart installiert. In einem Metallrahmen steckten zwei Scheiben aus Sicherheitsglas und dazwischen das Glas mit dem Relief. Iris hatte einen Satz von Nietzsche in das Glas gravieren lassen: *Du sollst Völker weder lieben noch hassen.*

Die Kontur des Scherbenreliefs ähnelte der Kontur der Seeberge. Die Vorgänge, die zu ihrer Entstehung geführt hatten, waren gewalttätig gewesen, tektonische Platten hatten sich aneinander gerieben, übereinander geschoben und waren aufgebrochen. Der Erdmantel war unterschiedlich dick, die Platten immer noch in Bewegung, heißes Magma konnte jederzeit aus einem der Risse quellen, dann kam es zu Erdbeben, Tsunamis und Vulkanausbrüchen.

War durch einen dieser Vorgänge Sodom zerstört worden? Iris hatte vergessen, was der Grund für die Bestrafung Sodoms war. An diesem Morgen hatte sie plötzlich gedacht: Vielleicht war es gar nicht so schade um Sodom und die Sodomiten, und Lots Frau hatte ohne Grund geweint.

Sie holte die Bibel und blätterte in der Genesis, las vom schlechten Ruf Sodoms und den zwei Engeln, die kamen, um die Einwohner auf die Probe zu stellen. Lot und seine Frau luden sie ein, über Nacht zu bleiben. Schon bald kamen die Leute aus Sodom, hämmerten an die Tür und forderten Lot auf, ihnen seine Gäste zu überlassen.

Führe sie heraus zu uns, daß wir sie erkennen. Lot ging zu ihnen vor die Tür und schloss die Tür hinter sich zu und sprach: Ach ihr lieben Brüder, tut nicht so übel! Siehe, ich habe zwei Töchter, die haben noch keinen Mann erkannt, die will ich euch geben und tut mit ihnen, was euch gefällt: allein diesen Männern tut nichts, denn darum sind sie unter den Schatten meines Dachs eingegangen.

Iris fand es befremdlich, dass Lot die Sodomiter bat, sich doch lieber an seinen Töchtern zu vergreifen als an seinen Gästen. War die Gastfreundschaft heiliger als die Vaterschaft? Aber zur Auslieferung der Töchter kam es nicht, die Engel hatten genug gesehen. Gott beschloss, Sodom auszulöschen und nur Lot und seine Familie zu retten. Während Iris auf dem Hügel hinter Schloss Spetzgart stand, an Sodom dachte und zusah, wie die Handwerker den Rahmen auf einem Betonpodest befestigten, kam Zar angeradelt. Er winkte ihr zu und sie winkte zurück. Vielleicht sind ja die Menschen, die aus anderen Ländern zu uns gekommen sind, Engel, dachte sie, die Gott geschickt hat, um uns zu prüfen. Und Zar ist einer von ihnen. Ein Engel oder Zarathustra Nummer Drei. Ein Zarathustra, der genug hat von Gewalt, genug von präpotenten Dynamitarden, genug von Hochgebirgspathos und Verzückungsspitzen. Er will keine Macht, aber auch keine Ohnmacht. Keine Unterordnung, kein Klein-Beigeben, kein Mitläufertum, keinen Nationalismus, keine selbstgenügsamen Monologe und ein Ende von Monopolen und Monokulturen.

Zar stellte das Rad ab und schaute sich das Fenster an, das mitten in der Landschaft stand. Er ging einmal um den Rahmen herum, blieb stehen und las den Satz: *Du sollst Völker weder lieben noch hassen.* Es sah aus, als würde er zwischen Scherbenrelief und Bergen stehen. Ein Mann gesellte sich zu ihm. Sie unterhielten sich, als würden sie sich schon lange kennen. Zar sagte etwas und der Mann lachte. Man hätte es gesehen, wenn sein Mund nicht durch einen mächtigen Schnurrbart völlig verdeckt gewesen wäre.

Zar ging auf die Terrasse. Iris stand mit dem Rücken zu ihm und betrachtete den Kaktus. Die zwei behaarten Knospen hatten sich gestreckt, nach oben gebogen und geöffnet. Sie roch an den Kelchen mit den schmalen, leuchtend weißen Blütenblättern. Dann drehte sie einen der Trichter vorsichtig um und eine Biene rutschte heraus, weiß bestäubt, sie hatte sich in den Tiefen des Kelchs verfangen.

Zar sagte: Hallo Iris!

Hallo Zar!

Er lächelte, ohne sich die Hand vor den Mund zu halten.

Da rief sie freudig überrascht: Du hast wieder Zähne. Schneidezähne! Die sehen toll aus! Perfekt! Als wären es deine eigenen. Endlich kannst du wieder richtig essen.

Der Zahnarzt hat gefragt, wie ich die Zähne verloren habe.

Und? Hast du es ihm gesagt?

Nein.

Dann erzählte er, wie er sie verloren hatte. Es war in Istanbul, im siebten Stock eines Hauses. Schlepper hielten ihn gefangen, weil er nicht zahlen konnte für den Weg nach Griechenland. Er versuchte, auf sich aufmerksam zu machen, und warf Zettel hinunter mit der Bitte um Hilfe. Aber niemand reagierte. Es war, als wäre er unsichtbar.

Er war so verzweifelt, dass er sich runterstürzen wollte, ein Ende machen, er hatte genug von seinem Leben in Afghanistan, genug von der unseligen Flucht, genug von den immer neuen Hindernissen und Schikanen. Er stand schon auf dem Fensterbrett, als einer der Schlepper ihn zurückriss. Dann fielen sie über ihn her. Er wurde geschlagen, getreten, eine Faust landete mitten in seinem Gesicht und zerstörte seine Zähne. Er blutete, das Gesicht schwoll zu, seine Augen, sein Mund, alles tat weh.

Die türkischen Polizisten sind mit den Schleppern im Bund, sagte Zar, das ist eine große Mafia. Das Haus stand mitten in der Stadt. Zwischen anderen Häusern. Überall wurden Flüchtlinge festgehalten. Sie kamen erst frei, wenn sie gezahlt hatten. Das war und ist ein großes Geschäft.

Iris hörte zu, voller Mitgefühl.

Dann sagte sie: Aber jetzt hast du endlich wieder neue Zähne. Sie sehen genauso aus wie deine eigenen! Zeig noch mal! Darauf müssen wir anstoßen!

Sie stießen mit Tee an, Tasse gegen Tasse, während sie bei geöffneten Fenstern im Wintergarten saßen. Iris erzählte von ihrer Vision einer internationalen Stadt an der Saale und fragte Zar, ob er sich vorstellen könne, eine Bäckerei in Sahlen-Salem aufzumachen.

Da sagte er, dass er schon lange von einer eigenen Bäckerei träume. Lange habe er keine Zukunft gehabt, keinen Horizont, kein Ziel. Das habe der Krieg aus ihm gemacht. Wenn man in einem Land aufwachse, in dem Krieg sei, verliere man jede Perspektive. Dann könne man gar nicht mehr nach vorn schauen.

Aber nun eröffnen sich neue Perspektiven, sagte Iris. Du kannst eine Bäckerei in Thürmen aufmachen oder in Sahlen.

Geht das? Eine Bäckerei aufmachen in Sahlen?

Er sah Iris an, und sie sah ihn an. Beide dachten an das, was Arne von dem Bäcker erzählt hatte, der durch eine Backwarenkette seine Existenz als selbstständiger Bäcker verloren hatte. Ging das: Trotzdem eine Bäckerei in Sahlen aufmachen? Widerstand leisten gegen Einschüchterung und Selbstbeschränkung?

Ich werde klein, ganz klein beginnen, dachte Zar, mit einem Ofen und einem Tandoor. In dem Ofen backe ich deutsches Brot, im Tandoor afghanisches Naan. Ich werde Brötchen backen in Form einer Brücke, und Naan in Form einer Pakol. Ich werde sie bestreuen mit Salz und Kümmel wie eine schwäbische Seele oder mit Sesam und Mohn wie eine afghanische. Ich bin sicher, dass die Menschen meine Brötchen lieben und das Naan, das frisch aus dem Tandoor kommt. Sie werden das knusprige, duftende Brot mitnehmen oder gleich in der Bäckerei essen, mit Blick auf die milchweißen Gipfel des Hindukusch.

Denn hinter der Theke wird er ein Foto vom Hindukusch aufhängen. Die Berge werden die ganze Wand füllen und unter dem Himmel liegen wie eine Herde zufriedener Kühe.

Die Personen dieser Geschichte sind erfunden, die Handlung auch. Ähnlichkeiten mit Lebenden sind Zufall und nicht beabsichtigt.

Die Nietzsche-Zitate habe ich durch Kursivsetzung kenntlich gemacht, die meisten sind aus dem Buch Also sprach Zarathustra, die Orthographie folgt der Erstausgabe von 1883.

Ich danke Nuruddin Shakhovudinov, Professor in Duschanbe, Tadschikistan, für den Hinweis, dass *Zar* ein üblicher Name für einen Jungen in einer Familie ist, die dem zoroastrischen Glauben nahesteht. Bei meiner Recherche habe ich mit Interesse und Gewinn seine Dissertation gelesen: *Zarathustras freier Geist. Nietzsche und der historische Zarduscht.*

Danken möchte ich auch: Beate Schäfer, sie hat die erste Fassung des Manuskripts lektoriert, und Birgit Böllinger für die differenzierte Rückmeldung zur zweiten Fassung. Heribert Kuhn für die Kommentare zu Fremden und Freunden. Den Organisatoren von Salem2Salem Dr. Stefan Feucht und Anthony Cafritz für die Einladung zu sommerlichen Treffen von deutschen und amerikanischen Künstlern und Künstlerinnen, die mal in Schloss Salem stattfinden und mal in Salem Art Works, einer Farm in Upstate New York.

Ich danke dem Nietzsche-Haus in Sils für die Möglichkeit, im Haus zu übernachten und die Präsenzbibliothek zu benützen. Silvia Chrobot hat eine Straußwirtschaft im Blütengrund und mir ermöglicht, eine Woche im Schweigenberg in einem Weinberg-Häuschen zu verbringen. Carsten Romberg ist Böttcher in Roßbach und erzählte mir ebenso von seiner Arbeit wie der Glasmalermeister Guido Andelfinger in Ravensburg. Peter Albrecht hat mich ermutigt, weiter zu machen, wenn ich einen Durchhänger hatte, und Eva Hocke hat den Text gesetzt und das Cover gestaltet.

Ich danke ihnen – und allen, die das Manuskript gelesen und durch ihre Anmerkungen dazu beigetragen haben, dass es besser wurde.

Katrin Seglitz